Hinter dem Sachregister befindet sich ein ausführliches Verzeichnis der

Guttentagschen Sammlung

Deutscher Reichs- und Preußischer Gesetze

— Textausgaben mit Anmerkungen; Taschenformat —

die alle wichtigeren Gesetze in unbedingt zuverlässigem Abdruck und mit mustergültiger Erläuterung wiedergibt.

Guttentagsche Sammlung
Nr. 66. Deutscher Reichsgesetze. Nr. 66.
Textausgaben mit Anmerkungen.

Die Eisenbahn-Gesetzgebung des Deutschen Reichs

(Reichsverfassung, Handelsgesetzbuch, Verkehrsordnung, Internation. Übereinkommen über den Eisenbahnfrachtverkehr, Bau- u. Betriebsordnung, Signalordnung, Befähigungsvorschriften).

Textausgabe mit Anmerkungen und Sachregister

von

W. Pietsch,
Rechnungsrat im Reichs-Eisenbahn-Amt.

Zweite Auflage.

Berlin 1913.
J. Guttentag, Verlagsbuchhandlung,
G. m. b. H.

Inhalts-Übersicht.

Abkürzungen.

Anl. = Anlage.
Anm. = Anmerkung.
Archiv f. EWesen = Archiv für Eisenbahnwesen.
Art. = Artikel.
AusfBest. = Ausführungs-Bestimmungen.
Bekanntm. = Bekanntmachung.
BO. = Eisenbahn-Bau- und Betriebsordnung.
BGB. = Bürgerliches Gesetzbuch.
BundesrBeschl. = Bundesrats-Beschluß.
Drucks. = Drucksachen.
E. = Eisenbahn.
Entsch. = Entscheidung.
Erl. = Erlaß.
EVerBl. = Eisenbahn-Verordnungsblatt.
EVerZtg. = Zeitung des Vereins Deutscher Eisenbahnverwaltungen.
EVO. = Eisenbahn-Verkehrsordnung.
Ges. = Gesetz.
GtrTf. T I = Deutscher Eisenbahn-Gütertarif, Teil I.
HGB. = Handelsgesetzbuch.
IZtschr. = Zeitschrift für den internationalen Eisenbahntransport.
IÜ. = Internationales Übereinkommen über den Eisenbahnfrachtverkehr.
Prot. = Protokoll.
Sammlg. = Sammlung.
RZBl. = Zentralblatt für das Deutsche Reich.
REA. = Reichs-Eisenbahn-Amt.
ReichstVerh. = Reichstags-Verhandlungen.
SO. = Eisenbahn-Signalordnung.

Regl. = Reglement.
Reichsk. = Reichskanzler.
Reichst.-Verh. = Reichstags-Verhandlungen.
RGBl. = Reichs-Gesetzblatt.
StenBer. = Stenographische Berichte.
Verh. = Verhandlungen.
Ztschr. = Zeitschrift.
Zus. = Zusatz.

A. Allgemeines.

1. Verfassung des Deutschen Reichs.

Vom 16. April 1871 (BGBl. S. 63).

(Auszug.)

Literatur. 1. Eisenbahnrecht: Arndt, Reichsstaatsrecht, 1900 (S. 304). — Arndt, Verfassung d. Deutschen Reichs, 1911 (S. 253). — Eger, Handbuch des preußischen ERechts, 1889 u. 96. — Eger, ERecht im Deutschen Reich u. in Preußen, 1910. — Endemann, Recht der E., 1886. — Gleim, Recht der E. in Preußen, Bd. I des EBaurechts, 1893. — Hänel, Staatsrecht, 1892 (S. 634). — Köhne, Grundriß des ERechts, 1906. — Laband, Staatsrecht des Deutschen Reiches, 1911. — v. der Leyen u. Fritsch in Conrads Handwörterbuch der Staatswissenschaften, 1909 (Bd. III S. 819) u. in v. Stengels Wörterbuch des Deutschen Staats- u. Verwaltungsrechts, 1911 (S. 653). — Röll, Enzyklopädie des Eisenbahnwesens, 1912. — v. Seydel, Kommentar zur Reichsverfassung, 1897 (S. 268). — Schrötter, Das preußische ERecht, 1883. — Zorn, Staatsrecht des Deutschen Reichs 1895 (§ 31). — Ferner „Das deutsche EWesen der Gegenwart", 1911. — Sammlungen: Archiv f. EWesen, herausg. i. preuß. Ministerium d. öffentl. Arbeiten. — Fritsch, Die Eisenbahnen, 1906.

2. Verordnungsrecht des Bundesrats: Arndt, Verordnungsrecht des Deutschen Reichs, 1884. — Schunk, Gültigkeit der vom Bundesrate erlassenen Verordnungen in ESachen, 1909.

3. Reichseisenbahnfrage: Verhandl. d. Reichstags aus neuerer Zeit: 3./3. 1903 (Bd. 187) S. 8344, 23./2. 1904 (Bd. 198) S. 1197, 18./1. 1905 (Bd. 201) S. 3849, 12./3. 1906 (Bd. 216) S. 1950, 2./5. 1907 (Bd. 228) S. 1341. — Deutscher Handelstag, Sitzung der Kommission, betr. Verkehr v. 23./2. 1910 (Pohle in

EVerZtg. 1910 S. 977) u. die Veröffentlichungen in „Handel u. Gewerbe". — Alberty, Der Übergang zum Staatsbahnsystem i. Preußen, 1911. — Ferrovisrius, Der preuß.-hessische EVertrag, 1901. — Huber, Auf dem Wege zur EGemeinschaft, 1902. — Kirchhoff, Die deutsche EGemeinschaft, 1911. — Krueger, Zur Geschichte des Bismarckschen Reichseisenbahnprojekts v. Jahre 1876, 1909 (m. Literaturnachweis). — Lotz, Verkehrsentwickelung i. Deutschland, 1910. — Quaatz, Der nationale Gedanke u. die E., Preuß. Jahrbücher Bd. 145 S. 237. — 50 Jahre preuß.-deutscher EPolitik, Deutsche Rundschau 1896, S. 362.

Art. 4. Der Beaufsichtigung seitens des Reichs und der Gesetzgebung desselben unterliegen die nachstehenden Angelegenheiten:

8. **das Eisenbahnwesen**, in Bayern vorbehaltlich der Bestimmung im Artikel 46, und die Herstellung von Land- und Wasserstraßen im Interesse der Landesverteidigung und des allgemeinen Verkehrs;[1]

[1] Die Reichsaufsicht über das EWesen wird durch das REisenbahnamt ausgeübt, das seine Geschäfte unter Verantwortlichkeit u. nach den Weisungen des Reichskanzlers führt (Ges. v. 27./6. 1873, Nr. 3 d. Sammlg.).

Art. 7. Der Bundesrat beschließt:

1. über die dem Reichstage zu machenden Vorlagen und die von demselben gefaßten Beschlüsse;

2. über die zur Ausführung der Reichsgesetze erforderlichen allgemeinen Verwaltungsvorschriften und Einrichtungen, sofern nicht durch Reichsgesetz etwas Anderes bestimmt ist;

3. über Mängel, welche bei der Ausführung der Reichsgesetze oder der vorstehend erwähnten Vorschriften oder Einrichtungen hervortreten.[1]

[1] Vgl. Ges. v. 27./6. 1873 (Nr. 3 d. Sammlg.) § 4 Ziff. 3.

Art. 8. Der Bundesrat bildet aus seiner Mitte dauernde Ausschüsse

1. für das Landheer und die Festungen;
2. für das Seewesen;
3. für Zoll- und Steuerwesen;
4. für Handel und Verkehr;
5. für Eisenbahnen, Post und Telegraphen;
6. für Justizwesen;
7. für Rechnungswesen.

In jedem dieser Ausschüsse werden außer dem Präsidium mindestens vier Bundesstaaten vertreten sein, und führt innerhalb derselben jeder Staat nur Eine Stimme. In dem Ausschuß für das Landherr und die Festungen hat Bayern einen ständigen Sitz, die übrigen Mitglieder desselben, sowie die Mitglieder des Ausschusses für das Seewesen werden vom Kaiser ernannt; die Mitglieder der anderen Ausschüsse werden von dem Bundesrate gewählt. Die Zusammensetzung dieser Ausschüsse ist für jede Session des Bundesrates resp. mit jedem Jahre zu erneuern, wobei die ausscheidenden Mitglieder wieder wählbar sind.

VII. Eisenbahnwesen.

Art. 41. Eisenbahnen, welche im Interesse der Verteidigung Deutschlands oder im Interesse des gemeinsamen Verkehrs für notwendig erachtet werden, können kraft eines Reichsgesetzes auch gegen den Widerspruch der Bundesglieder, deren Gebiet die Eisenbahnen durchschneiden, unbeschadet der Landeshoheitsrechte, für Rechnung des Reichs angelegt oder an Privatunternehmer zur Ausführung konzessioniert und mit dem Expropriationsrechte ausgestattet werden.[1]

Jede bestehende Eisenbahnverwaltung ist verpflichtet, sich den Anschluß neu angelegter Eisenbahnen auf Kosten der letzteren gefallen zu lassen.

Die gesetzlichen Bestimmungen, welche bestehenden Eisenbahn-Unternehmungen ein Widerspruchsrecht gegen die Anlegung von Parallel- oder Konkurrenzbahnen einräumen, werden, unbeschadet bereits erworbener Rechte, für das ganze Reich hierdurch aufgehoben. Ein solches Widerspruchsrecht kann auch in den künftig zu erteilenden Konzessionen nicht weiter verliehen werden.

[1] Von dieser Bestimmung ist bis jetzt nur in der Weise Gebrauch gemacht worden, daß nach vorgängiger Verständigung mit dem Reiche in einzelnen Bundesstaaten En. oder Bahnstrecken im Interesse der Verteidigung Deutschlands gebaut wurden, und zwar für Rechnung des betr. Bundesstaats, der auch den Betrieb auf eigene Rechnung führt, jedoch mit Zuschüssen des Reichs (à fonds perdu) zu den Baukosten. Verhandlungen des Reichstags hierzu: 20./5. 1887 (Bd. 96) S. 647 (Anlage neuer Gleise im Interesse der Landesverteidigung), 15./3. 1893 (Bd. 129) S. 1661 u. 24./2. 1897 (Bd. 149) S. 4909 (Entschädigung der Einzelstaaten bei E., die keinen Reinertrag abwerfen).

Art. 42. Die Bundesregierungen verpflichten sich, die deutschen Eisenbahnen im Interesse des allgemeinen Verkehrs wie ein einheitliches Netz verwalten und zu diesem Behuf auch die neu herzustellenden Bahnen nach einheitlichen Normen anlegen und ausrüsten zu lassen.[1]

[1] Im Eigentum und in der Verwaltung des Reichs befinden sich nur die Reichseisenbahnen in Elsaß-Lothringen, die dem Reichsamt für die Verwaltung der Reichseisenbahnen in Berlin unterstellt sind (Allerh. Erl. v. 27./5. 1878 RGBl. 1879 S. 193). Chef dieses Reichsamts ist zurzeit der preußische Minister der öffentlichen Arbeiten. Den Betrieb der Reichs-E. leitet die Kaiserl. Generaldirektion der Eisenbahnen in Elsaß-Lothringen mit dem Sitz in

Straßburg (Allerh. Erl. v. 9./12. 1871 RGBl. S. 480). Nach der Übereinkunft v. 11./6. 1872 werden auch die Wilhelm-Luxemburgischen E. von der Generaldirektion in Straßburg verwaltet und betrieben (Ges. v. 15./7. 1872, RGBl. S. 329).

Von der für Preußen durch Ges. v. 4./6. 1876 (GS. S. 161) erteilten Ermächtigung zur Abtretung seiner E. an das Reich ist kein Gebrauch gemacht worden (AbgH. StenBer. 1876 S. 1021, 1097, 1134). Preußen u. Hessen haben durch Staatsvertrag v. 23./6. 1896 (Ges. v. 16./12. 1896, GS. S. 215) eine E. Betriebs- u. Finanzgemeinschaft geschlossen. Der Betrieb der vereinigten Bahnen erfolgt für Rechnung beider Staaten, sämtliche Betriebseinnahmen u. Ausgaben werden als gemeinsame angesehen, der Überschuß wird nach einem besonders vereinbarten Maßstabe verteilt (Biermer, Die preuß.-hessische EGemeinschaft, 1911 u. Quaatz i. Archiv f. EWesen 1909 S. 1345). Durch Aufnahme der Main-Neckarbahn (Ges. v. 7./7. 1902, GS. S. 297) erstreckt sich die Gemeinschaft auch in das badische Gebiet. Die weiteren Bestrebungen zur Schaffung einer Deutschen Betriebsmittelgemeinschaft haben aus Gründen staatsrechtlicher u. finanzpolitischer Natur bisher zu keinem Ergebnis geführt (Literatur S. 1 unter 3).

Zu einheitlicher Gestaltung des deutschen EWesens haben folgende Verbände wesentlich beigetragen: a) Verein deutscher EVerwaltungen, umfassend außer den deutschen auch ausländische Verwaltungen mit einer Betriebslänge von insges. 105 728 km i. J. 1909. Zweck: „Durch gemeinsame Beratungen u. einmütiges Handeln das eigene Interesse und dasjenige des Publikums zu fördern", b) Deutscher EVerkehrsverband, umfassend alle deutschen Staats- u. die meisten Privat-E. Zweck: „Fortbildung der die Beförderung von Personen u. Gütern betr. Dienstzweige, sowie die Herbeiführung einer tunlichen Übereinstimmung der hierauf bez. Vorschriften, insbesondere über das Abfertigungs- u. Abrechnungsverfahren". c) Deutscher Staatsbahnwagenverband, eine seit dem 1./4. 1909 bestehende Vereinigung der deutschen Staats-E., wo „jede Verbandsbahn die Güterwagen der andern Verbandsbahnen wie ihre eigenen nach Maßgabe der vereinbarten Güterwagenvorschriften benutzt". (Denkschr. i. Preuß. Etat der EVerw.

1909 S. 93). Ferner haben sich die deutschen EVerwaltungen i. J. 1909 zu gemeinsamer Wahrung der Interessen gegenüber dem Auslande zur „Gemeinschaft der deutschen Eisenbahnen" vereinigt, deren Zuständigkeit namentlich Fragen der Verkehrsleitung u. Anteilsausscheidung unterliegen. Tarifverträge mit dem Auslande sollen hinfort nur noch von der Gemeinschaft eingegangen werden. Die Tarifhoheit der einzelnen Bundesstaaten ebenso wie das Recht der Mitwirkung bei der materiellen Tarifgestaltung bleiben unberührt. Einen weiteren Fortschritt für die Vereinheitlichung der deutschen E. bedeutet die am 1./12. 1911 gegründete Deutsche Gepäckeinnahmegemeinschaft, in der die Einnahmen aus dem Gepäckverkehr nicht mehr einzeln nach Verkehrsverbindungen abgerechnet, sondern nach besonders ermittelten Verhältniszahlen summarisch verteilt werden. — Wegen der Ständigen Tarifkommission u. der Generalkonferenz der deutschen E. s. Anm. 3 zu Art. 45. — Zur Einschränkung der Verkehrsumleitungen haben sich die Bundesregierungen i. J. 1905 dahin geeinigt, daß Umwege über 20% im Wechselverkehr der deutschen E. aufgehoben werden und daß die Güter über den leistungsfähigsten oder den wirtschaftlichsten Weg zu leiten sind, der aber nicht immer der kürzeste zu sein braucht. (ReichstDrucks. 1905 Bd. 221 S. 2113 u. Verwaltung d. öffentl. Arbeiten i. Preußen 1900—1910 S. 90). Die zu zahlende Fracht wird stets über den kürzesten fahrbaren Weg berechnet, gleichviel welchen Weg der Verkehr in Wirklichkeit nimmt (vgl. EVO. § 67 (2)).

Für das Rechtsverhältnis zwischen Staat u. E. bestehen in einzelnen Bundesstaaten besondere Gesetze: Preußen, Ges. über die EUnternehmungen v. 3./11. 1838 (GS. S. 505); Baden, Ges. betr. das Genehmigungsverfahren bei EAnlagen v. 23./6. 1900 Archiv f. EWesen 1902 S. 215); Oldenburg, Bahnges. v. 7./1. 1902 (ebenda S. 694). Wegen Elsaß-Lothringen s. § 24 der Verfassung f. EL. (Nr. 2 der Sammlg.), wegen Württemberg s. Göz, Württemb. Staatsrecht, 1908 (S. 527).

Art. 43. Es sollen demgemäß in tunlichster Beschleunigung übereinstimmende Betriebseinrichtungen getroffen, insbesondere gleiche Bahnpolizei-Reglements eingeführt werden[1]. Das Reich hat dafür Sorge zu tragen, daß die Eisenbahnverwaltungen die Bahnen jederzeit in einem die nötige Sicherheit gewährenden baulichen Zustande erhalten und dieselben mit Betriebsmaterial so ausrüsten, wie das Verkehrsbedürfnis es erheischt.[2]

[1] Den Betrieb und Verkehr auf den deutschen E. regeln einheitlich eine Anzahl Ordnungen, die vom Bundesrat auf Grund der Art. 42 u. 43 beschlossen und vom Reichskanzler im RGBl. bekannt gemacht sind (vgl. Nr. 6, 8—10 d. Sammlg.).

[2] Die Durchführung dieser Anordnung überwacht das REA. Anforderungen des Amtes an die Eisenbahnverwaltungen sind z. B. gestellt worden: wegen des Ausbaues von Bahnhöfen, Beseitigung von Niveauübergängen, Vermehrung der Betriebsmittel, Beschleunigung des Wagenumlaufs u. a. m. (ReichstVerh. 12./3. 1906 Bd. 216 S. 1950, 1./2. 1908 Bd. 230 S. 2824). Zur Vermeidung von Übermüdung der Bediensteten u. der hiermit verbundenen Beeinträchtigung der Betriebssicherheit hat das Amt mit den Bundesregierungen besondere Bestimmungen über die planmäßige Dienst- u. Ruhezeit der E. Betriebsbeamten vereinbart (EVerBl. 1909 S. 193).

Art. 44. Die Eisenbahnverwaltungen sind verpflichtet, die für den durchgehenden Verkehr und zur Herstellung ineinander greifender Fahrpläne nötigen Personenzüge mit entsprechender Fahrgeschwindigkeit, desgleichen die zur Bewältigung des Güterverkehrs nötigen Güterzüge einzuführen,[1] auch direkte Expeditionen im Personen- und Güterverkehr, unter Gestattung des Überganges der Transportmittel von einer Bahn auf die andere, gegen die übliche Vergütung einzurichten.[2]

[1] Die Kontrolle hierüber übt das REA. an der Hand des ihm von den EVerwaltungen vorgelegten Fahrplanmaterials aus. Über die Anfertigung der bildlichen und Aushangfahrpläne bestehen einheitliche Vorschriften. Vgl. auch EVO. § 10.

[2] Sichergestellt durch HGB. § 453, EVO. § 53.

Art. 45. Dem Reiche steht die Kontrolle über das Tarifwesen zu.[1] Dasselbe wird namentlich dahin wirken:

1. daß baldigst auf allen deutschen Eisenbahnen übereinstimmende Betriebsreglements eingeführt werden;[2]
2. daß die möglichste Gleichmäßigkeit[3] und Herabsetzung[4] der Tarife erzielt, insbesondere, daß bei größeren Entfernungen für den Transport von Kohlen, Koaks, Holz, Erzen, Steinen, Salz, Roheisen, Düngungsmitteln und ähnlichen Gegenständen ein dem Bedürfnis der Landwirtschaft und Industrie entsprechender ermäßigter Tarif, und zwar zunächst tunlichst der Einpfennig-Tarif eingeführt werde.[5]

[1] Wird ausgeübt durch das REA. Zu diesem Zwecke hat jede E.-Verwaltung dem Amte alle Tariferhöhungen, sowie die Aufhebung oder Einschränkung einer bestehenden direkten Abfertigung anzuzeigen u. ferner allmonatlich über ihre Tarifverhältnisse einen Bericht zu erstatten, der alle in dem vorhergehenden Monat eingetretenen Tarifänderungen zu enthalten hat. Das Amt erlangt hierdurch von allen Vorgängen auf dem Gebiete des Tarifwesens Kenntnis. Die Prüfung erstreckt sich darauf, ob die bestehenden Vorschriften befolgt, die Tarife gehörig veröffentlicht sind u. den einschlägigen wirtschaftlichen u. sonstigen Rücksichten Rechnung getragen ist (vgl. Hirths Annalen 1874 S. 1525, 1876 S. 460; EVO. § 6).

[2] EVO., Nr. 6 d. Sammlg.

[3] Im Jahre 1875 wurden vom Reiche unter Leitung des RE.-Amts Verhandlungen über eine Reform der Tarife eingeleitet (vgl. ReichstVerh. 1874/75 (Bd. 35) S. 1117, Hirths Annalen 1876 S. 463, 1877 S. 689). Im Anschluß hieran haben sich die deutschen E.-Verwaltungen auf ihrer Generalkonferenz (Schlußsitzung Dresden d. 31./7. 1876) über ein gemeinsames Gütertarifschema verständigt. Gegen dieses dem Bundesrate vorgelegte Schema wurde vom Standpunkte des Reichs mit der Maßgabe nichts erinnert, daß die Zahl der Spezialtarife drei nicht überschreiten dürfe u. daß die Fest-

stellung der Höchsttarifsätze durch die Landesregierungen vorbehalten bleibe (Bundesratsbeschluß v. 14./12. 1876). Das einheitliche Tarifschema (Deutsch. EGütertarif T. I) ist seit dem Jahre 1880 auf allen deutschen E. eingeführt u. hierdurch die formelle Tarifeinheit erreicht. Die Fortbildung des Normaltarifs erfolgt durch die Ständige Tarifkommission der deutschen E., der alle deutschen Staatsbahnverwaltungen angehören. Vorberaten werden die Anträge im Ausschuß der Verkehrsinteressenten, bestehend aus Vertretern der Landwirtschaft, der Industrie und des Handels. Die Beschlüsse der Tarifkommission bedürfen der Zustimmung der zur Generalkonferenz der deutschen E. zugelassenen Verwaltungen. Einheitlichkeit in den Einheitssätzen (sog. materielle Tarifeinheit) ist insofern auf den deutschen Staatsbahnen erreicht worden, als bei Entfernungen über 100 km für die Normalklassen des einheitlichen Gütertarifschemas überall gleiche Sätze gelten.

Für den Personen- u. Gepäckverkehr haben die deutschen Staats-E. ein einheitliches Tarifschema (giltig seit 1. Mai 1907) vereinbart, so daß nunmehr auch für diesen Verkehr im wesentlichen gleiche Einheitssätze auf den deutschen Staatsbahnen bestehen. (Literatur s. bei Nr. 6.)

[4] Eine allmähliche, den wirtschaftlichen Bedürfnissen des Landes entsprechende Herabsetzung der Tarife ist als Ziel der Tarifpolitik der deutschen Staats-E. zu bezeichnen. Die Wirkung dieser Politik läßt sich am besten daraus beurteilen, daß auf den preußischen Staats-E. i. J. 1888/89 47%, i. J. 1909 dagegen 64% der Tonnenkilometer aller Güter zu Ausnahmetarifen befördert worden sind; der Durchschnittseinheitssatz für das Tonnenkilometer ist von 3,81 Pf. i. J. 1888/89 auf 3,54 i. J. 1909 gesunken.

[5] D. i. ein Silberpfennig für Zentner und Meile = 2,22 Pf. für das Tonnenkilometer, dem entspricht der Streckensatz des jetzigen Spezialtarifs III von 2,2 Pf. für das Tonnenkilometer bei Entfernungen über 100 km. Für die meisten Rohstoffe werden im Wege der Ausnahmetarifierung noch niedrigere Sätze gewährt.

Art. 46. Bei eintretenden Notständen, insbesondere bei ungewöhnlicher Teuerung der Lebensmittel, sind die Eisenbahnverwaltungen verpflichtet, für den Transport, namentlich von Getreide, Mehl, Hülsenfrüchten und Kartoffeln, zeitweise einen dem Bedürfnis entsprechenden, von dem Kaiser auf Vorschlag des betreffenden Bundesrats-Ausschusses festzustellenden, niedrigen Spezialtarif einzuführen, welcher jedoch nicht unter den niedrigsten auf der betreffenden Bahn für Rohprodukte geltenden Satz herabgehen darf.[1]

Die vorstehend, sowie die in den Artikeln 42 bis 45 getroffenen Bestimmungen sind auf Bayern nicht anwendbar.[2]

Dem Reiche steht jedoch auch Bayern gegenüber das Recht zu, im Wege der Gesetzgebung einheitliche Normen für die Konstruktion und Ausrüstung der für die Landesverteidigung wichtigen Eisenbahnen aufzustellen.

[1] Die deutschen EVerwaltungen haben wiederholt den eingetretenen Notständen durch Einführung von Ausnahmetarifen mit Ermäßigungen bis zu 50% Rechnung getragen, so daß es der hier vorgesehenen Maßnahme seitens des Reiches bisher nicht bedurft hat.

[2] Die bayerische Regierung hat indes derartige Bestimmungen auch in ihrem Staatsgebiete in genauem Anschluß an die vom Reiche erlassenen getroffen, insbesondere die zu Art. 42, 43 und 45 erwähnten Ordnungen der Hauptsache nach gleichlautend auch für Bayern erlassen.

Art. 47. Den Anforderungen der Behörden des Reichs in betreff der Benutzung der Eisenbahnen zum Zweck der Verteidigung Deutschlands haben sämtliche Eisenbahnverwaltungen unweigerlich Folge zu leisten. Insbesondere ist das Militär und alles Kriegsmaterial zu gleichen ermäßigten Sätzen zu befördern.[1]

[1] Ges. über die Kriegsleistungen v. 13./6. 1873 (RGBl. S. 129) nebst Kaiserl. Verordn. v. 1./4. 1876 (RGBl. S. 137), Ges. über die

Naturalleistungen für die bewaffnete Macht im Frieden in der Fassung v. 24./5. 1898 (RGBl. S. 361) nebst Verordn. z. Ausf. des Gesetzes, zusammengestellt von Mahn i. Bd. 280 der Juristischen Handbibliothek. Auf Grund dieser Bestimmungen sind erlassen: a) vom Kaiser: Militär-Transport-Ordnung v. 18./1. 1899 (RGBl. S. 15); b) vom Bundesrat: Militärtarif für Eisenbahnen v. 18./1. 1899 (RGBl. S. 108).

---

2. Gesetz über die Verfassung Elsaß-Lothringens.

Vom 31. Mai 1911 (RGBl. S. 225).

(Auszug.)

Art. II § 24.[1]

In Elsaß-Lothringen dürfen Eisenbahnen, die dem öffentlichen Verkehre dienen, nur vom Reiche oder mit dessen Zustimmung gebaut werden.

Soweit das Reich selbst Eisenbahnen baut oder betreibt, steht die Ausübung der auf den Bau und Betrieb der Eisenbahnen sich beziehenden Rechte der Reichsverwaltung zu. Entstehen über den Umfang dieser Rechte Meinungsverschiedenheiten zwischen der Reichs- und der Landesverwaltung, so entscheidet hierüber der Bundesrat.

Werden durch den Bau neuer oder die Veränderung bestehender Eisenbahnen die Verkehrsinteressen des Landes berührt oder wird durch die Herstellung neuer oder die Veränderung bestehender Eisenbahnanlagen in den Geschäftsbereich der Landespolizei eingegriffen, so dürfen die Entscheidungen der Reichsverwaltung nur nach Anhörung der Landesbehörden ergehen. Das Gleiche gilt für die Entscheidungen über die Zulässigkeit der Enteignung. In den Entscheidungen ist festzustellen, daß die Landesbehörden gehört sind.

[1] Vgl. Begründung i. ReichstDrucks. 1909/10 Nr. 581.

---

3. Gesetz, betr. die Errichtung eines Reichs-Eisenbahn-Amtes.

Vom 27. Juni 1873 (RGBl. S. 164).

I. Quellen: Vorverhandlungen im Reichstag: Drucks. 1870 Nr. 115, StenBer. II S. 784; 1871 Drucks. Nr. 113 ad II; Sten. Ber. (Bd. 20) S. 958, 1183. — Verhandl. über das Gesetz selbst: ReichstDrucks. 1873 Nr. 62, 144, 175, 184, StenBer. 1873 (Bd. 27) S. 706, (Bd. 28) S. 866, 893, 1120, 1136. — Verhandl. über Aufgaben u. Stellung des Amtes: 1898 (Bd. 160) S. 1291, 1899 (Bd. 166) S. 1114, 1901 (Bd. 180) S. 1810, 1903 (Bd. 187) S. 8353, 1909 (Bd. 235) S. 6991, 1910 (Bd. 258) S. 733.

II. Literatur: Jungermann, Die Errichtung eines Reichs-Eisenbahn-Amtes, 1874. Ferner die S. 1 d. Sammlg. aufgeführten Werke. Über die Tätigkeit des Amtes s. Geschäftsberichte in Hirths Annalen 1874 S. 1525, 1876 S. 460, 1877 S. 683.

III. Veröffentlichungen: Im REAmte durchgesehene Ausgaben der Ordnungen unter Nr. 6, 8—10 d. Sammlg., ferner die Militär-E.-Ordnung. Regelmäßige Veröffentlichungen: a) Statistik der im Betriebe befindlichen E. Deutschlands nach den Angaben der EVerwaltungen bearbeitet. b) Übersichtskarte der E. Deutschlands. c) Sammlg. von Übersichtsplänen wichtiger Abzweigungsstationen der E. Deutschlands. d) Verzeichnis sämtlicher Tarife, an denen die deutschen E. mit eigenen Stationen oder im Durchgangsverkehr beteiligt sind. e) Liste der EStrecken, auf die das JÜ. Anwendung findet. f) E.Tierseuchenanzeiger. g) Viehkursbuch. Ferner allmonatlich im deutschen Reichsanzeiger: Betriebsergebnisse deutscher E.

§ 1. Unter dem Namen „Reichs-Eisenbahn-Amt" wird eine ständige Zentralbehörde eingerichtet, welche aus einem Vorsitzenden und der erforderlichen Zahl von Räten besteht und ihren Sitz in Berlin hat.

Auch können nach Maßgabe des Bedürfnisses Reichs-Eisenbahn-Kommissare bestellt werden, welche vom Reichs-Eisenbahn-Amt ihre Instruktionen empfangen.[1]

[1] Bisher nicht bestellt.

§ 2. Der Vorsitzende und die Mitglieder des Reichs-Eisenbahn-Amtes, sowie die Reichs-Eisenbahn-Kommissare werden vom Kaiser, die Subaltern- und Unterbeamten werden vom Reichskanzler ernannt.

Auf den Vorsitzenden finden die Vorschriften des § 25 des Gesetzes, betreffend die Rechtsverhältnisse der Reichsbeamten, vom 31. März 1873, Anwendung.

Personen, welche bei der Verwaltung einer deutschen Eisenbahn beteiligt sind, können keinerlei Tätigkeit bei dem Reichs-Eisenbahn-Amt oder als Reichs-Eisenbahn-Kommissare ausüben.

§ 3. Vorbehaltlich der Bestimmung im § 5 Nr. 4 führt das Reichs-Eisenbahn-Amt seine Geschäfte unter Verantwortlichkeit und nach den Anweisungen des Reichskanzlers.

§ 4. Das Reichs-Eisenbahn-Amt hat innerhalb der durch die Verfassung bestimmten Zuständigkeit des Reichs:

1. das Aufsichtsrecht über das Eisenbahnwesen wahrzunehmen;[1]

2. für die Ausführung der in der Reichsverfassung enthaltenen Bestimmungen, sowie der sonstigen auf das Eisenbahnwesen bezüglichen Gesetze und verfassungsmäßigen Vorschriften Sorge zu tragen;[1]

3. auf Abstellung der in Hinsicht auf das Eisenbahnwesen hervortretenden Mängel und Mißstände hinzuwirken.[2]

Dasselbe ist berechtigt, innerhalb seiner Zuständigkeit über alle Einrichtungen und Maßregeln von den Eisenbahnverwaltungen Auskunft zu erfordern oder nach Befinden durch persönliche Kenntnisnahme sich zu unterrichten und hiernach das Erforderliche zu veranlassen.

[1] S. RVerf. Art. 4, 41—47 nebst Anm. (S. 2ff.).

[2] Vgl. RVerf. Art. 7 Ziff. 3 (S. 2).

§ 5. Bis zum Erlaß eines Reichs-Eisenbahngesetzes[1] gelten folgende Vorschriften:

1. In bezug auf die Privateisenbahnen stehen dem Reichs-Eisenbahn-Amte zur Durchführung seiner Verfügungen dieselben Befugnisse zu, welche den Aufsichtsbehörden der betreffenden Bundesstaaten beigelegt sind. Werden zu diesem Zwecke Zwangsmaßregeln erforderlich, so sind die Eisenbahn-Aufsichtsbehörden der einzelnen Bundesstaaten gehalten, den deshalb an sie ergehenden Requisitionen zu entsprechen.

2. Staats-Eisenbahnverwaltungen sind nötigenfalls zur Erfüllung der ihnen obliegenden Verpflichtungen im verfassungsmäßigen Wege (Art. 7 Nr. 3, Art. 17 und Art. 19 der Reichsverfassung) anzuhalten.

3. Den Reichseisenbahnen gegenüber wird der Reichskanzler die Verfügungen des Reichs-Eisenbahn-Amtes zum Vollzuge bringen.

4. Wird gegen eine von dem Reichs-Eisenbahn-Amte verfügte Maßregel Gegenvorstellung erhoben auf Grund der Behauptung, daß jene Maßregel in den Gesetzen und rechtsgültigen Vorschriften nicht begründet

sei, so hat das durch Zuziehung von richterlichen Beamten zu verstärkende Reichs-Eisenbahn-Amt über die Gegenvorstellung immer selbständig und unter eigener Verantwortlichkeit in kollegialer Beratung und Beschlußfassung zu befinden. Zu diesem Zwecke wird der Bundesrat ein Regulativ erlassen, welches den kollegialen Geschäftsgang ordnet und die hierbei dem Präsidenten zustehenden Befugnisse regelt.[2]

[1] Erster Entwurf i. Hirths Annalen 1874 S. 891, zweiter ebenda 1875 S. 1225 u. EVerZtg. 1875 Nr. 34. Keinem dieser Entwürfe wurde indes weitere Folge gegeben. Vgl. ReichstVerh. 1874 (Bd. 31) S. 164, 1875 (Bd. 38) S. 95; Hirths Annalen 1877 S. 683.

[2] Folgt unter Nr. 4.

---

4. Bekanntmachung des Reichskanzlers, betreffend das Regulativ zur Ordnung des Geschäftsganges bei dem durch Richter verstärkten Reichs-Eisenbahn-Amt.

Vom 13. März 1876 (RZBl. S. 197).

In Ausführung des § 5 Nr. 4 des Gesetzes vom 27. Juni 1873 (RGBl. S. 164) hat der Bundesrat anstelle des Regulativs vom 5. Januar 1874 (ZBl. S. 27) nachstehendes Regulativ zur Ordnung des Geschäftsganges bei dem durch richterliche Beamte verstärkten Reichs-Eisenbahn-Amt erlassen:

§ 1. Wird gegen eine vom Reichs-Eisenbahn-Amt verfügte Maßregel Gegenvorstellung auf Grund der Behauptung erhoben, daß die Maßregel in den Gesetzen und rechtsgültigen Vorschriften nicht begründet sei, so überweist der Reichskanzler die an ihn zu richtende

Gegenvorstellung dem verstärkten Reichs-Eisenbahn-Amt.

§ 2. Das verstärkte Reichs-Eisenbahn-Amt besteht aus dem Präsidenten des Reichs-Eisenbahn-Amts oder dessen Stellvertreter als Vorsitzenden, zwei Räten des Reichs-Eisenbahn-Amts und drei richterlichen Beamten. Für letztere werden für den Fall der Behinderung drei Stellvertreter ernannt.

Das bei der früheren Bearbeitung der Sache als Referent tätig gewesene Mitglied des Reichs-Eisenbahn-Amts darf an der Beratung und Beschlußfassung des verstärkten Reichs-Eisenbahn-Amts nicht teilnehmen.

§ 3. Ergibt sich bei der Prüfung der angebrachten Gegenvorstellung, daß zur Klarstellung des Sachverhältnisses zuvörderst tatsächliche Erhebungen erforderlich sind, so werden diese vom Präsidenten angeordnet.

§ 4. Sind die nach § 3 angeordneten Erhebungen erfolgt, oder hat der Präsident weitere Erhebungen nicht für nötig erachtet, so wird die Sache zur kollegialen Beratung und Beschlußfassung gebracht.

Zu diesem Ende ernennt der Präsident einen ersten und einen zweiten Berichterstatter.

Einer dieser Berichterstatter muß aus den richterlichen Beamten gewählt werden.

§ 5. Zur Beschlußfähigkeit des verstärkten Reichs-Eisenbahn-Amts bedarf es der Anwesenheit sämtlicher in § 2 aufgeführter Mitglieder oder deren Stellvertreter.

Der Vorsitzende leitet die Verhandlungen und die Beratung in den Sitzungen. Er stellt die Fragen und sammelt die Stimmen. Das Kollegium entscheidet nach Stimmenmehrheit. Bei Stimmengleichheit gibt die Stimme des Vorsitzenden den Ausschlag.

§ 6. Beschließt das Kollegium eine weitere Ermittelung oder Verhandlung, so werden die erforderlichen Anordnungen vom Präsidenten getroffen.

Das verstärkte REA. ist bisher noch nicht in Wirksamkeit getreten.

§ 7. Im Eingange des unter dem Siegel des Reichs-Eisenbahn-Amts mit Gründen auszufertigenden Beschlusses sind die Mitglieder des Kollegiums, welche an der Beschlußfassung teilgenommen haben, aufzuführen. Die Ausfertigung ist von dem Vorsitzenden zu unterschreiben.

B. Verkehr.

5. Handelsgesetzbuch. (Auszug.)

Vom 10. Mai 1897 (RGBl. S. 219). Gültig v. 1. Januar 1900.

3. Buch. Handelsgeschäfte.

6. Abschnitt. Frachtgeschäft.

§ 425. Frachtführer ist, wer es gewerbsmäßig übernimmt, die Beförderung von Gütern zu Lande oder auf Flüssen oder sonstigen Binnengewässern auszuführen.

§ 426. Der Frachtführer kann die Ausstellung eines Frachtbriefs verlangen.

Der Frachtbrief soll enthalten:[1]

1. den Ort und den Tag der Ausstellung;
2. den Namen und den Wohnort des Frachtführers;
3. den Namen dessen, an welchen das Gut abgeliefert werden soll (des Empfängers);
4. den Ort der Ablieferung;
5. die Bezeichnung des Gutes nach Beschaffenheit, Menge und Merkzeichen;
6. die Bezeichnung der für eine zoll- oder steueramtliche Behandlung oder polizeiliche Prüfung nötigen Begleitpapiere;
7. die Bestimmung über die Fracht sowie im Falle ihrer Vorausbezahlung einen Vermerk über die Vorausbezahlung;

8. die besonderen Vereinbarungen, welche die Beteiligten über andere Punkte, namentlich über die Zeit, innerhalb welcher die Beförderung bewirkt werden soll, über die Entschädigung wegen verspäteter Ablieferung und über die auf dem Gute haftenden Nachnahmen, getroffen haben;
9. die Unterschrift des Absenders; eine im Wege der mechanischen Vervielfältigung hergestellte Unterschrift ist genügend.

Der Absender haftet dem Frachtführer für die Richtigkeit und die Vollständigkeit der in den Frachtbrief aufgenommenen Angaben.[2]

[1] EVO. § 56, JÜ. Art. 6, AusfBest. § 2. — [2] EVO. § 57, JÜ. Art. 7.

§ 427.[1] Der Absender ist verpflichtet, dem Frachtführer die Begleitpapiere zu übergeben, welche zur Erfüllung der Zoll-, Steuer- oder Polizeivorschriften vor der Ablieferung an den Empfänger erforderlich sind. Er haftet dem Frachtführer, sofern nicht diesem ein Verschulden zur Last fällt, für alle Folgen, die aus dem Mangel, der Unzulänglichkeit oder der Unrichtigkeit der Papiere entstehen.

[1] EVO. § 65, JÜ. Art. 10.

§ 428. Ist über die Zeit, binnen welcher der Frachtführer die Beförderung bewirken soll, nichts bedungen, so bestimmt sich die Frist, innerhalb deren er die Reise anzutreten und zu vollenden hat, nach dem Ortsgebrauche. Besteht ein Ortsgebrauch nicht, so ist die Beförderung binnen einer den Umständen nach angemessenen Frist zu bewirken.[1]

Wird der Antritt oder die Fortsetzung der Reise

ohne Verschulden des Absenders zeitweilig verhindert, so kann der Absender von dem Vertrage zurücktreten; er hat jedoch den Frachtführer, wenn diesem kein Verschulden zur Last fällt, für die Vorbereitung der Reise, die Wiederausladung und den zurückgelegten Teil der Reise zu entschädigen. Über die Höhe der Entschädigung entscheidet der Ortsgebrauch; besteht ein Ortsgebrauch nicht, so ist eine den Umständen nach angemessene Entschädigung zu gewähren.[2]

[1] EVO. § 75, JÜ. Art. 14, AusfBest. § 6. — [2] EVO. § 74, JÜ. Art. 18.

§§ 429—431 kommen für den EFrachtverkehr nicht in Betracht.

§ 432.[1] Übergibt der Frachtführer zur Ausführung der von ihm übernommenen Beförderung das Gut einem anderen Frachtführer, so haftet er für die Ausführung der Beförderung bis zur Ablieferung des Gutes an den Empfänger.

Der nachfolgende Frachtführer tritt dadurch, daß er das Gut mit dem ursprünglichen Frachtbrief annimmt, diesem gemäß in den Frachtvertrag ein und übernimmt die selbständige Verpflichtung, die Beförderung nach dem Inhalte des Frachtbriefs auszuführen.

Hat auf Grund dieser Vorschriften einer der beteiligten Frachtführer Schadensersatz geleistet, so steht ihm der Rückgriff gegen denjenigen zu, welcher den Schaden verschuldet hat. Kann dieser nicht ermittelt werden, so haben die beteiligten Frachtführer den Schaden nach dem Verhältnis ihrer Anteile an der Fracht gemeinsam zu tragen, soweit nicht festgestellt wird, daß der Schaden nicht auf ihrer Beförderungsstrecke entstanden ist.

[1] EVO. § 100, JÜ. Art. 27, 28, 47ff.

§ 433.[1] Der Absender kann den Frachtführer anweisen, das Gut anzuhalten, zurückzugeben oder an einen anderen als den im Frachtbriefe bezeichneten Empfänger auszuliefern. Die Mehrkosten, die durch eine solche Verfügung entstehen, sind dem Frachtführer zu erstatten.

Das Verfügungsrecht des Absenders erlischt, wenn nach der Ankunft des Gutes am Orte der Ablieferung der Frachtbrief dem Empfänger übergeben oder von dem Empfänger Klage gemäß § 435 gegen den Frachtführer erhoben wird. Der Frachtführer hat in einem solchen Falle nur die Anweisungen des Empfängers zu beachten; verletzt er diese Verpflichtung, so ist er dem Empfänger für das Gut verhaftet.

[1] EVO. § 73, JÜ. Art. 15, AusfBest. § 7.

§ 434.[1] Der Empfänger ist vor der Ankunft des Gutes am Orte der Ablieferung dem Frachtführer gegenüber berechtigt, alle zur Sicherstellung des Gutes erforderlichen Maßregeln zu ergreifen und dem Frachtführer die zu diesem Zwecke notwendigen Anweisungen zu erteilen. Die Auslieferung des Gutes kann er vor dessen Ankunft am Orte der Ablieferung nur fordern, wenn der Absender den Frachtführer dazu ermächtigt hat.

[1] In die EVO. und in das JÜ. nicht aufgenommen.

§ 435.[1] Nach der Ankunft des Gutes am Orte der Ablieferung ist der Empfänger berechtigt, die durch den Frachtvertrag begründeten Rechte gegen Erfüllung der sich daraus ergebenden Verpflichtungen in eigenem Namen gegen den Frachtführer geltend zu machen, ohne Unterschied, ob er hierbei in eigenem oder in fremdem Interesse handelt. Er ist insbesondere berechtigt, von dem Frachtführer die Übergabe des Frachtbriefs und die Auslieferung des Gutes zu verlangen. Dieses Recht erlischt, wenn der Absender dem Frachtführer eine nach § 433 noch zulässige entgegenstehende Anweisung erteilt.

[1] EVO. § 76 (2) JÜ. Art. 16.

§ 436.[1] Durch Annahme des Gutes und des Frachtbriefs wird der Empfänger verpflichtet, dem Frachtführer nach Maßgabe des Frachtbriefs Zahlung zu leisten.

[1] EVO. § 76 (4), JÜ. Art. 17.

§ 437.[1] Ist der Empfänger des Gutes nicht zu ermitteln oder verweigert er die Annahme oder ergibt sich ein sonstiges Ablieferungshindernis, so hat der Frachtführer den Absender unverzüglich hiervon in Kenntnis zu setzen und dessen Anweisung einzuholen.

Ist dies den Umständen nach nicht tunlich oder der Absender mit der Erteilung der Anweisung säumig oder die Anweisung nicht ausführbar, so ist der Frachtführer befugt, das Gut in einem öffentlichen Lagerhaus oder sonst in sicherer Weise zu hinterlegen. Er kann, falls das Gut dem Verderben ausgesetzt und Gefahr im Verzug ist, das Gut auch gemäß § 373 Abs. 2 bis 4 verkaufen lassen.

Von der Hinterlegung und dem Verkaufe des Gutes hat der Frachtführer den Absender und den Empfänger unverzüglich zu benachrichtigen, es sei denn, daß dies untunlich ist; im Falle der Unterlassung ist er zum Schadensersatze verpflichtet.

[1] EVO. § 81, JÜ. Art. 24.

§ 438. Ist die Fracht nebst den sonst auf dem Gute haftenden Forderungen bezahlt und das Gut angenommen, so sind alle Ansprüche gegen den Frachtführer aus dem Frachtvertrag erloschen.[1]

Diese Vorschrift findet keine Anwendung, soweit die Beschädigung oder Minderung des Gutes vor dessen Annahme durch amtlich bestellte Sachverständige festgestellt ist.[2]

Wegen einer Beschädigung oder Minderung des Gutes, die bei der Annahme äußerlich nicht erkennbar ist, kann der Frachtführer auch nach der Annahme des Gutes und der Bezahlung der Fracht in Anspruch genommen werden, wenn der Mangel in der Zeit zwischen der Übernahme des Gutes durch den Frachtführer und der Ablieferung entstanden ist und die Feststellung des Mangels durch amtlich bestellte Sachverständige unverzüglich nach der Entdeckung und spätestens binnen einer Woche nach der Annahme beantragt wird. Ist dem Frachtführer der Mangel unverzüglich nach der Entdeckung und binnen der bezeichneten Frist angezeigt, so genügt es, wenn die Feststellung unverzüglich nach dem Zeitpunkte beantragt wird, bis zu welchem der Eingang einer Antwort des Frachtführers unter regelmäßigen Umständen erwartet werden darf.[2]

Die Kosten einer von dem Empfangsberechtigten beantragten Feststellung sind von dem Frachtführer zu tragen, wenn ein Verlust oder eine Beschädigung ermittelt wird, für welche der Frachtführer Ersatz leisten muß.[3]

Der Frachtführer kann sich auf diese Vorschriften nicht berufen, wenn er den Schaden durch Vorsatz oder grobe Fahrlässigkeit herbeigeführt hat.[4]

[1] EVO. § 97, JÜ. Art. 44 (1). — [2] EVO. §§ 83, 97, JÜ. Art. 44 (2), 25. — [3] EVO. § 82 (4). — [4] EVO. § 95, JÜ. Art. 41.

§ 439.[1] Auf die Verjährung der Ansprüche gegen den Frachtführer wegen Verlustes, Minderung, Beschädigung oder verspäteter Ablieferung des Gutes finden die Vorschriften des § 414 entsprechende Anwendung. Dies gilt nicht für die im § 432 Abs. 3 bezeichneten Ansprüche.

[1] EVO. § 98, JÜ. Art. 45.

§ 440.[1] Der Frachtführer hat wegen aller durch den Frachtvertrag begründeten Forderungen, insbesondere der Fracht- und Liegegelder, der Zollgelder und anderer Auslagen, sowie wegen der auf das Gut geleisteten Vorschüsse ein Pfandrecht an dem Gute.

Das Pfandrecht besteht, solange der Frachtführer das Gut noch im Besitze hat, insbesondere mittelst Konnossements, Ladescheins oder Lagerscheins darüber verfügen kann.

Auch nach der Ablieferung dauert das Pfandrecht fort, sofern der Frachtführer es binnen drei Tagen nach der Ablieferung gerichtlich geltend macht und das Gut noch im Besitze des Empfängers ist.

Die im § 1234 Abs. 1 des Bürgerlichen Gesetzbuchs bezeichnete Androhung des Pfandverkaufs sowie die in den §§ 1237, 1241 des Bürgerlichen Gesetzbuchs vorgesehenen Benachrichtigungen sind an den Empfänger zu richten. Ist dieser nicht zu ermitteln oder verweigert er die Annahme des Gutes, so hat die Androhung und Benachrichtigung gegenüber dem Absender zu erfolgen.

[1] EVO. § 76 (5), JÜ. Art. 21, 22.

Siebenter Abschnitt. Beförderung von Gütern und Personen auf den Eisenbahnen.

§ 453. Eine dem öffentlichen Güterverkehre dienende Eisenbahn darf die Übernahme von Gütern zur Beförderung nach einer für den Güterverkehr eingerichteten Station innerhalb des Deutschen Reichs nicht verweigern,[1] sofern

1. der Absender sich den geltenden Beförderungsbedingungen und den sonstigen allgemeinen Anordnungen der Eisenbahn unterwirft;[2]
2. die Beförderung nicht nach gesetzlicher Vorschrift oder aus Gründen der öffentlichen Ordnung verboten ist;[3]
3. die Güter nach der Eisenbahnverkehrsordnung oder den gemäß der Verkehrsordnung erlassenen Vorschriften und, soweit diese keinen Anhalt gewähren, nach der Anlage und dem Betriebe der beteiligten Bahnen sich zur Beförderung eignen;[3]
4. die Beförderung mit den regelmäßigen Beförderungsmitteln möglich ist;[2]
5. die Beförderung nicht durch Umstände, die als höhere Gewalt zu betrachten sind, verhindert wird.[2]

Die Eisenbahn ist nur insoweit verpflichtet, Güter zur Beförderung anzunehmen, als die Beförderung sofort erfolgen kann.[4] Inwieweit sie verpflichtet ist, Güter, deren Beförderung nicht sofort erfolgen kann, in einstweilige Verwahrung zu nehmen, bestimmt die Eisenbahnverkehrsordnung.[5]

Die Beförderung der Güter findet in der Reihenfolge statt, in welcher sie zur Beförderung angenommen worden sind, sofern nicht zwingende Gründe des Eisenbahnbetriebs oder das öffentliche Interesse eine Ausnahme rechtfertigen.[6]

Eine Zuwiderhandlung gegen diese Vorschriften begründet den Anspruch auf Ersatz des daraus entstehenden Schadens.[6]

[1] EVO. §§ 3, 53, JÜ. Art. 5. — [2] EVO. § 3, JÜ. Art. 5. — [3] EVO. § 3, JÜ. Art. 2. — [4] EVO. § 63 (1). JÜ. Art. 5. — [5] EVO. § 64 JÜ. Art. 5. — [6] EVO. § 67 (3), JÜ. Art. 5.

§ 454. Auf das Frachtgeschäft der dem öffentlichen Güterverkehre dienenden Eisenbahnen finden die Vorschriften des vorigen Abschnitts insoweit Anwendung, als nicht in diesem Abschnitt oder in der Eisenbahnverkehrsordnung ein Anderes bestimmt ist.[1]

[1] EVO. § 1, JÜ. Art. 1 u. Schlußprotok. Ziff. I.

§ 455. Die Eisenbahn ist verpflichtet, auf Verlangen des Absenders den Empfang des Gutes unter Angabe des Tages, an welchem es zur Beförderung angenommen ist, auf einem Duplikate des Frachtbriefs zu bescheinigen; das Duplikat ist von dem Absender mit dem Frachtbriefe vorzulegen.[1]

Im Falle der Ausstellung eines Frachtbriefduplikats steht dem Absender das im § 433 bezeichnete Verfügungsrecht nur zu, wenn er das Duplikat vorlegt. Befolgt die Eisenbahn die Anweisungen des Absenders, ohne die Vorlegung des Duplikats zu verlangen, so ist sie für den daraus entstehenden Schaden dem Empfänger, welchem der Absender die Urkunde übergeben hat, haftbar.[2]

[1] EVO. § 61 (5), JÜ. Art. 8 (5). — [2] EVO. § 73 (5), JÜ. Art. 15 (2).

§ 456. Die Eisenbahn haftet für den Schaden, der durch Verlust oder Beschädigung des Gutes in der Zeit von der Annahme zur Beförderung bis zur Ablieferung entsteht, es sei denn, daß der Schaden durch ein Verschulden oder eine nicht von der Eisenbahn verschuldete Anweisung des Verfügungsberechtigten, durch höhere Gewalt, durch äußerlich nicht erkennbare Mängel der Verpackung oder durch die natürliche Beschaffenheit des Gutes, namentlich durch inneren Verderb, Schwinden, gewöhnliche Leckage, verursacht ist.[1]

Die Vorschrift des § 429 Abs. 2 findet Anwendung.

[1] EVO. § 84, JÜ. Art. 30 (1).

§ 457. Muß auf Grund des Frachtvertrags von der Eisenbahn für gänzlichen oder teilweisen Verlust des Gutes Ersatz geleistet werden, so ist der gemeine Handelswert und in dessen Ermangelung der gemeine Wert zu ersetzen, welchen Gut derselben Art und Beschaffenheit am Orte der Absendung in dem Zeitpunkte der Annahme zur Beförderung hatte, unter Hinzurechnung dessen, was an Zöllen und sonstigen Kosten sowie an Fracht bereits bezahlt ist.[1]

Im Falle der Beschädigung ist für die Minderung des im Abs. 1 bezeichneten Wertes Ersatz zu leisten.[1]

Ist der Schaden durch Vorsatz oder grobe Fahrlässigkeit der Eisenbahn herbeigeführt, so kann Ersatz des vollen Schadens gefordert werden.[2]

[1] EVO. § 88, JÜ. Art. 34 u. 37. — [2] EVO. § 95, JÜ. Art. 41.

§ 458. Die Eisenbahn haftet für ihre Leute und für andere Personen, deren sie sich bei der Ausführung der Beförderung bedient.[1]

[1] EVO. § 5, JÜ. Art. 29.

§ 459.[1] Die Eisenbahn haftet nicht:

1. in Ansehung der Güter, die nach der Bestimmung des Tarifs oder nach einer in den Frachtbrief aufgenommenen Vereinbarung mit dem Absender in offen gebauten Wagen befördert werden,
   für den Schaden, welcher aus der mit dieser Beförderungsart verbundenen Gefahr entsteht;
2. in Ansehung der Güter, die, obgleich ihre Natur eine Verpackung zum Schutze gegen Verlust oder Beschädigung während der Beförderung erfordert, nach Erklärung des Absenders auf dem Frachtbrief unverpackt oder mit mangelhafter Verpackung zur Beförderung aufgegeben worden sind,
   für den Schaden, welcher aus der mit dem Mangel oder mit der mangelhaften Beschaffenheit der Verpackung verbundenen Gefahr entsteht;
3. in Ansehung der Güter, deren Aufladen und Abladen nach der Bestimmung des Tarifs oder nach einer in den Frachtbrief aufgenommenen Vereinbarung mit dem Absender von diesem oder von dem Empfänger besorgt wird,
   für den Schaden, welcher aus der mit dem Aufladen und Abladen oder mit einer mangelhaften Verladung verbundenen Gefahr entsteht;
4. in Ansehung der Güter, die vermöge ihrer eigentümlichen natürlichen Beschaffenheit der besonderen Gefahr ausgesetzt sind, Verlust oder

Beschädigung, namentlich Bruch, Rost, inneren Verderb, außergewöhnliche Leckage, Austrocknung und Verstreuung, zu erleiden,

für den Schaden, welcher aus dieser Gefahr entsteht;

5. in Ansehung lebender Tiere

für den Schaden, welcher aus der für sie mit der Beförderung verbundenen besonderen Gefahr entsteht;

6. in Ansehung derjenigen Güter, einschließlich der Tiere, welchen nach der Eisenbahnverkehrsordnung, dem Tarif oder nach einer in den Frachtbrief aufgenommenen Vereinbarung mit dem Absender ein Begleiter beizugeben ist,

für den Schaden, welcher aus der Gefahr entsteht, deren Abwendung durch die Begleitung bezweckt wird.

Konnte ein eingetretener Schaden den Umständen nach aus einer der im Abs. 1 bezeichneten Gefahren entstehen, so wird vermutet, daß er aus dieser Gefahr entstanden sei.

Eine Befreiung von der Haftpflicht kann auf Grund dieser Vorschriften nicht geltend gemacht werden, wenn der Schaden durch Verschulden der Eisenbahn entstanden ist.

[1] EVO. § 86, JÜ. Art. 31.

§ 460.[1] Bei Gütern, die nach ihrer natürlichen Beschaffenheit bei der Beförderung regelmäßig einen Gewichtsverlust erleiden, ist die Haftpflicht der Eisenbahn für Gewichtsverluste bis zu den aus der Eisenbahnverkehrsordnung sich ergebenden Normalsätzen ausgeschlossen.

Der Normalsatz wird, falls mehrere Stücke auf denselben Frachtbrief befördert werden, für jedes Stück besonders berechnet, wenn das Gewicht der einzelnen Stücke im Frachtbriefe verzeichnet ist oder sonst festgestellt werden kann.

Die Beschränkung der Haftpflicht tritt nicht ein, soweit der Verlust den Umständen nach nicht in Folge der natürlichen Beschaffenheit des Gutes entstanden ist oder soweit der angenommene Satz dieser Beschaffenheit oder den sonstigen Umständen des Falles nicht entspricht.

Bei gänzlichem Verluste des Gutes findet ein Abzug für Gewichtsverlust nicht statt.

[1] EVO. § 87, JÜ. Art. 32, AusfBest. § 8.

§ 461. Die Eisenbahnen können in besonderen Bedingungen (Ausnahmetarifen) einen im Falle des Verlustes oder der Beschädigung zu erstattenden Höchstbetrag festsetzen, sofern diese Ausnahmetarife veröffentlicht werden, eine Preisermäßigung für die ganze Beförderung gegenüber den gewöhnlichen Tarifen der Eisenbahn enthalten und der gleiche Höchstbetrag auf die ganze Beförderungsstrecke Anwendung findet.[1]

Ist der Schaden durch Vorsatz oder grobe Fahrlässigkeit der Eisenbahn herbeigeführt, so kann die Beschränkung auf den Höchstbetrag nicht geltend gemacht werden.[2]

[1] EVO. § 89, JÜ. Art. 35. — EVO. § 95, JÜ. Art. 41.

§ 462. Inwieweit für den Fall des Verlustes oder der Beschädigung von Kostbarkeiten, Kunstgegenständen, Geld und Wertpapieren die zu leistende Entschädigung auf einen Höchstbetrag beschränkt werden kann, bestimmt die Eisenbahnverkehrsordnung.[1] Die

Vorschrift des § 461 Abs. 2 findet entsprechende Anwendung.

[1] EVO. § 35 (2), 89 (2), JÜ. Art. 3, 35, AusfBest. § 1.

§ 463. Ist das Interesse an der Lieferung nach Maßgabe der Vorschriften der Eisenbahnverkehrsordnung in dem Frachtbriefe, dem Gepäckschein oder dem Beförderungsschein angegeben, so kann im Falle des Verlustes oder der Beschädigung des Gutes außer der im § 457 Abs. 1, 2 bezeichneten Entschädigung der Ersatz des weiter entstandenen Schadens bis zu dem angegebenen Betrage beansprucht werden.[1]

Ist die Ersatzpflicht nach den Vorschriften des § 461 oder des § 462 auf einen Höchstbetrag beschränkt, so findet eine Angabe des Interesses an der Lieferung über diesen Betrag hinaus nicht statt.[1]

[1] EVO. §§ 92, 93, JÜ. Art. 38, AusfBest. § 9.

§ 464. Wegen einer Beschädigung oder Minderung, die bei der Annahme des Gutes durch den Empfänger äußerlich nicht erkennbar ist, können Ansprüche gegen die Eisenbahn nach § 438 Abs. 3 nur geltend gemacht werden, wenn binnen einer Woche nach der Annahme zur Feststellung des Mangels entweder bei Gericht die Besichtigung des Gutes durch Sachverständige oder schriftlich bei der Eisenbahn eine von dieser nach den Vorschriften der Eisenbahnverkehrsordnung vorzunehmende Untersuchung[1] beantragt wird.[2]

Ist der Schaden durch Vorsatz oder grobe Fahrlässigkeit der Eisenbahn herbeigeführt, so kann sie sich auf diese Vorschrift nicht berufen.[3]

[1] EVO. §§ 82, 83, JÜ. Art. 25. — [2] EVO. § 97 (2), JÜ. Art. 44 (2). — [3] EVO. § 95, JÜ. Art. 41.

§ 465. Für den Verlust von Reisegepäck, das zur Beförderung aufgegeben ist, haftet die Eisenbahn nur, wenn das Gepäck binnen acht Tagen nach der Ankunft des Zuges, zu welchem es aufgegeben ist, auf der Bestimmungsstation abgefordert wird.[1]

Inwieweit für den Fall des Verlustes oder der Beschädigung von Reisegepäck, das zur Beförderung aufgegeben ist, die zu leistende Entschädigung auf einen Höchstbetrag beschränkt werden kann, bestimmt die Eisenbahnverkehrsordnung.[2] Ist der Schaden durch Vorsatz oder grobe Fahrlässigkeit der Eisenbahn herbeigeführt, so kann die Beschränkung auf den Höchstbetrag nicht geltend gemacht werden.[3]

Für den Verlust oder die Beschädigung von Reisegepäck, das nicht zur Beförderung aufgegeben ist, sowie von Gegenständen, die in beförderten Fahrzeugen belassen sind, haftet die Eisenbahn nur, wenn ihr ein Verschulden zur Last fällt.[4]

[1] EVO. § 36: binnen 8 Tagen. — [2] EVO. § 35 (2). — [3] EVO. § 95. — [4] EVO. §§ 28 (4), 35 (3).

§ 466. Die Eisenbahn haftet für den Schaden, welcher durch Versäumung der Lieferfrist entsteht, es sei denn, daß die Verspätung von einem Ereignisse herrührt, welches sie weder herbeigeführt hat noch abzuwenden vermochte.[1]

Der Schaden wird nur insoweit ersetzt, als er den in dem Frachtbriefe, dem Gepäckschein oder dem Beförderungsschein als Interesse an der Lieferung nach Maßgabe der Eisenbahnverkehrsordnung angegebenen Betrag und in Ermangelung einer solchen Angabe den Betrag der Fracht nicht übersteigt. Für das Reisegepäck kann anstelle der Fracht durch die Eisenbahnverkehrsordnung ein anderer Höchstbetrag bestimmt werden.[2]

Inwieweit ohne den Nachweis eines Schadens eine Vergütung zu gewähren ist, bestimmt die Eisenbahnverkehrsordnung.[2]

Der Ersatz des vollen Schadens kann gefordert werden, wenn die Versäumung der Lieferfrist durch Vorsatz oder grobe Fahrlässigkeit der Eisenbahn herbeigeführt ist.[3]

[1] EVO. § 94, JÜ. Art. 39. — [2] EVO. §§ 37, 94, JÜ. Art. 40. — [3] EVO. § 95, JÜ. Art. 41.

§ 467. Werden Gegenstände, die von der Beförderung ausgeschlossen oder zur Beförderung nur bedingungsweise zugelassen sind, unter unrichtiger oder ungenauer Bezeichnung aufgegeben oder werden die für diese Gegenstände vorgesehenen Sicherheitsmaßregeln von dem Absender unterlassen, so ist die Haftpflicht der Eisenbahn auf Grund des Frachtvertrags ausgeschlossen.[1]

[1] EVO. § 96, JÜ. Art. 43.

§ 468. Für den Fall, daß auf dem Frachtbrief als Ort der Ablieferung ein nicht an der Eisenbahn liegender Ort bezeichnet wird, kann bestimmt werden, daß die Eisenbahn als Frachtführer nur für die Beförderung bis zur letzten Eisenbahnstation haften, bezüglich der Weiterbeförderung dagegen die Verpflichtungen des Spediteurs übernehmen soll.[1]

[1] EVO. § 85, JÜ. Art. 30 (2).

§ 469.[1] Wird die Beförderung auf Grund desselben Frachtbriefs nach § 432 Abs. 2 durch mehrere aufeinander folgende Eisenbahnen bewirkt, so können die Ansprüche aus dem Frachtvertrag, unbeschadet des Rückgriffs der Bahnen untereinander, im Wege der Klage nur gegen die erste Bahn oder gegen diejenige, welche das Gut zuletzt mit dem Frachtbrief übernommen hat, oder gegen diejenige, auf deren Betriebsstrecke sich der Schaden ereignet hat, gerichtet werden.

Unter den bezeichneten Bahnen steht dem Kläger die Wahl zu; das Wahlrecht erlischt mit der Erhebung der Klage.

Im Wege der Widerklage oder mittelst Aufrechnung können Ansprüche aus dem Frachtvertrag auch gegen eine andere als die bezeichneten Bahnen geltend gemacht werden, wenn die Klage sich auf denselben Frachtvertrag gründet.

[1] EVO. § 100, JÜ. Art. 27, 28.

§ 470.[1] Ansprüche der Eisenbahn auf Nachzahlung zu wenig erhobener Fracht oder Gebühren sowie Ansprüche gegen die Eisenbahn auf Rückerstattung zu viel erhobener Fracht oder Gebühren verjähren in einem Jahre, sofern der Anspruch auf eine unrichtige Anwendung der Tarife oder auf Fehler bei der Berechnung gestützt wird. Die Verjährung beginnt mit dem Ablaufe des Tages, an welchem die Zahlung erfolgt ist.

Die Verjährung des Anspruchs auf Rückerstattung zu viel erhobener Fracht oder Gebühren sowie die Verjährung der im § 439 Satz 1 bezeichneten Ansprüche wird durch die schriftliche Anmeldung des Anspruchs bei der Eisenbahn gehemmt. Ergeht auf die Anmeldung ein abschlägiger Bescheid, so beginnt der Lauf der Verjährungsfrist wieder mit dem Tage, an welchem die Eisenbahn ihre Entscheidung dem Anmeldenden schriftlich bekannt macht und ihm die der Anmeldung etwa angeschlossenen Beweisstücke zurückstellt. Weitere Gesuche, die an die Eisenbahn oder an die vorgesetzten Behörden gerichtet werden, bewirken keine Hemmung der Verjährung.

[1] EVO. §§ 71, 98, JÜ. Art. 12, 45.

§ 471. Die nach den Vorschriften des § 432 Abs. 1, 2, der §§ 438, 439, 453, 455 bis 470 begründeten Verpflichtungen der Eisenbahnen können weder durch die Eisenbahnverkehrsordnung noch durch Verträge ausgeschlossen oder beschränkt werden.[1]

Bestimmungen, welche dieser Vorschrift zuwiderlaufen, sind nichtig. Das Gleiche gilt von Vereinbarungen, die mit den Vorschriften der Eisenbahnverkehrsordnung im Widerspruche stehen.

[1] EVO. §§ 2, 3, 53, 61, 63, 64, 82—89, 92—98.

§ 472. Die Vorschriften über die Beförderung von Personen auf den Eisenbahnen werden durch die Eisenbahnverkehrsordnung getroffen.[1]

[1] EVO. §§ 10ff.

§ 473. Bei einer dem öffentlichen Verkehre dienenden Bahnunternehmung, welche der Eisenbahnverkehrsordnung[1] nicht unterliegt (Kleinbahn), sind insoweit, als in den §§ 453, 459, 460, 462 bis 466 auf die Vorschriften der Eisenbahnverkehrsordnung verwiesen ist, an deren Stelle die Beförderungsbedingungen der Bahnunternehmung maßgebend.

Den Vorschriften des § 453 unterliegt eine solche Bahnunternehmung nur mit der Maßgabe, daß sie die Übernahme von Gütern zur Beförderung auf ihrer Bahnstrecke nicht verweigern darf.

[1] EVO. § 1.

6. Bekanntmachung des Reichskanzlers, betr. die Eisenbahn-Verkehrsordnung.

Vom 23. Dezember 1908. Gültig vom 1. April 1909.

(RGBl. 1909 S. 93.)

I. Quellen: Begründung des Reichs-Eisenbahnamtes zum Entwurfe der EVO. in der vom REA. durchgesehenen Ausgabe der EVO. (Berlin 1911).

II. Literatur: a) HGB. Düringer-Hachenburg, Bd. III, 1905. — Lehmann-Ring, 1901. — Makower, 1907. — Staub, 1906—09. b) EVO. Blume, Die EVO. v. 23./12. 1908 nebst allgemeinen Ausführungsbestimmungen. Textausgabe mit Anmerkungen, 1909. — Eger, Die EVO. v. 23./12. 1908 nebst den allgemeinen Ausführungsbestimmungen u. Abfertigungsvorschriften auf der Grundlage des HGB. v. 10./5. 1897 erläutert. 3. Aufl. 1910. — Fritsch, Die Eisenbahnen, 1906. — Hertzer, Handkommentar zur EVO. v. 26./10. 1899. 1903. — Janzer-Burger, EVO. v. 23./12. 1908 mit Anmerkungen, 1909. — Kittel, Die deutsche EVO. v. 23./12. 1908 nebst allg. Ausführungsbestimmungen. Handausgabe m. Erläuterungen u. Hinweisen auf d. deutsche u. österr. Rechtsprechung, 1910. — v. der Leyen i. v. Stengels Wörterbuch d. deutschen Staats- u. Verwaltungsrechts 1911 (S. 679) u. i. Zeitschr. f. Handelsrecht 41 (S. 1). — Pietsch-Molsen, EVO. v. 23./12. 1908 mit den allgemeinen Ausführungsbestimmungen, den Begründungen, den Erlassen des REAmts u. der Landesaufsichtsbehörden, den Dienstvorschriften, der Rechtsprechung u. der Literatur, 1909. — Rosenthal i. Conrads Handwörterbuch, 1909, Bd. III (S. 836). — Rundnagel, Haftung der E. für Verlust, Beschädigung u. Lieferfristüberschreitung nach deutschem EFrachtrecht. 2. Aufl. 1909. — Senckpiehl, Das ETransportgeschäft nach deutschem Recht (Bd. V des Verkehrsrechts), 1909. — Zeitschriften: Archiv f. EWesen. — E.- u. Verkehrsrechtliche Entscheidungen u. Abhandlungen, Zeitschr. f. E. u. Verkehrsrecht, herausg. v. G. Eger. — Goldschmidts Zeitschrift für das gesamte Handelsrecht u. Konkursrecht. — Zeitung des Vereins deutscher Eisenbahnverwaltungen.

c) Tarifwesen: Burmeister, Geschichtliche Entwicklung des Gütertarifwesens der Eisenbahnen Deutschlands, 1899. — Cauer, Betrieb u. Verkehr der preußischen Staatsbahnen, 2. Teil, 1903. — Fleck, Eisenbahntarife in v. Stengels Wörterbuch d. deutsch. Staats- u. Verwaltungsrechts, 1911 (S. 686). — Herrmann, Eisenbahntarifwesen in Conrads Handwörterbuch, 1910, (S. 884). — Launhardt, Theorie der Tarifbildung der E., 1890. — Lotz, Verkehrsentwicklung i. Deutschland, 3. Aufl., 1910. — Pauer, Lehrbuch des Eisenbahntarifwesens, 1900. — Rank, Eisenbahntarifwesen, 1895. — Ulrich, Eisenbahntarifwesen, 1886. — Entwicklung der Gütertarife d. preuß.-hessisch. Staats-E. i. Archiv f. EWesen 1905 S. 80. — Rölls „Enzyklopädie" und „Das deutsche EWesen der Gegenwart" 1911.

III. Frühere Ordnungen: a) Betriebsreglement für die E. im Norddeutschen Bunde v. 10./6. 1870, gültig v. 1./10. 1870 (BGBl. S. 419), ausgedehnt unter der Bezeichnung „Betriebs-Reglement für die Eisenbahnen Deutschlands" auf Württemberg, Baden, Südhessen u. Elsaß-Lothringen durch Bekanntm. d. Reichskanzlers v. 22./12. 1871 mit Gültigkeit v. 1./1. 1872 (RGBl. 1871 S. 473). — b) Betriebsreglement für die Eisenbahnen Deutschlands v. 11./5. 1874, gültig v. 1./7. 1874 (RZBl. S. 179). — c) Verkehrs-Ordnung für die Eisenbahnen Deutschlands v. 15./11. 1892, gültig v. 1./1. 1893 (RGBl. 1892 S. 923). — d) Eisenbahn-Verkehrsordnung v. 26./10. 1899, gültig v. 1./1. 1900 (RGBl. 1899 S. 557).

IV. Allgemeine Ausführungsbestimmungen zur EVO. bestehen als: a) Deutscher E. Personen- u. Gepäcktarif Teil I. b) Deutscher E. Tiertarif Teil I. c) Deutscher E. Gütertarif Teil I Abt. A. Besondere, den örtlichen Verhältnissen Rechnung tragende Bestimmungen sind in den Tarifteilen II für die einzelnen Verkehre enthalten.

V. Dienstvorschriften. Für die praktische Handhabung der Vorschriften der EVO. u. der Tarife durch die Dienststellen sind vom „Deutschen Eisenbahn-Verkehrs-Verband" eine Reihe von Dienstvorschriften unter der Bezeichnung „Kundmachungen" erlassen. Von ihnen sind die „Allgemeinen Abfertigungsvorschriften" von besonderer Bedeutung.

Gemäß dem vom Bundesrat in der Sitzung vom 17. Dezember 1908 auf Grund des Artikel 45 der Reichsverfassung gefaßten Beschlusse tritt mit dem 1. April 1909 an die Stelle der Eisenbahn-Verkehrsordnung vom 26. Oktober 1899 die nachstehende Eisenbahn-Verkehrsordnung.

Berlin, den 23. Dezember 1908.

Der Reichskanzler.
Fürst von Bülow.

Eisenbahn-Verkehrsordnung.

Inhalts-Übersicht.

I. Eingangsbestimmungen.

§ 1. Geltungsbereich.

Die Eisenbahn-Verkehrsordnung (abgekürzte Bezeichnung: EVO.) gilt auf allen dem öffentlichen Verkehre dienenden Haupt- und Nebeneisenbahnen Deutschlands.[1] Für den internationalen Verkehr gilt sie nur soweit, als er nicht durch besondere Bestimmungen geregelt ist.[2]

[1] Nicht auf Kleinbahnen, d. s. kleine Bahnen von rein örtlicher Bedeutung, bei denen regelmäßig kein Interesse des allgemeinen Eisenbahnverkehrs in Frage steht. Vgl. HGB. §§ 454, 473. — [2] JÜ. Art. 1 u. Schlußprot. Ziff. I.

§ 2. Ausführungsbestimmungen. Abweichungen. Vorläufige oder vorübergehende Änderungen.

(1) Ausführungsbestimmungen[1] können von der Eisenbahn mit Genehmigung der Landesaufsichtsbehörde getroffen werden.

(2) Abweichungen können in Berücksichtigung besonderer Verhältnisse von der Landesaufsichtsbehörde[2] nach Zustimmung des Reichs-Eisenbahnamts für einzelne Bahnstrecken, Stationen, Fahrzeuge, Züge oder Zuggattungen, sowie für gewisse Abfertigungsarten genehmigt werden.

(3) Solche Ausführungsbestimmungen und Abweichungen bedürfen zu ihrer Gültigkeit der Aufnahme in den Tarif. Auch die Genehmigung muß aus dem Tarife zu ersehen sein.

(4) Vorläufige oder vorübergehende Änderungen einzelner Vorschriften dieser Ordnung können, sei es allgemein, sei es nur für bestimmte Bahnstrecken oder Verkehrsbeziehungen, vom Reichs-Eisenbahnamt im Einverständnisse mit den beteiligten Landesaufsichtsbehörden verfügt werden. Solche Verfügungen müssen im Reichs-Gesetzblatte veröffentlicht, auch sollen sie im Reichsanzeiger bekannt gemacht werden.

[1] S. Bemerkung i. Eingang. — [2] D. i. die in jedem Bundesstaate mit der Aufsicht über das Eisenbahnwesen betraute Zentralstelle, so in Preußen der Minister der öffentlichen Arbeiten.

II. Allgemeine Bestimmungen.

§ 3. Pflicht zur Beförderung.

(1) Die Beförderung kann nicht verweigert werden,[1] wenn

1. den geltenden Beförderungsbedingungen und den sonstigen allgemeinen Anordnungen der Eisenbahn entsprochen wird;
2. die Beförderung nicht nach gesetzlicher Vorschrift oder aus Gründen der öffentlichen Ordnung verboten ist;
3. die Beförderung mit den regelmäßigen Beförderungsmitteln möglich ist;
4. die Beförderung nicht durch Umstände verhindert wird, die als höhere Gewalt[2] zu betrachten sind.

(2) Gegenstände, die sich nach der Anlage oder dem Betriebe der beteiligten Bahnen nicht zur Beförderung eignen, braucht die Eisenbahn zur Beförderung nicht anzunehmen.

(3) Gegenstände, deren Ein- oder Ausladen besondere Vorrichtungen erfordert[3], braucht die Eisenbahn nur auf und nach solchen Stationen anzunehmen, wo die Vorrichtungen vorhanden sind.

[1] Sonst Anspruch auf Schadensersatz: HGB. § 453, JÜ. Art. 52. EVO. § 84. — [3] Wie Fahrzeuge § 32 (3), Sprengstoffe § 54 (1).

§ 4. Züge.

(1) Zur Beförderung dienen die regelmäßig nach bestimmtem Fahrplan und die nach Bedarf verkehrenden Züge.

(2) Die Ausführung von Sonderfahrten auf Bestellung unterliegt dem Ermessen der Eisenbahn.

§ 5. Haftung der Eisenbahn für ihre Leute.

Die Eisenbahn haftet für ihre Leute und für andere Personen, deren sie sich bei Ausführung der Beförderung bedient.[1]

[1] HGB. § 458, JÜ. Art. 29. — Bestimmung des Begriffs „Leute der E." vgl. RG.Z. Bd. 7 S. 127. — Rollfuhrunternehmer: § 78.

§ 6. Tarife.[1]

(1) Die Eisenbahn hat Tarife aufzustellen, die über alle für den Beförderungsvertrag maßgebenden Bestimmungen, über die Beförderungspreise und die Nebengebühren Auskunft geben.[2] Die Tarife bedürfen zu ihrer Gültigkeit der Veröffentlichung.[3] Sie sind bei Erfüllung der darin angegebenen Bedingungen für jedermann in derselben Weise anzuwenden.

(2) Die Beförderungspreise müssen dem Betrage nach feststehen.

(3) Jede Preisermäßigung oder sonstige Begünstigung gegenüber den Tarifen ist verboten und nichtig.

(4) Für milde oder öffentliche Zwecke oder im dienstlichen Interesse der Eisenbahn sind Begünstigungen mit Genehmigung der Landesaufsichtsbehörde zulässig.

(5) Die Tarife treten nicht vor ihrer Veröffentlichung in Kraft, Tariferhöhungen oder andere Erschwerungen der Beförderungsbedingungen frühestens 2 Monate nach der Veröffentlichung,[4] wenn nicht der Tarif nur für eine bestimmte Zeit eingeführt war.

[1] JÜ. Art. 11 (1). — [2] Die Feststellung u. Änderung der Tarife gehört zur Zuständigkeit der Einzelstaaten, dem Reiche steht die Kontrolle über das Tarifwesen zu, die vom REA. ausgeübt wird (s. RVerf. Art. 45). Hinsichtlich der Aufstellung der Tarife hat das REA. bestimmt: Jeder Tarif muß über diejenigen Bestimmungen

Aufschluß geben, denen das Publikum beim Abschluß des Frachtvertrages unterworfen ist. Er muß die Verkehrsrichtung u. die aufgehobenen Tarife angeben, ein bestimmtes Datum u. den Verkaufspreis tragen. — [3] Entscheidend ist die Veröffentlichung im Reichs- u. Staatsanzeiger u. der Tag der wirklichen Veröffentlichung, nicht das Datum der Bekanntmachung. — [4] In der Bekanntmachung muß auf die Tariferhöhungen hingewiesen werden. Diese müssen ihrem vollen Umfange nach 2 Monate vor ihrem Inkrafttreten feststehen (REA.).

§ 7. Beschwerden.

(1) Beschwerden können mündlich oder schriftlich angebracht werden.

(2) Auf Beschwerden ist sobald wie möglich ein Bescheid zu erteilen.

§ 8. Meinungsverschiedenheiten.

Meinungsverschiedenheiten zwischen dem Publikum und den Bediensteten entscheidet auf den Stationen der Aufsichtsbeamte, während der Fahrt der Zugführer.

§ 9. Zahlungsmittel.

Außer den gesetzlichen Zahlungsmitteln[1] ist, wo das Bedürfnis besteht, auch das in den Nachbarländern gesetzlichen Kurs besitzende Gold- und Silbergeld anzunehmen. Den Annahmekurs hat die Eisenbahn festzusetzen und bei den Abfertigungsstellen durch Schalteraushang zu veröffentlichen.

[1] Reichsmünzgesetz v. 9./7. 1873 (RGBl. S. 233).

III. Beförderung von Personen.

§ 10. Fahrpläne.

Die Fahrpläne sind vor ihrem Inkrafttreten zu veröffentlichen und rechtzeitig auf den Stationen auszuhängen. Aus ihnen müssen Gattung, Wagenklassen und Abfahrzeiten, für die größeren Übergangs- und die Endstationen auch die Ankunftszeiten der Züge sowie die wichtigeren Zuganschlüsse zu ersehen sein. Die ausgehängten Fahrpläne des eigenen Verwaltungsbezirkes müssen auf hellgelbem, die anderer inländischer Verwaltungen auf weißem Papiere gedruckt sein. Außer Kraft getretene Fahrpläne sind sofort zu entfernen.

[1] HGB. § 472, RV. Art. 44.

§ 11. Von der Beförderung ausgeschlossene oder nur bedingungsweise zugelassene Personen.

(1) Personen, die die vorgeschriebene Ordnung nicht beachten, sich den Anordnungen der Bediensteten nicht fügen oder den Anstand verletzen, insbesondere betrunkene Personen, können von der Beförderung ausgeschlossen werden.[1]

(2) Personen, die wegen einer Krankheit oder aus anderen Gründen Mitreisenden lästig fallen würden, sind von der Beförderung auszuschließen, wenn ihnen nicht ein besonderes Abteil angewiesen werden kann. Das Fahrgeld und die Gepäckfracht sind ihnen nach Abzug des Betrags für die durchfahrene Strecke zu erstatten.

(3) Pestkranke dürfen nicht befördert werden. An Aussatz (Lepra), Cholera (asiatischer), Fleckfieber (Flecktyphus), Gelbfieber oder Pocken (Blattern) erkrankte oder einer solchen Krankheit verdächtige Personen dürfen nur dann befördert werden, wenn der für die Zugangsstation zuständige beamtete Arzt die Zulässigkeit der Beförderung bescheinigt. Die an Aussatz

erkrankten oder dieser Krankheit verdächtigen Personen sind in abgeschlossenem Abteile mit besonderem Aborte, die übrigen hier aufgeführten Personen in besonderem Wagen zu befördern.[2]

(4) Personen, die an Typhus (Unterleibstyphus), Diphtherie, Ruhr, Scharlach, Masern oder Keuchhusten leiden, sind in abgeschlossenem Abteile mit besonderem Aborte zu befördern. Ist eine Person einer solchen Krankheit verdächtig, so kann die Eisenbahn die Vorlegung eines ärztlichen Zeugnisses verlangen, aus dem die Art der Krankheit hervorgeht.

(5) Für den besonderen Wagen oder das Wagenabteil ist die tarifmäßige Gebühr zu entrichten.

(6) Wegen Rückgabe des Gepäcks vgl. § 34 Abs. (4) und (5).

[1] BO. §§ 77, 82. — [2] Vgl. Anweisung zur Bekämpfung ansteckender Krankheiten im Eisenbahnverkehre. Berlin, Springer.

§ 12. Fahrpreise. Ermäßigung für Kinder.

(1) Auf jeder Station ist ein Tarifauszug auszuhängen oder auszulegen, der die Preise der dort verkäuflichen Fahrkarten enthält.

(2) Kinder bis zum vollendeten vierten Lebensjahre, für die kein besonderer Platz beansprucht wird, sind frei zu befördern. Kinder vom vollendeten vierten bis zum vollendeten zehnten Lebensjahr und jüngere Kinder, für die ein besonderer Platz beansprucht wird, sind zu ermäßigten Preisen zu befördern.

§ 13. Fahrkarten.

(1) Der Reisende muß vor Antritt der Fahrt eine Fahrkarte erwerben; der Tarif kann Ausnahmen zulassen.

(2) Die Fahrkarte muß Strecke, Zuggattung, Wagenklasse und Fahrpreis angeben.

(3) Die Geltungsdauer muß im Tarife festgesetzt werden.

§ 14. Lösung der Fahrkarten.

(1) Die Fahrkartenschalter sind auf Stationen mit geringerem Verkehre mindestens 1/2 Stunde, auf Stationen mit größerem Verkehre mindestens 1 Stunde vor der Abfahrzeit offen zu halten.

(2) 5 Minuten vor der Abfahrzeit des Zuges erlischt der Anspruch auf Verabfolgung einer Fahrkarte.

(3) Die Eisenbahn kann verlangen, daß das Fahrgeld abgezählt entrichtet wird.

§ 15. Vorausbestellung von Abteilen oder einzelnen Plätzen.

(1) Ganze Abteile sind den Reisenden auf Verlangen für den tarifmäßigen Preis zur Verfügung zu stellen, wenn keine Rücksichten des Betriebs oder des Verkehrs entgegenstehen. Die Bestellung muß mindestens 30 Minuten vor der Abfahrzeit erfolgen.

(2) Für ein Abteil sind höchstens so viele Fahrkarten zu bezahlen, wie es Plätze enthält. In das Abteil dürfen nicht mehr Personen aufgenommen werden, als Fahrkarten bezahlt sind.

(3) Bestellte Abteile müssen durch eine Aufschrift kenntlich gemacht werden.

(4) Ob für einzelne Züge bestimmte Plätze bestellt werden können, hat der Tarif zu bestimmen.

§ 16. Prüfung der Fahrkarten. Fahrpreiszuschläge. Bahnsteigkarten.

(1) Die Fahrkarte ist auf Verlangen beim Ein-

tritte in den Warteraum, beim Betreten und beim Verlassen des Bahnsteigs, beim Einsteigen in den Wagen sowie jederzeit während der Fahrt vorzuzeigen und je nach den für die letzte Fahrstrecke bestehenden Einrichtungen kurz vor oder nach Beendigung der Fahrt abzugeben.

(2) Ein Reisender, der keine gültige Fahrkarte vorweisen kann, hat für die von ihm zurückgelegte Strecke, wenn aber die Zugangsstation nicht sofort unzweifelhaft nachgewiesen wird, für die ganze vom Zuge zurückgelegte Strecke das Doppelte des Fahrpreises, mindestens jedoch 6 Mark zu entrichten. Dieser Betrag ist auch zu zahlen, wenn sich der Zug noch nicht in Bewegung gesetzt hat. Wer unaufgefordert dem Schaffner oder Zugführer meldet, daß er keine Fahrkarte habe lösen können, hat einen Zuschlag von 1 Mark zu dem tarifmäßigen Preise, jedoch nicht mehr als das Doppelte dieses Preises zu zahlen.

(3) Der Reisende, der die sofortige Zahlung verweigert, kann ausgesetzt werden.[1] Der Ausgesetzte hat keinen Anspruch darauf, daß ihm sein Reisegepäck auf einer anderen als der Bestimmungsstation zur Verfügung gestellt wird.

(4) Auf Stationen mit Bahnsteigsperre haben Personen, die nicht im Besitz einer gültigen Fahrkarte sind, vor Betreten der abgesperrten Teile der Station eine Bahnsteigkarte zu lösen. Die Karte ist beim Eintritte vorzuzeigen und beim Verlassen der abgesperrten Teile abzugeben. Wer ohne gültigen Ausweis die abgesperrten Teile einer Station betritt, hat 1 Mark zu zahlen.

(5) Wer ohne die Absicht mitzureisen in einem

zur Abfahrt bereitstehenden Zuge Platz nimmt, hat 6 Mark zu entrichten.

(6) Den Eisenbahnen bleibt überlassen, mit Genehmigung der Landesaufsichtsbehörden nach Zustimmung des Reichs-Eisenbahnamts die Fälle durch den Tarif einheitlich zu regeln, wo aus Billigkeit von der Erhebung der in den Abs. (2), (4) und (5) bezeichneten Beträge ganz oder teilweise abgesehen wird.

(7) In allen Fällen, wo eine Nachzahlung geleistet wird, ist eine Bescheinigung zu verabfolgen.

[1] BO. §§ 77, 82.

[2] Es handelt sich hier um Personen, die mit Bahnsteigkarten im Wagen Platz nehmen, um Reisende u. Beamte über die Besetzung des Abteils zu täuschen u. so andern Personen, z. B. ihren abreisenden Angehörigen, eine bequeme Fahrt zu sichern (Begr.).

§ 17. Warteräume.

(1) Die Warteräume sind mindestens 1 Stunde vor Abfahrzeit des Zuges zu öffnen.

(2) Auf Übergangsstationen ist es den angekommenen Reisenden gestattet, sich in dem Warteraume der Bahn, die sie zur Weiterreise benutzen wollen, bis zur Abfahrt ihres Zuges aufzuhalten. Sie können aber nicht beanspruchen, daß der Warteraum ihretwegen in der Zeit von 11 Uhr Abends bis 6 Uhr Morgens offengehalten wird. Nur wenn die Zeit von der Ankunft des letzten bis zum Abgange des ersten Zuges weniger als 4 Stunden beträgt, müssen auf Übergangsstationen oder auf Stationen, wo Züge über Nacht stehen bleiben, die Warteräume für angekommene Reisende, die weiter fahren wollen, geöffnet sein.

(3) Den im § 11 aufgeführten Personen kann untersagt werden, sich in den Warteräumen aufzuhalten.

(4) Das Rauchen in den Warteräumen kann verboten werden.

§ 18. Frauen- und Nichtraucherabteile.

(1) Jeder Zug muß mindestens je ein Frauenabteil zweiter und dritter Klasse enthalten, wenn er drei oder mehr Abteile der betreffenden Klasse führt.

(2) In Frauenabteile dürfen Männer nicht zugelassen werden, selbst wenn es die darin fahrenden Frauen zugeben.[1] Die Mitnahme von Knaben bis zum vollendeten zehnten Lebensjahr ist gestattet.

(3) In der ersten Wagenklasse darf, soweit nicht besondere Abteile für Raucher und Nichtraucher eingerichtet sind, nur mit Zustimmung aller Reisenden desselben Abteils geraucht werden. In Zügen, die Abteile zweiter und dritter Klasse führen, müssen Abteile zweiter, und, soweit es die Beschaffenheit der Wagen gestattet, auch dritter Klasse für Nichtraucher vorhanden sein. In den übrigen Abteilen dieser Klassen und in der vierten Klasse ist das Rauchen gestattet, sofern nicht auch für die vierte Klasse Nichtraucherabteile eingerichtet sind.

(4) Nichtraucher- und Frauenabteile sind durch eine Aufschrift kenntlich zu machen.

(5) In Nichtraucher- und Frauenabteilen darf selbst mit Zustimmung der Mitreisenden nicht geraucht, auch dürfen solche Abteile nicht mit brennenden Zigarren, Zigaretten oder Tabakspfeifen betreten werden.

(6) In Zügen, in denen sich keine Wagen mit geschlossenen Abteilen befinden, ist für gesonderte Unterbringung von Nichtrauchern und von Frauen tunlichst Sorge zu tragen.

[1] BO. §§ 77, 82.

§ 19. Einsteigen und Anweisung der Plätze.

(1) Auf größeren Stationen ist in den Warteräumen zum Einsteigen abzurufen.

(2) Die Bediensteten sind berechtigt und auf Verlangen verpflichtet, den Reisenden die Plätze anzuweisen.

(3) Die mit durchgehenden Fahrkarten angekommenen Reisenden haben den Vorzug vor neu hinzutretenden.

(4) Der Reisende darf beim Einsteigen für sich und für jede mit ihm reisende Person je einen Platz belegen. Wer seinen Platz verläßt, ohne ihn zu belegen, verliert den Anspruch darauf (vgl. jedoch § 15 Abs. (4)).

§ 20. Rücknahme und Umtausch von Fahrkarten.

(1) Der Reisende hat nur dann Anspruch auf Beförderung in der Wagenklasse, für die seine Fahrkarte gilt, wenn ihm dort ein Platz angewiesen werden kann. Erhält er weder hier, noch — wenigstens zeitweilig — in einer höheren Klasse einen Platz, so kann er Beförderung in einer niedrigeren Klasse, in der noch Plätze frei sind, und Erstattung des Preisunterschieds verlangen oder die Fahrt unterlassen und das Fahrgeld sowie die Gepäckfracht zurückfordern. Eine Entschädigung steht ihm nicht zu.

(2) Auf der Zugangsstation darf der Reisende bis 5 Minuten vor der Abfahrzeit des Zuges seine Fahrkarte, wenn sie noch nicht durchlocht oder nachweislich nur zum Betreten des Bahnsteigs benutzt ist, unter Ausgleich des Preisunterschieds gegen eine andere umtauschen.

(3) Für Teilstrecken kann, soweit der Tarif nichts

anderes bestimmt, gegen Zahlung des tarifmäßigen Zuschlags eine höhere Klasse oder ein Zug mit höheren Fahrpreisen benutzt werden.

§ 21. Abfahrt. Versäumnis der Abfahrt durch den Reisenden.

(1) Nach dem Abfahrzeichen darf niemand mehr zur Mitfahrt zugelassen werden.[1]

(2) Wer die Abfahrt versäumt, hat keinen Anspruch auf Erstattung des Fahrgeldes oder auf eine Entschädigung.

(3) Will er einen späteren Zug benutzen, für den seine Fahrkarte nicht ohne weiteres gilt, so hat er sie ohne Verzug dem Aufsichtsbeamten vorzulegen, der sie für den gewählten Zug gültig schreibt. Die Geltungsdauer der Fahrkarten wird hierdurch nicht verlängert. Bei Benutzung eines Zuges mit höheren oder niedrigeren Fahrpreisen ist der Unterschied auszugleichen.

(4) Wegen Rückgabe des Gepäcks (Abs. (2)) gelten sinngemäß die Vorschriften im § 34 Abs. (4) und (5).

[1] BO. § 65 (6).

§ 22. Öffnen der Fenster.

Nur mit Zustimmung aller in demselben Abteile reisenden Personen dürfen die Fenster auf beiden Seiten des Wagens gleichzeitig geöffnet sein. Im übrigen entscheidet, wenn sich die Reisenden über das Öffnen und Schließen der Fenster nicht verständigen, der Schaffner.

§ 23. Beschädigung von Fahrzeugen oder Ausrüstungsstücken.

Die durch Beschädigung oder Verunreinigung der

Fahrzeuge oder Ausrüstungsstücke entstandenen Kosten sind zu erstatten. Die Eisenbahn kann sofortige Zahlung oder Sicherheitsleistung verlangen. Die Entschädigung ist, wenn die Eisenbahn dafür feste Sätze bestimmt hat, nach diesen zu bemessen.

§ 24. Verfahren auf Zwischenstationen. Anhalten auf freier Bahn.

(1) Bei Ankunft auf einer Station sind ihr Name und der etwa stattfindende Wagenwechsel auszurufen, außerdem die Dauer des Aufenthalts, wenn dieser mehr als 4 Minuten beträgt. Sobald der Zug stillsteht, haben die Bediensteten die Türen der Wagen zu öffnen, aus denen Reisende auszusteigen verlangen.

(2) Wird ausnahmsweise außerhalb einer Station längere Zeit angehalten, so dürfen die Reisenden nur mit ausdrücklicher Bewilligung des Zugführers aussteigen. Sie müssen sich sofort von dem Bahngleis entfernen und auf das erste Zeichen des Zugführers ihre Plätze wieder einnehmen.

§ 25. Unterbrechung der Fahrt auf Zwischenstationen.

Der Tarif muß bestimmen, wie oft, wie lange und unter welchen Bedingungen der Reisende die Fahrt auf Zwischenstationen unterbrechen darf.

§ 26. Verspätung oder Ausfall von Zügen, Betriebsstörungen.

(1) Die verspätete Abfahrt oder Ankunft oder das Ausfallen eines Zuges begründen keinen Anspruch auf Entschädigung.

(2) Wird infolge einer Zugverspätung der An-

schluß an einen anderen Zug versäumt oder fällt ein Zug ganz oder teilweise aus, so kann der Reisende das Fahrgeld und die Gepäckfracht für die nicht durchfahrene Strecke zurückfordern.

(3) Gibt der Reisende in einem solchen Falle die Weiterfahrt auf und kehrt mit dem nächsten, günstigsten Zuge ohne Fahrtunterbrechung zur Abgangsstation zurück, so ist ihm Fahrgeld und Gepäckfracht zu erstatten, auch freie Rückbeförderung in der für die Hinreise bezahlten Wagenklasse zu gewähren; führt der Zug diese nicht, in der nächsthöheren Klasse. Seine Ansprüche hat der Reisende bei Vermeidung des Verlustes unter Vorlegung der Fahrkarte sogleich nach Ankunft auf der Station, wo er die Reise aufgibt, und bei Rückkehr auf der Abgangsstation dem Aufsichtsbeamten zu melden. Auf beiden Stationen ist die Meldung dem Reisenden zu bescheinigen.

(4) Die Eisenbahn hat den Reisenden, der auf Ersatz des Fahrgeldes und auf freie Rückbeförderung verzichtet, nebst seinem Gepäck ohne Preiszuschlag mit dem nächsten, günstigsten, auf der gleichen oder auf einer anderen Strecke nach derselben Bestimmungsstation fahrenden, dem Personenverkehre dienenden Zuge zu befördern, wenn hierdurch die Ankunft auf der Bestimmungsstation beschleunigt wird. Der Rückgriff der Bahnen untereinander wird dadurch nicht berührt.

(5) Die Eisenbahn ist berechtigt, durch den Tarif einzelne Züge oder Zuggattungen von der hilfsweisen Benutzung auszuschließen.

(6) Wenn Naturereignisse oder andere zwingende Umstände die Fahrt auf einer Strecke verhindern,

so hat die Eisenbahn für die Weiterbeförderung bis zur fahrbaren Strecke tunlichst auf andere Weise zu sorgen.

(7) Den Eisenbahnen bleibt überlassen, weitere Erleichterungen mit Genehmigung der Landesaufsichtsbehörden nach Zustimmung des Reichs-Eisenbahnamts durch den Tarif einheitlich festzusetzen.

(8) Zugverspätungen, die mehr als 15 Minuten betragen, und Betriebsstörungen sind durch Anschlag bekannt zu machen.

§ 27. Mitnahme von Tieren in die Personenzüge.

(1) Tiere dürfen in die Personenwagen nicht mitgenommen werden.

(2) Ausgenommen sind kleine Hunde und andere kleine Tiere, die auf dem Schoße getragen werden, wenn ihrer Mitnahme in das Abteil von den Mitreisenden nicht widersprochen wird. Hunde jeder Größe dürfen mitgeführt werden, wenn ihren Besitzern ein besonderes Abteil zur Verfügung gestellt werden kann.

(3) Im übrigen gelten für Hunde, die von Reisenden mitgeführt werden, folgende Vorschriften:

1. Hunde in genügend sicheren Behältern kann die Eisenbahn zur Beförderung in den Gepäck- oder Güterwagen zulassen.
2. Nicht in Behältern verwahrte Hunde sind in besonderen Wagenräumen zu befördern. Sind solche nicht vorhanden oder schon besetzt, so kann die Beförderung nicht verlangt werden.
3. Für das Ein- und Ausladen sowie für das Umladen der Hunde auf Übergangsstationen hat der Reisende zu sorgen.

4. Die Eisenbahn ist nicht verpflichtet, Hunde, die nicht sofort nach Ankunft auf der Bestimmungsstation abgeholt werden, zu verwahren.
5. Eine Angabe des Interesses an der Lieferung ist nicht gestattet.

(4) Im Tarif ist zu bestimmen, ob und für welche Tiere der Reisende eine Beförderungsgebühr zu bezahlen hat. Über die Zahlung ist ihm ein Ausweis zu erteilen.

(5) Für jedes gebührenpflichtige Tier, das ohne solchen Ausweis mitgeführt wird, ist zu entrichten:

bei rechtzeitiger Meldung (§ 16 Abs. (2)) ein Zuschlag von 1 Mark zu dem tarifmäßigen Preise, jedoch nicht mehr als das Doppelte dieses Preises; ohne solche Meldung das Doppelte des Preises, jedoch mindestens 6 Mark.

In anderen als den im Abs. (2) erwähnten Fällen ist das Tier aus dem Personenwagen zu entfernen. Die Vorschrift im § 16 Abs. (6) gilt sinngemäß.

(6) Wegen sonstiger Beförderung von Tieren siehe §§ 30 Abs. (3), 40ff. und 48ff.

§ 28. Mitnahme von Handgepäck in die Personenwagen.

(1) Leicht tragbare Gegenstände (Handgepäck) dürfen in die Personenwagen mitgenommen werden, wenn die Mitreisenden dadurch nicht belästigt werden, und keine Zoll-, Steuer- oder Polizeivorschriften entgegenstehen.

(2) In der ersten, zweiten und dritten Wagenklasse steht dem Reisenden nur der Raum über und unter

seinem Sitzplatze für Handgepäck zur Verfügung. Auf den Sitzplätzen darf Handgepäck nicht untergebracht werden.

(3) In die vierte Klasse dürfen auch Handwerkzeug, Tornister, Traglasten in Körben, Säcken oder Kiepen und ähnliche Gegenstände mitgenommen werden, wie sie ein Fußgänger tragen kann.

(4) Der Reisende hat die von ihm mitgeführten Sachen selbst zu beaufsichtigen. Die Eisenbahn haftet dafür nur, wenn sie ein Verschulden trifft.[1]

[1] HGB. § 465 (3).

§ 29. Von der Mitnahme ausgeschlossene Gegenstände.

(1) Gefährliche Gegenstände, insbesondere geladene Schußwaffen, ferner explosionsgefährliche, leicht entzündliche, ätzende, übelriechende Stoffe und dergleichen sind von der Mitnahme ausgeschlossen.

(2) Der Zuwiderhandelnde haftet für jeden hieraus entstandenen Schaden und verwirkt außerdem die bahnpolizeilich festgesetzte Strafe.

(3) Die Bediensteten sind berechtigt, sich von der Beschaffenheit der mitgenommenen Gegenstände zu überzeugen.

(4) Personen, die in Ausübung des öffentlichen Dienstes eine Schußwaffe führen, sowie Jäger und Schützen dürfen Handmunition mitnehmen. Den Begleitern von Gefangenen, die mit diesen in besonderen Wagen oder Wagenabteilen fahren, ist gestattet, geladene Schußwaffen mitzuführen.

IV. Beförderung von Reisegepäck.

§ 30. Begriff.

(1) Der Reisende kann Gegenstände, deren er zur Reise bedarf, zur Beförderung als Reisegepäck aufgeben.

(2) Das Reisegepäck muß durch seine Verpackung — in Koffer, Reisekörbe, Reisetaschen, Hutschachteln, handliche Kisten oder dergleichen — als solches kenntlich sein.

(3) Ob und unter welchen Bedingungen Gegenstände, die nicht zum Reisebedarfe zu rechnen sind, sowie Tiere in genügend sicheren Behältern und Fahrzeuge als Reisegepäck angenommen werden, muß der Tarif einheitlich bestimmen.

(4) Die von der Beförderung als Frachtgut ausgeschlossenen und die im § 29 aufgeführten Gegenstände dürfen bei Vermeidung der im § 60 festgesetzten Folgen nicht als Reisegepäck aufgegeben werden.

(5) Ob und unter welchen Bedingungen die im § 54 Abs. (2) B Ziffer 1 genannten Gegenstände als Reisegepäck angenommen werden, muß der Tarif bestimmen.

§ 31. Verpackung. Entfernung älterer Beförderungszeichen.

(1) Das Reisegepäck muß sicher und dauerhaft verpackt sein. Unverpacktes oder mangelhaft verpacktes Gepäck kann zurückgewiesen werden. Wird es gleichwohl zur Beförderung angenommen, so ist die Eisenbahn berechtigt, auf den Gepäckschein (§ 32) einen entsprechenden Vermerk zu setzen. Die Annahme des

Gepäckscheins mit dem Vermerke gilt als Anerkenntnis dieses Zustandes.

(2) Ältere Bezeichnungen (Eisenbahnbeförderungszeichen, Postbeförderungszeichen oder andere Zeichen, die mit Eisenbahnbeförderungszeichen verwechselt werden könnten) müssen von den Gepäckstücken entfernt sein.

§ 32. Auflieferung. Gepäckschein.

(1) Das Reisegepäck ist innerhalb der für die Lösung der Fahrkarten festgesetzten Zeit bei der Abfertigungsstelle aufzuliefern; indes kann die Annahme von Gepäck abgelehnt werden, das nicht spätestens 15 Minuten vor Abgang des Zuges aufgeliefert wird. Der Tarif muß einheitlich bestimmen, ob bei der Auflieferung des Gepäcks die Fahrkarte vorzuzeigen ist.

(2) Will der Reisende das Interesse an der Lieferung angeben, so muß dies unter Zahlung der tarifmäßigen Gebühr spätestens $1/2$ Stunde vor Abgang des Zuges erfolgen. Ist die Ersatzpflicht nach § 35 Abs. (2) auf einen Höchstbetrag beschränkt, so ist eine Angabe des Interesses an der Lieferung über diesen Betrag hinaus unzulässig.

(3) Als Reisegepäck zugelassene Fahrzeuge, die nicht im Packwagen untergebracht werden können, sind auf der Anfangsstation des Zuges mindestens 2 Stunden, auf anderen Stationen mindestens 24 Stunden vor der Abfahrzeit anzumelden und spätestens 1 Stunde vorher aufzuliefern.

(4) Die Gepäckfracht ist bei der Aufgabe zu entrichten.

(5) Bei der Annahme ist dem Reisenden ein Gepäck-

schein auszuhändigen und im Falle der Angabe des Interesses an der Lieferung darin auch die angegebene Summe zu vermerken, anderenfalls hat die Angabe keine rechtliche Wirkung.

(6) Wird in dringenden Fällen Gepäck ausnahmsweise unter Vorbehalt späterer Abfertigung befördert oder wird Gepäck auf Stationen ohne Gepäckabfertigung angenommen, so gilt es gleichwohl mit dem Zeitpunkte der Annahme als zur Beförderung übernommen.

(7) Für die Beförderung von Fahrrädern können durch den Tarif besondere Vorschriften getroffen werden.

§ 33. Zoll- oder steueramtliche, polizeiliche Abfertigung.

Die Reisenden sind verpflichtet, der zoll- oder steueramtlichen und der polizeilichen Abfertigung ihres Gepäcks beizuwohnen. Für eine durch Nichtbeachtung dieser Vorschrift verursachte Überschreitung der Lieferfrist (§ 37) wird kein Schadensersatz gewährt.

§ 34. Auslieferung.

(1) Das Gepäck wird gegen Rückgabe des Gepäckscheins ausgeliefert. Die Eisenbahn ist nicht verpflichtet, die Berechtigung des Inhabers zu prüfen.

(2) Der Inhaber ist berechtigt, auf der Bestimmungsstation die Auslieferung des Gepäcks an der Ausgabestelle zu verlangen, sobald nach Ankunft des Zuges, zu dem es aufgegeben war, die zur Bereitstellung und etwa zur zoll- oder steueramtlichen oder polizeilichen Abfertigung erforderliche Zeit abgelaufen ist. Müssen Fahrzeuge, die nicht im Packwagen verladen werden können, unterwegs auf einen anderen

Zug übergeben, so kann ihre Weiterbeförderung erst mit dem nächsten Personenzuge verlangt werden.

(3) Werden Gepäckstücke nicht innerhalb 24 Stunden, Fahrzeuge nicht innerhalb 2 Stunden nach Ankunft des Zuges abgeholt, so ist das tarifmäßige Lagergeld oder Standgeld zu entrichten. Kommt das Fahrzeug nach 6 Uhr Abends an, so wird die Abholungsfrist vom nächsten Morgen 8 Uhr ab gerechnet.

(4) In der Regel ist das Gepäck nur auf der Station auszuliefern, wohin es abgefertigt war. Auf Verlangen des Reisenden kann es jedoch, wenn Zeit und Umstände dies gestatten und keine Zoll-, Steuer- oder Polizeivorschriften entgegenstehen, gegen Rückgabe des Gepäckscheins und Vorzeigung der Fahrkarte auf der Aufgabestation zurückgegeben oder auf einer Zwischenstation ausgeliefert werden.

(5) Wird der Gepäckschein nicht beigebracht, so ist die Eisenbahn zur Auslieferung des Gepäcks nur verpflichtet, wenn die Empfangsberechtigung glaubhaft gemacht wird; auch kann Sicherheitsleistung verlangt werden.

(6) Der Reisende, dem das Gepäck nicht rechtzeitig ausgeliefert wird, kann verlangen, daß ihm auf dem Gepäckscheine Tag und Stunde der Abforderung bescheinigt werden.

§ 35. Haftung der Eisenbahn für Verlust, Minderung oder Beschädigung.[1]

(1) Für Reisegepäck haftet die Eisenbahn, soweit nicht in diesem Abschnitt Abweichungen vorgesehen sind, nach den Vorschriften über die Haftung für Güter (Abschnitt VIII).

(2) Bei besonderen Betriebsverhältnissen kann die Eisenbahn mit Genehmigung der Landesaufsichtsbehörde nach Zustimmung des Reichs-Eisenbahnamts die bei Verlust, Minderung oder Beschädigung von Reisegepäck zu leistende Entschädigung im Tarif auf einen Höchstbetrag beschränken. Wegen Beschränkung der Höhe des Schadensersatzes bei Gegenständen des § 54 Abs. (2) B Ziffer 1 gilt § 89 Abs. (2). Wenn Vorsatz oder grobe Fahrlässigkeit vorliegt, kann die Beschränkung auf den Höchstbetrag nicht geltend gemacht werden.

(3) Für Verlust, Minderung oder Beschädigung von Gegenständen, die in beförderten Fahrzeugen (§ 30 Abs. (3)) belassen sind, haftet die Eisenbahn nur, wenn ihr ein Verschulden zur Last fällt.

[1] HGB. §§ 456, 465, 467, 471, ZPO. § 485.

§ 36. Verlust von Reisegepäck.

(1) Für den Verlust von Reisegepäck haftet die Eisenbahn nur, wenn das Gepäck binnen 14 Tagen[1] nach der Ankunft des Zuges, zu dem es aufgegeben war, auf der Bestimmungsstation abgefordert wird.

(2) Ein fehlendes Gepäckstück gilt nach Ablauf von 3 Tagen nach Ankunft des Zuges, zu dem es aufgegeben war, als verloren.

(3) Wird das Gepäck später wiedergefunden, so ist der Reisende, wenn sich sein Aufenthalt ermitteln läßt, hiervon zu benachrichtigen. Er kann innerhalb 30 Tagen nach Empfang der Nachricht verlangen, daß ihm das Gepäck gegen Rückzahlung des Ersatzbetrags nach Abzug des gemäß § 37 für Überschreitung der Lieferfrist zu gewährenden Schadensersatzes auf einer inländischen Station kostenfrei ausgehändigt werde. Bei

der Rückgabe auf der Abgangsstation ist dem Reisenden die Fracht zu erstatten.

[1] Wegen Berechnung: BGB. § 187.

§ 37. Haftung der Eisenbahn für Überschreitung der Lieferfrist.[1]

(1) Bei Überschreitung der Lieferfrist hat die Eisenbahn den nachgewiesenen Schaden zu ersetzen, und zwar:

a) wenn das Interesse an der Lieferung nicht angegeben ist, für je angefangene 24 Stunden der Fristüberschreitung — höchstens aber für 3 Tage — bis zum Betrage von 20 Pfennig für jedes Kilogramm des ausgebliebenen Gepäcks, bei Fahrzeugen bis zum Betrage von 30 Mark für jedes ausgebliebene Fahrzeug;

b) wenn das Interesse an der Lieferung angegeben ist, bis zum angegebenen Betrage. Ist dieser niedriger als die unter a bestimmte Entschädigung, so kann letztere beansprucht werden.

(2) Ist ein Schaden nicht entstanden oder nicht nachgewiesen, so hat die Eisenbahn zu zahlen:

a) wenn das Interesse an der Lieferung nicht angegeben ist, für je angefangene 24 Stunden der Fristüberschreitung — höchstens aber für 3 Tage — 10 Pfennig für jedes Kilogramm des ausgebliebenen Gepäcks, bei Fahrzeugen 15 Mark für jedes ausgebliebene Fahrzeug;

b) wenn das Interesse an der Lieferung angegeben ist, für je angefangene 24 Stunden der Fristüberschreitung — höchstens aber für 3 Tage —

20 Pfennig für jedes Kilogramm des ausgebliebenen Gepäcks, bei Fahrzeugen 30 Mark für jedes ausgebliebene Fahrzeug, jedoch nicht mehr als den angegebenen Betrag. Ist dieser niedriger als die unter a bestimmte Entschädigung, so kann letztere beansprucht werden.

(3) Die Haftung der Eisenbahn ist ausgeschlossen, wenn die Fristüberschreitung von einem Ereignisse herrührt, daß die Eisenbahn weder herbeigeführt hat noch abzuwenden vermochte.

(4) Wegen der Fälle, in denen voller Ersatz zu leisten ist, vgl. § 95.

[1] HGB. §§ 463, 466, 471.

§ 38. Gepäckträger.

(1) Auf Stationen, wo das Bedürfnis besteht, sind Gepäckträger zu bestellen, die das Reise- und Handgepäck innerhalb des Bahnhofsbereichs nach den von den Reisenden bezeichneten Stellen zu bringen haben.

(2) Die Gepäckträger müssen durch Dienstabzeichen erkennbar sein und eine gedruckte Dienstanweisung nebst Gebührentarif bei sich tragen. Sie haben auf Verlangen den Tarif vorzuzeigen, auch eine mit ihrer Nummer versehene Marke zu verabfolgen.

(3) Der Tarif muß an den Gepäckannahme- und -ausgabestellen und in den zur Gepäckaufbewahrung dienenden Räumen aushängen.

(4) Für das den Gepäckträgern nach Abs. (1) übergebene Gepäck haftet die Eisenbahn wie für das ihr zur Beförderung übergebene Reisegepäck.

§ 39. Aufbewahrung des Gepäcks.

Auf den Stationen, wo Reisegepäck abgefertigt wird, sind tunlichst Vorkehrungen zu treffen, die es dem Reisenden ermöglichen, sein Gepäck gegen eine durch Aushang bekannt zu machende Gebühr zu vorübergehender Aufbewahrung niederzulegen. Die Eisenbahn haftet in diesem Falle als Verwahrer.[1]

[1] BGB. §§ 688—700, 978.

V. Beförderung von Expreßgut.

§ 40. Annahme.

(1) Gegenstände, die sich zur Beförderung im Packwagen eignen, sind nach näherer Bestimmung des Tarifs als Expreßgut anzunehmen.

(2) Jedes Frachtstück muß die genaue und dauerhaft befestigte Adresse des Empfängers tragen. Soll die Sendung dem Empfänger nicht zugeführt werden, so muß der Adresse jedes Frachtstücks noch der Vermerk „Zur Selbstabholung" oder „Bahnlagernd" beigefügt sein.

(3) Expreßgut ist bei den von der Eisenbahn bestimmten Abfertigungsstellen während der durch Aushang bekannt zu machenden Dienststunden aufzuliefern.

(4) Die Eisenbahn ist verpflichtet, bei Annahme der Sendung das Gewicht gebührenfrei festzustellen. Dem Absender oder dessen Beauftragten steht frei, der Feststellung beizuwohnen.

(5) Auf Verlangen des Absenders ist die Annahme des Gutes in einer von der Versandbahn zu bestimmenden Form zu bescheinigen.

§ 41. Beförderung.

(1) Expreßgut wird wie Gepäck befördert. Wird für einzelne Züge die Beförderung beschränkt oder ausgeschlossen, so sind diese bekannt zu machen.

(2) Wird der Zug, mit dem das Gut befördert werden soll, nicht bei der Aufgabe vom Absender bezeichnet, so ist es mit dem nächsten geeigneten Zuge zu befördern.

§ 42. Auslieferung.

(1) Der Empfänger ist berechtigt, auf der Bestimmungsstation die Auslieferung des Expreßguts bei der Abfertigungsstelle zu verlangen, sobald nach Ankunft des Zuges, womit es zu befördern war, die zur ordnungsmäßigen Bereitstellung erforderliche Zeit verstrichen ist.

(2) Holt der Empfänger das Gut nach Ankunft des Zuges nicht ab und ist das Gut nicht bahnlagernd gestellt, so wird es nach dem Tarife der Empfangsbahn dem Empfänger angemeldet oder zugeführt. Zur Selbstabholung bestimmtes Gut ist dem Empfänger stets anzumelden. Die Anmeldung oder Zuführung muß innerhalb der Fristen erfolgen, die in den §§ 78 und 79 für Eilgut vorgesehen sind.

§ 43. Weitere Vorschriften.

Der Tarif muß einheitlich bestimmen, ob und inwieweit für das Expreßgut neben den hierfür zu treffenden besonderen Vorschriften die Bestimmungen für Reisegepäck (Abschnitt IV) oder für Güter (Abschnitt VIII) gelten.

VI. Beförderung von Leichen.[1]

§ 44. Auflieferung.

(1) Leichen sind zur Beförderung mit den dem Personenverkehre dienenden Zügen anzunehmen; die Benutzung von Schnellzügen kann versagt werden.

(2) Leichensendungen müssen auf der Anfangsstation des Zuges mindestens 6 Stunden, auf anderen Stationen mindestens 12 Stunden vor der Abfahrzeit angemeldet werden.

(3) Jede Leiche muß in einem widerstandsfähigen Metallbehälter luftdicht verschlossen und dieser in einen hölzernen Behälter so fest eingesetzt sein, daß er sich darin nicht verschieben kann.

(4) Bei der Aufgabe ist der Eisenbahn ein Leichenpaß nach dem Muster der Anlage A zu übergeben, der bei Auslieferung der Leiche dem Empfänger ausgefolgt wird. Bei Leichensendungen aus ausländischen Staaten, mit denen eine Vereinbarung wegen gegenseitiger Anerkennung der Leichenpässe abgeschlossen ist, genügt ein Leichenpaß der zuständigen ausländischen Behörde. Die zur Ausstellung von Leichenpässen befugten in- und ausländischen Behörden werden besonders bekannt gemacht.[2] Der Leichenpaß gilt für den ganzen Beförderungsweg. A.

(5) Leichen sind auf einen Beförderungsschein abzufertigen, der von der Eisenbahn auszustellen und dem Absender auszuhändigen ist.

(6) Das Verladen hat der Absender zu besorgen.

(7) Die Fracht ist bei der Aufgabe zu entrichten. Wer Leichen unter unrichtiger Bezeichnung aufliefert, hat den Frachtunterschied von der Aufgabe- bis zur

Bestimmungsstation nachzuzahlen und das Vierfache der Gesamtfracht als Frachtzuschlag zu entrichten.

[1] JÜ. AusfBest. §1 u. Vereinbarung erleichternder Vorschriften im Wechselverkehr zwischen Deutschland u. Österreich-Ungarn (RGBl. 1902 S. 137), ferner zwischen Deutschland u. der Schweiz (RGBl. 1908 S. 595).

[2] Im RZBl. — Zusammengest. i. Anl. V zu den AllgAbfVorschr.

§ 45. Beförderung.

(1) Leichen sind in bedeckten Wagen zu befördern. Die Beiladung von Gütern, die nicht zur Leiche gehören, ist verboten. Mehrere Leichen, die gleichzeitig von derselben Versandstation nach derselben Bestimmungsstation aufgegeben werden, können zusammen in einen Wagen verladen werden. Leichen, die in rings umschlossenen Leichenfuhrwerken aufgeliefert werden, dürfen in offenen Wagen befördert werden.

(2) Jeder Sendung ist ein Begleiter beizugeben, der eine Fahrkarte zu lösen und denselben Zug zu benutzen hat. Begleitung ist nicht erforderlich, wenn der Bestimmungsort eine Eisenbahnstation ist und der Absender bei der Aufgabestation die schriftliche oder telegraphische Erklärung des Empfängers hinterlegt, daß er die Sendung sofort nach Empfang der Nachricht von ihrem Eintreffen abholen lassen werde. Bei Sendungen an Beerdigungs- und an Leichenverbrennungsanstalten ist diese Erklärung nicht erforderlich.

(3) Leichen dürfen unterwegs nicht ohne Not umgeladen werden. Sie sind möglichst schnell und ohne Unterbrechung zu befördern. Läßt sich auf einer Station ein längerer Aufenthalt nicht vermeiden, so ist der Wagen mit der Leiche tunlichst auf ein abseits liegendes Gleis

zu stellen. Wird die Beförderung einer unbegleiteten Leiche mit den in Aussicht genommenen Zügen unmöglich, so hat die Station, wo das Hindernis eintritt, dem Empfänger kostenfrei telegraphisch mitzuteilen, mit welchem Zuge die Beförderung erfolgt.

§ 46. Auslieferung.

(1) Die Ankunft einer unbegleiteten Leiche am Bestimmungsort ist dem Empfänger auf seine Kosten ohne Verzug durch Telegramm, Fernsprecher oder besonderen Boten mitzuteilen.

(2) Die Auslieferung von Leichen kann zu dem im § 34 Abs. (2) bestimmten Zeitpunkte verlangt werden.

(3) Über die Empfangnahme der Leiche hat der Empfänger eine Bescheinigung auszustellen.

(4) Der Empfänger hat innerhalb 6 Stunden nach Ankunft des Zuges auf der Bestimmungsstation die Sendung auszuladen und abzuholen. Geschieht dies nicht, so kann die Leiche der Ortspolizeibehörde überwiesen werden. Kommt die Leiche nach 6 Uhr Abends an, so wird die Frist vom nächsten Morgen 8 Uhr ab gerechnet. Bei Überschreitung der Abholungsfrist ist die Eisenbahn berechtigt, das tarifmäßige Wagenstandgeld zu erheben.

§ 47. Ausnahmebestimmungen.

(1) Für die Beförderung von Leichen nach dem Bestattungsplatze des Aufgabeorts kann die Eisenbahn mit Genehmigung der Landesaufsichtsbehörde abweichende Bestimmungen erlassen.

(2) Bei Leichen, die von Polizeibehörden, Strafanstalten, Krankenhäusern oder dergleichen an öffent-

liche höhere Lehranstalten gesandt oder von diesen weiterversandt werden, ist Begleitung nicht erforderlich. Sie dürfen in dicht verschlossenen Kisten aufgeliefert und in offenen Wagen mit Güterzügen befördert werden. Güter von fester Beschaffenheit (Holz, Metall oder dergleichen) oder in fester Verpackung (Kisten, Fässern oder dergleichen) dürfen beigeladen werden, es ist aber Fürsorge zu treffen, daß die Leichenkisten nicht beschädigt werden. Von der Beiladung sind ausgeschlossen: Nahrungs- und Genußmittel sowie deren Rohstoffe, ferner die in der Anlage C aufgeführten Gegenstände. Von der Beibringung eines Leichenpasses kann mit Genehmigung der Landesaufsichtsbehörde abgesehen werden. Solche Leichen sind auf Frachtbrief abzufertigen.

VII. Beförderung von lebenden Tieren.

§ 48. Auflieferung.

(1) Die Eisenbahn hat bekannt zu machen, mit welchen Zügen Tiere befördert werden. Die Beförderung einzelner Stücke kann abgelehnt werden, wenn im Zuge kein geeigneter Raum vorhanden ist, es sei denn, daß die Tiere mindestens 24 Stunden vorher angemeldet worden sind.

(2) An Sonn- und Festtagen werden Tiere nicht angenommen. Ausnahmen sind durch Aushang an den Abfertigungsstellen bekannt zu machen.

(3) Die Beförderung kranker Tiere kann abgelehnt werden.[1]

(4) Zur Beförderung wilder Tiere ist die Eisenbahn nur verpflichtet, wenn die von ihr im Interesse

der Sicherheit vorzuschreibenden Bedingungen erfüllt sind.

(5) Die Tiere müssen rechtzeitig, einzelne Stücke mindestens 1 Stunde vor Abgang des Zuges, auf die Station gebracht werden.

(6) Der Absender muß das Einladen der Tiere und ihre sichere Unterbringung im Wagen besorgen, auch die erforderlichen Befestigungsmittel beschaffen.

(7) Die Eisenbahn ist berechtigt, Begleitung der Tiersendungen zu fordern. Bei kleinen Tieren, die in tragbaren, gut verschlossenen Behältern aufgegeben werden, kann Begleitung nicht verlangt werden.

(8) Die Begleiter haben die Tiere während der Beförderung zu warten. Der Aufsichtsbeamte hat den Begleitern auf Verlangen einen Platz im Packwagen oder in einem Personenwagen anzuweisen. Ist zur Abwendung von Betriebsgefahren ihre Gegenwart im Viehwagen notwendig, so müssen sie sich auf Verlangen des Aufsichtsbeamten oder des Zugführers darin aufhalten.

(9) Tiersendungen sind je nach Vorschrift des Tarifs auf Beförderungsschein, den die Eisenbahn ausstellt, oder auf Eilfrachtbrief abzufertigen.

(10) Die Angabe des Interesses an der Lieferung hat bei den auf Beförderungsschein abgefertigten Tieren nur dann rechtliche Wirkung, wenn sie von der Abfertigungsstelle der Abgangsstation im Beförderungsscheine vermerkt ist.

(11) Vorausbezahlung der Fracht kann gefordert werden.

[1] Viehseuchenges. v. 26./6. 1909 (RGBl. S. 519).

§ 49. Beförderung.

(1) Der Absender darf den Beförderungsweg vorschreiben. Solche Vorschriften muß die Eisenbahn beachten, sie kann aber die Fracht für den vorgeschriebenen Weg verlangen.

(2) Die näheren Bestimmungen über die Beförderung von lebenden Tieren sind in der Anlage B enthalten.

§ 50. Auslieferung.

(1) Tiersendungen sind nach Ankunft auf der Bestimmungsstation mit tunlichster Beschleunigung zur Abnahme bereit zu stellen. Meldet sich nach Eintreffen unbegleiteter Tiersendungen auf der Bestimmungsstation kein zum Empfange Berechtigter, so ist der Empfänger unverzüglich, jedenfalls aber innerhalb der für Eilgut festgesetzten Frist (§ 79 (2)), zu benachrichtigen. Der Empfänger hat die Tiere spätestens 2 Stunden nach der Bereitstellung auszuladen und abzutreiben. Diese Frist beginnt, wenn der Empfänger benachrichtigt werden muß, frühestens 2 Stunden nach der Benachrichtigung (§ 79 (3)). Nach Ablauf der Frist kann die Eisenbahn auf Gefahr und Kosten des Verfügungsberechtigten die Tiere in Verpflegung geben oder, wenn sie deren ferneren Aufenthalt im Wagen oder auf dem Bahnhofe gestattet, das tarifmäßige Standgeld erheben. Die Frist ruht während einer zoll- oder steueramtlichen oder polizeilichen Abfertigung, soweit diese nicht durch den Absender, Empfänger oder Begleiter verzögert wird.

(2) Der Beförderungsschein ist bei Empfang der Sendung an die Eisenbahn zurückzugeben. War die

Sendung auf Eilfrachtbrief abgefertigt, so ist dieser dem Empfänger gegen Bescheinigung über den Empfang der Sendung auszuhändigen.

§ 51. Lieferfrist.

(1) Die Lieferfristen dürfen nachstehende Höchstfristen nicht überschreiten:

bei einer Entfernung bis zu 150 Tarifkilometer 1 Tag,

bei größeren Entfernungen für weitere angefangene je 300 Tarifkilometer 1 weiteren Tag.

(2) Die Lieferfrist beginnt für Sendungen, die mit einem Vormittags abgehenden Zuge befördert werden, um 12 Uhr Mittags, bei Sendungen, die mit einem Nachmittags abgehenden Zuge befördert werden, mit der auf die Annahme folgenden Mitternacht. Sie ist gewahrt, wenn vor ihrem Ablaufe die Tiere auf der Bestimmungsstation zur Abnahme bereit gestellt sind.

(3) Der Lauf der Lieferfrist ruht außer in den Fällen des § 75 Abs. (7) auch für die Dauer des Aufenthalts auf den Tränkstationen und für die Dauer der ärztlichen Viehbeschau.

(4) Die Auslieferung der mit Personenzügen beförderten Pferde und Hunde kann zu dem im § 34 Abs. (2) bestimmten Zeitpunkte verlangt werden. Müssen die Pferde jedoch unterwegs auf einen anderen Zug übergehen, so kann ihre Weiterbeförderung erst mit dem nächsten Personenzuge verlangt werden.

§ 52. Weitere Vorschriften.

Im übrigen gelten für die Beförderung von Tieren sinngemäß die Vorschriften im Abschnitt VIII.

VIII. Beförderung von Gütern.

§ 53. Durchgehende Beförderung.[1]

Die Eisenbahn ist verpflichtet, Güter zur Beförderung von und nach allen für den Güterverkehr eingerichteten Stationen und Güternebenstellen anzunehmen, ohne daß es für den Übergang von einer Bahn auf die andere einer Vermittelungsadresse bedarf.

[1] HGB. § 453, JÜ. Art. 5; RV. Art. 44.

§ 54. Von der Beförderung ausgeschlossene oder nur bedingungsweise zur Beförderung zugelassene Gegenstände.[1]

(1) Von der Beförderung ausgeschlossen sind:

A. die dem Postzwang unterliegenden Gegenstände;[2]

B. soweit nicht im Abs. (2) A Ziffer 1 Ausnahmen zugelassen sind:

1. explosionsgefährliche Gegenstände:*)
   a) Sprengstoffe,**)
   b) Munition,
   c) Zündwaren und Feuerwerkskörper,
   d) verdichtete und verflüssigte Gase,
   e) Stoffe, die in Berührung mit Wasser entzündliche oder die Verbrennung unterstützende Gase entwickeln;

---

*) Zu den explosionsgefährlichen Gegenständen im Sinne dieses Paragraphen gehören alle explosionsfähigen Substanzen, vgl. jedoch Anm. **).

**) Explosionsfähige Substanzen, die nicht Schieß- oder Sprengzwecken dienen, durch Flammenzündung nicht zur Explosion gebracht werden können und gegen Stoß und Schlag nicht empfindlicher sind als Dinitrobenzol, gehören nicht zu den Sprengstoffen im Sinne dieses Paragraphen.

2. selbstentzündliche Stoffe.

(2) Bedingungsweise sind zur Beförderung zugelassen:

A. nach den in der Anlage C enthaltenen Vorschriften[3]:

1. die in der Anlage C unter I und II aufgeführten explosionsgefährlichen Gegenstände und selbstentzündlichen Stoffe (Abs. (1) B);
2. die in der Anlage C unter III bis VI aufgeführten brennbaren Flüssigkeiten, giftigen, ätzenden und fäulnisfähigen Stoffe.

Solche Gegenstände dürfen miteinander oder mit anderen Gegenständen nur dann zusammengepackt werden, wenn dies in der Anlage C zugelassen ist.

B. außerdem:

1. Gold- und Silberbarren, Platina, Geld, Münzen und Papiere mit Geldwert, Dokumente, Edelsteine, echte Perlen, besonders wertvolle Spitzen und besonders wertvolle Stickereien sowie andere Kostbarkeiten, ferner Kunstgegenstände, wie Gemälde, Bildwerke, Gegenstände aus Erzguß, Kunstaltertümer.

   Die Beförderungsbedingungen für diese Gegenstände hat der Tarif zu bestimmen.

   Als Papiere mit Geldwert sind nicht zu behandeln: Postfreimarken, Stempelbogen und Stempelmarken sowie ähnliche amtliche Wertzeichen.
2. Gegenstände, deren Verladung oder Beförderung nach der Anlage oder dem Betrieb einer beteiligten Bahn außergewöhnliche Schwierigkeit verursacht.

Ihre Beförderung kann die Eisenbahn von besonders zu vereinbarenden Bedingungen abhängig machen.

3. Eisenbahnfahrzeuge, die auf eigenen Rädern befördert werden sollen.

Sie müssen sich in lauffähigem Zustande befinden. Lokomotiven, Tender, Dampf- und Kraftwagen müssen von einem sachverständigen Beauftragten des Absenders begleitet sein.

[1] HGB. § 453, JÜ. Art. 2 u. 3, AusfBest. § 1.

[2] Ges. über das Postwesen des Deutschen Reiches v. 28./10. 1871 (RGBl. S. 347) § 1 u. 1a.

[3] Von Abdruck der Anl. C, deren Änderungen u. Ergänzungen das REA. verfügt, ist abgesehen worden.

§ 55. Frachtbrief; seine Form.[1]

(1) Jede Sendung muß von einem Frachtbriefe begleitet sein, der für gewöhnliches Frachtgut dem Muster der Anlage D, für Eilgut dem Muster der Anlage E zu entsprechen hat. D E.

(2) Zu den Frachtbriefen ist weißes Schreibpapier in der vom Reichs-Eisenbahnamte festgesetzten Beschaffenheit zu verwenden.[2] Alle Güterabfertigungsstellen sind verpflichtet, Frachtbriefe zu den im Tarife festzusetzenden Preisen zu verkaufen.

(3) Die Frachtbriefe müssen zum Nachweise, daß sie den Vorschriften entsprechen, den Prüfungsstempel einer inländischen Eisenbahn tragen. Die Stempelung der nicht für Rechnung der Eisenbahn gedruckten Frachtbriefe erfolgt gegen eine im Tarife festzusetzende Gebühr; sie kann abgelehnt werden, wenn nicht

Bemerkung: Die stark umrahmten Teile sind durch die Eisenbahn, die übrigen durch den Absender auszufüllen.

Kurswagen Nr.	Abgefertigt nach ………	Zoll- od. Steuera… auf Station
	über ………	
Abgangsbuch Nr.		

Prüfungs-stempel der Bahn

Frachtbrief

(Für den Frachtvertrag gelten die EVO. und die in Betracht kommenden Ta…

An ………

………

in ………

(Wohnung) ………

Bestimmungsstation ………

Bestimmungsort ………
(Nur anzugeben, wenn er ein anderer ist als die Bestimmungsstation.)

Nummer	Eigentumsmerkmale	Ladegewicht (Ladefläche) kg (qm)
des Wagens		

Zulässige oder vorgeschriebene Erklärungen wie: bahnlagernd, Anschlußgleis, Zoll- oder Steuerabfertigung in ………, mit Kleinbahn weiter nach ……… u. dgl.

………

Adresse oder Zeichen	Adresse oder Nummer	Anzahl	Art der Verpackung	Inhalt	Wirklich… Rohgew… kg

………, den ……… ten ………

Unterschrift des Absenders.

………

Wohnung ………

Stempel der Umlade- und Umbehandlungsstationen.

Anlage E. wie Anlage D, jedoch mit einem auf der Vorder- und

Anlage D.

die der Absender verladen hat, sind von ihm auch Nummer und Eigentumsmerkmale des Wagens einzutragen.

rmerk .... | Duplikat (Aufnahmeschein) beantragt?

esse an Lieferung } in Buchstaben

			ℳ	Pf.	
achnahme	Einzel-nachweis	....			
	Gesamt-betrag in Buch-staben	Barvorschuß			
		nach Eingang			

erechnung:			Vom Absender bezahlt		Rechnung	Vom Empfänger zu erheben		
detes ht	Tarif-klasse	Fracht-satz für 100 kg ℳ	ℳ	Pf.		ℳ	Pf.	
					Gebühr für das Interesse an der Lieferung			
					Nachnahme { Barvorschuß			
					nach Eingang			
					Nachnahmegebühr			
					Fracht bis			

mpel der Versandstation	Wägestempel	Duplikat-(Aufnahmeschein-)Stempel	Stempel der Bestimmungsstation

Höhe: 30 cm

Papierbreite: 33 cm

oben und unten am Rande angebrachten karminroten Streifen.

gleichzeitig mindestens 100 Frachtbriefe vorgelegt werden.

(4) Die stark umrahmten Teile des Musters sind für die Eintragungen der Eisenbahn, die übrigen für die Eintragungen des Absenders bestimmt (vergleiche jedoch § 56 Abs. (1) f).

(5) Für regelmäßig wiederkehrende Sendungen zwischen bestimmten Orten und für Sendungen, die zur Weiterbeförderung über See bestimmt sind, kann die Landesaufsichtsbehörde nach Zustimmung des Reichs-Eisenbahnamts Abweichungen von den vorstehenden Bestimmungen genehmigen.

[1] JÜ. Art. 6, AusfBest. § 2.

[2] Bekanntm. des REA. v. 13./10. 1892 (RZBl. S. 632) u. 25./5. 1893 (RZBl. S. 154).

§ 56. Inhalt des Frachtbriefs.[1]

(1) Der Absender hat in den Frachtbrief einzutragen:

a) den Namen und den Wohnort dessen, an den das Gut abgeliefert werden soll (des Empfängers);
b) die Eisenbahnstation oder Güternebenstelle, bis zu der das Gut befördert werden soll (Bestimmungsstation);
c) den Bestimmungsort, wenn dieser ein anderer ist als die Bestimmungsstation;
d) die Bezeichnung der Sendung nach ihrem Inhalte, bei Stückgut auch Anzahl, Art der Verpackung und Adresse (oder statt dieser das Zeichen und die Nummer) der Frachtstücke. Die Eisenbahn kann auch bei Wagenladungen die Bezeichnung des Inhalts nach Anzahl und Ver-

packungsart verlangen, wenn die Beschaffenheit der Ladung es zuläßt. Die in der Anlage C aufgeführten Gegenstände sind mit der dort gebrauchten Bezeichnung zu benennen;

e) das Gewicht der Sendung (vgl. jedoch § 58 Abs. (2) und (3)) oder statt dessen eine den Vorschriften der Versandbahn entsprechende Angabe;

f) bei Gütern, die er selbst verladen hat, die Nummer und die Eigentumsmerkmale des Wagens;

g) im Falle der Vorausbezahlung der Fracht den Freivermerk;

h) den etwaigen Antrag auf Ausstellung eines Frachtbriefduplikats oder Aufnahmescheins;

i) die etwaige Angabe des Interesses an der Lieferung und der auf dem Gute lastenden Nachnahme;

k) das etwaige Verlangen, daß das Gut bahnlagernd zu stellen ist. Bei den in der Anlage C aufgeführten Gegenständen ist ein solches Verlangen unzulässig;

l) die genaue Bezeichnung der zur Erfüllung der Zoll-, Steuer- oder Polizeivorschriften beigegebenen Begleitpapiere (§ 65 Abs. (1));

m) bei Sendungen, die einer zoll- oder steueramtlichen Abfertigung unterliegen, die zu berührende Abfertigungsstelle, wenn er eine solche zu bezeichnen wünscht (§ 67 Abs. (2));

n) den Ort und den Tag der Ausstellung;

o) die Unterschrift mit Namen oder Firma unter Angabe der Wohnung. Die Beifügung der Telegrammadresse und Fernsprechnummer ist gestattet.

(2) Die Eisenbahn kann verlangen, daß jeder Wagenladung ein besonderer Frachtbrief beigegeben wird.

(3) Mehrere Gegenstände dürfen in denselben Frachtbrief aufgenommen werden, wenn sie nach ihrer Beschaffenheit ohne Nachteil zusammengeladen werden können und keine Zoll-, Steuer- oder Polizeivorschriften entgegenstehen.

(4) Den vom Absender aufzuladenden oder vom Empfänger abzuladenden Gütern sowie den nach § 54 Abs. (2) bedingungsweise zur Beförderung zugelassenen Gütern sind besondere, andere Gegenstände nicht umfassende Frachtbriefe beizugeben. Eine Ausnahme hiervon ist nur statthaft, wenn die Gegenstände der Anlage C nach den dort getroffenen Vorschriften mit anderen Gütern zusammengepackt aufgegeben werden. In dem gemeinsamen Frachtbriefe müssen dann aber die nur bedingungsweise zugelassenen Güter besonders aufgeführt und durch Hinzufügung des Wortes („bedingungsweise") gekennzeichnet sein.

(5) Reicht der für die Beschreibung der Güter vorgesehene Raum auf der Vorderseite des Frachtbriefs nicht aus, so ist die Rückseite zu benutzen; nötigenfalls sind dem Frachtbriefe gleichgroße Blätter anzuheften und dann besonders zu unterzeichnen. Im Frachtbrief ist auf sie zu verweisen. Wird das Gesamtgewicht einer solchen Sendung angegeben, so ist es im Frachtbrief an der hierfür vorgesehenen Stelle einzutragen. Bei Gütern verschiedener Tarifklassen ist, wenn getrennte Frachtberechnung verlangt wird, das Gewicht für jede Tarifklasse besonders anzugeben.

(6) Der Absender darf im Frachtbriefe vorschreiben,

daß die Güter auf der Bestimmungsstation nachgezählt und nachgewogen werden; hierfür ist die tarifmäßige Gebühr zu bezahlen.

(7) Bei Aufgabe von Gütern nach einem Bestimmungsorte, wo keine für den Güterverkehr eingerichtete Eisenbahnstation oder Güternebenstelle vorhanden ist, kann der Absender im Frachtbrief über die Weiterbeförderung des Gutes von der Bestimmungsstation bis zum Bestimmungsorte Verfügung treffen (vgl. § 76 Abs. (9)).

(8) Auf die Rückseite des Frachtbriefs darf die Firma des Ausstellers gedruckt werden. Auch können dort die Sendung betreffende Vermerke für den Empfänger nachrichtlich angebracht werden, zum Beispiel „von Sendung des N. N.", „im Auftrage des N. N.", „zur Verfügung des N. N.", „zur Weiterbeförderung an N. N.", „für Dampfer N. N.", „versichert bei N. N.", „zur Ausfuhr nach N. N.". Für die Eisenbahn sind diese Vermerke unverbindlich.

(9) Die Aufnahme anderer Erklärungen in den Frachtbrief und die Beifügung anderer Schriftstücke zum Frachtbriefe sind unzulässig, soweit es nicht durch diese Ordnung oder — mit Genehmigung der Landesaufsichtsbehörde nach Zustimmung des Reichs-Eisenbahnamts — im Tarife vorgeschrieben oder für statthaft erklärt ist. Die Erklärungen und Schriftstücke dürfen nur das Frachtgeschäft betreffen.

(10) Alle Eintragungen im Frachtbriefe müssen in deutscher Sprache geschehen; sie dürfen auch durch Druck oder Stempel bewirkt werden.

[1] HGB. § 426, JÜ. Art. 6 AusfBest. § 2.

§ 57. Haftung für die Angaben im Frachtbriefe.[1]

Der Absender haftet der Eisenbahn für die Richtigkeit und die Vollständigkeit der in den Frachtbrief aufgenommenen Angaben und Erklärungen und trägt alle Folgen, die aus unrichtigen, ungenauen oder ungenügenden Eintragungen entspringen.

[1] HGB. § 426 (3), JÜ. Art. 7 (6).

§ 58. Prüfung des Inhalts der Sendung. Feststellung von Anzahl und Gewicht.[1]

(1) Die Eisenbahn ist berechtigt, die Übereinstimmung der Sendung mit dem Frachtbriefe nach Stückzahl, Gewicht und Inhalt jederzeit zu prüfen. Gebühren dürfen hierfür nicht erhoben werden. Zur Prüfung des Inhalts ist der Verfügungsberechtigte einzuladen, wenn sie nicht auf Grund polizeilicher Maßregeln stattfindet, die der Staat im Interesse der Sicherheit oder der öffentlichen Ordnung zu ergreifen berechtigt ist. Erscheint der Berechtigte nicht, so sind zwei Zeugen zuzuziehen. Etwa entstehende Auslagen sind der Eisenbahn zu ersetzen, wenn die Frachtbriefangaben sich als unrichtig erweisen.

(2) Bei Stückgütern, die von der Eisenbahn verladen werden (§ 59 Abs. (1)), ist diese verpflichtet, Anzahl und Gewicht bei der Annahme gebührenfrei festzustellen. Dem Absender oder dessen Beauftragten steht frei, der Feststellung beizuwohnen. Die Eisenbahn kann von der Verwägung absehen oder — bei gleichartigen Stücken — Probeverwägungen vornehmen, wenn der Absender das Gewicht in den Frachtbrief eingetragen und die Nachwägung im Frachtbriefe nicht verlangt hat.

(3) Bei allen anderen Sendungen ist die Eisenbahn auf Antrag des Absenders im Frachtbriefe verpflichtet, das Gewicht und die Stückzahl festzustellen, es sei denn, daß die vorhandenen Wägevorrichtungen nicht ausreichen oder die Beschaffenheit des Gutes oder die Betriebsverhältnisse eine Feststellung der Stückzahl nicht gestatten. Das Gewicht hat die Eisenbahn auch ohne Antrag festzustellen, wenn es im Frachtbriefe nicht angegeben ist. Für diese Feststellungen ist die tarifmäßige Gebühr zu zahlen. Ist die Feststellung des Gewichts auf der Versandstation nicht angängig, so erfolgt sie auf einer anderen Station.

(4) Der Absender kann bei der Aufgabe verlangen, daß ihm Gelegenheit geboten werde, der Feststellung der Stückzahl und des Gewichts beizuwohnen, wenn sie auf der Versandstation erfolgt. Stellt er ein solches Verlangen nicht oder versäumt er die ihm gebotene Gelegenheit, so hat er die tarifmäßige Gebühr nochmals zu zahlen, wenn die Feststellung auf seinen Antrag wiederholt wird.

(5) Die Eisenbahn kann die Verwägung der Wagenladungsgüter auf der Gleiswage vornehmen und der Gewichtsberechnung das an den Eisenbahnwagen angeschriebene Eigengewicht zugrunde legen. Jedoch ist einem Antrage des Verfügungsberechtigten auf Verwägung des leeren Wagens zu entsprechen, wenn es die Betriebsverhältnisse gestatten. Ob und welche Gebühr zu erheben ist, hat der Tarif zu bestimmen.

(6) Die Feststellung des Gewichts und der Stückzahl hat die Eisenbahn auf dem Frachtbriefe zu bescheinigen. Erfolgt die Feststellung auf der Versandstation, so ist die Bescheinigung auch auf das Fracht-

briefduplikat oder auf den Aufnahmeschein zu setzen.

[1] JÜ. Art. 7.

§ 59. Beladung der Wagen. Ladegewicht. Tragfähigkeit.[1]

(1) Ob die Güter durch die Eisenbahn oder durch den Absender zu verladen sind, hat der Tarif zu bestimmen, soweit nicht diese Ordnung Vorschriften darüber enthält, oder eine besondere Vereinbarung zwischen dem Absender und der Eisenbahn im Frachtbriefe getroffen ist.

(2) Für die Beladung der Wagen ist das daran vermerkte Ladegewicht maßgebend. Eine Belastung bis zu der an den Wagen angeschriebenen Tragfähigkeit ist zulässig, wenn nach der natürlichen Beschaffenheit des Gutes nicht zu befürchten ist, daß die Belastung infolge von Witterungseinflüssen während der Beförderung die Tragfähigkeit überschreiten werde. Eine die Tragfähigkeit überschreitende Belastung — Überlastung — ist in keinem Falle gestattet. Bei außerdeutschen Wagen, die nur eine die zulässige Belastung kennzeichnende, dem Ladegewichte der deutschen Wagen entsprechende Anschrift tragen, darf die angeschriebene Gewichtsgrenze bis zu 5 Prozent überschritten werden

[1] JÜ. AusfBest. § 3.

§ 60. Frachtzuschläge.[1]

(1) Bei unrichtiger Angabe des Inhalts, des Gewichts oder der Stückzahl einer Sendung sowie bei Außerachtlassung der Sicherheitsvorschriften in Anlage C sind ohne Rücksicht darauf, ob ein Verschulden

des Absenders vorliegt oder nicht,[2] Frachtzuschläge zu entrichten, für die folgende Bestimmungen gelten:

a) Wenn die im § 54 Abs. (1) B und Abs. (2) A aufgeführten Gegenstände unter unrichtiger Inhaltsangabe zur Beförderung aufgegeben oder wenn die Sicherheitsvorschriften in Anlage C außer acht gelassen werden, beträgt der Frachtzuschlag für jedes Kilogramm Rohgewicht des Versandstücks, worin ein solcher Gegenstand enthalten war,

bei den gemäß § 54 Abs. (1) B von der Beförderung ausgeschlossenen sowie bei den in Anlage C unter I und II aufgeführten explosionsgefährlichen und selbstentzündlichen Gütern: 12 Mark,

bei den in Anlage C unter III, IV und V aufgeführten brennbaren Flüssigkeiten, giftigen und ätzenden Stoffen: 3 Mark,

bei den in Anlage C unter VI aufgeführten fäulnisfähigen Stoffen: $^1/_2$ Mark.

b) In anderen Fällen unrichtiger Inhaltsangabe beträgt der Frachtzuschlag, wenn sie keine Frachtverkürzung herbeiführen kann, 1 Mark für den Frachtbrief, sonst das Doppelte des Unterschieds zwischen der infolge der unrichtigen Angabe entstandenen und der richtig berechneten Fracht von der Aufgabe- bis zur Bestimmungsstation. Sind Güter verschiedener Tarifklassen zu einer Sendung vereinigt, und kann ihr Einzelgewicht ohne besondere Schwierigkeit festgestellt werden, so ist der Ermittelung des Frachtzuschlags getrennte Frachtberechnung zu Grunde zu legen, sofern sie sich billiger stellt. Mindestens wird 1 Mark erhoben.

c) Bei unrichtiger Angabe der Stückzahl oder des Gewichts einer vom Absender verladenen Sendung, wenn hierdurch eine Frachtverkürzung herbeigeführt werden kann, beträgt der Frachtzuschlag das Doppelte des Unterschieds zwischen der infolge der unrichtigen Angabe entstandenen und der richtig berechneten Fracht von der Aufgabe- bis zur Bestimmungsstation.

d) Bei Überlastung eines Wagens beträgt der Frachtzuschlag das Sechsfache der Fracht von der Aufgabe- bis zur Bestimmungsstation für das Gewicht, das die im § 59 Abs. (2) festgesetzten Belastungsgrenzen übersteigt. Diese Bestimmung gilt sinngemäß auch für Gegenstände, deren Fracht nicht nach dem Gewichte berechnet wird. Ist zum Beispiel die Fracht nach der Ladefläche zu berechnen, so wird der Frachtzuschlag derart ermittelt, daß die nach der Ladefläche des verwendeten Wagens berechnete Fracht als Fracht für das zulässige höchste Belastungsgewicht angesehen, danach die Fracht für das Übergewicht berechnet und der gefundene Betrag sechsfach genommen wird.

e) Die unter a bis d festgesetzten Frachtzuschläge werden nebeneinander erhoben, wenn gegen mehrere dieser Vorschriften gleichzeitig verstoßen wird. Trifft unrichtige Inhaltsangabe, die eine Frachtverkürzung herbeiführen kann, mit unrichtiger Angabe der Stückzahl oder des Gewichts der Sendung zusammen und handelt es sich nicht um Gegenstände der im § 54 Abs. (1) B und Abs. (2) A genannten Art, so beträgt der Frachtzuschlag das Doppelte des Unterschieds zwischen der Fracht für die angegebene Stückzahl oder das angegebene Gewicht und den angegebenen Inhalt einerseits und der Fracht für die ermittelte Stückzahl oder das ermittelte Gewicht und den ermittelten Inhalt andererseits.

Außerdem ist der Frachtunterschied nachzuzahlen und der entstandene Schaden zu ersetzen, auch sind die durch andere gesetzliche oder polizeiliche Bestimmungen vorgesehenen Strafen verwirkt.

(2) Der Tarif muß einheitlich die Grundsätze bestimmen, nach denen etwa von Erhebung der im Abs. (1) festgesetzten Frachtzuschläge aus Billigkeit abgesehen wird oder geringere Zuschläge erhoben werden.

(3) Ein Frachtzuschlag darf nicht erhoben werden:

a) bei unrichtiger Gewichtsangabe oder bei Überlastung, wenn die Eisenbahn zur Verwägung verpflichtet war;

b) bei einer während der Beförderung eingetretenen Gewichtszunahme ohne Überlastung, wenn der Absender nachweist, daß die Gewichtszunahme auf Witterungseinflüsse zurückzuführen ist;

c) bei einer während der Beförderung durch Witterungseinflüsse verursachten Überlastung, wenn der Absender nachweist, daß er bei der Beladung des Wagens das angeschriebene Ladegewicht nicht überschritten hat.

(4) Der Frachtzuschlag ist verwirkt, sobald der Frachtvertrag abgeschlossen ist (§ 61). Zur Zahlung des Zuschlags ist der Absender verpflichtet. Hat der Empfänger den Frachtbrief und das Gut angenommen, so haftet er gemäß § 76 Abs. (4) neben dem Absender als Gesamtschuldner für den Zuschlag.

(5) Der Anspruch auf Zahlung oder Rückzahlung des Frachtzuschlags verjährt in einem Jahre. Die Verjährung beginnt bei Ansprüchen auf Zahlung des Frachtzuschlags mit der Zahlung der Fracht oder wenn eine Fracht nicht zu zahlen war, mit der Auflieferung des Gutes; bei den Ansprüchen auf Rückzahlung beginnt sie mit der Zahlung des Zuschlags. Gehemmt oder unterbrochen wird die Verjährung gemäß den Bestimmungen im § 71 Abs. (2).

[1] IÜ. Art. 7 AusfBest. §§ 3, 11. — [2] Zur Vermeidung einer abweichenden Auslegung ist hier ausgesprochen, daß die Frachtzuschläge ohne Rücksicht darauf, ob ein Verschulden des Absenders vorliegt oder nicht, zu erheben sind. Würden die auch im Interesse der Betriebssicherheit eingeführten Frachtzuschläge als Vertragsstrafe angesehen, so wären sie in zahlreichen Fällen wirkungslos, denn ein Verschulden des Absenders läßt sich häufig schwer nachweisen (Begr.).

§ 61. Abschluß des Frachtvertrags.[1]

(1) Der Frachtvertrag ist abgeschlossen, sobald die Abfertigungsstelle das Gut mit dem Frachtbriefe zur Beförderung angenommen hat. Als Zeichen der Annahme ist dem Frachtbriefe der Tagesstempel der Abfertigungsstelle aufzudrücken. Mit diesem Stempel ist auch jedes der nach § 56 Abs. (5) dem Frachtbrief etwa angefügten Blätter zu versehen.

(2) Die Abstempelung hat nach vollständiger Auflieferung des im Frachtbriefe verzeichneten Gutes und nach Entrichtung der vom Absender voraus zu bezahlenden Beträge unverzüglich, auf Verlangen des Absenders in seiner Gegenwart, zu erfolgen.

(3) Der abgestempelte Frachtbrief dient als Beweis für den Frachtvertrag.

(4) Bei den vom Absender verladenen Gütern dienen die Angaben des Frachtbriefs über das Gewicht und die Anzahl der Stücke nur dann als Beweis gegen die Eisenbahn, wenn sie die Stücke nachgewogen oder nachgezählt und dies im Frachtbriefe beurkundet hat.

(5) Die Eisenbahn ist verpflichtet, auf Verlangen des Absenders die Annahme des Gutes unter Angabe des Tages, an dem es zur Beförderung angenommen ist, auf einem ihr mit dem Frachtbriefe vorgelegten Frachtbriefduplikate, das als solches zu bezeichnen ist, zu bescheinigen. Die Ausstellung eines Duplikats ist auf dem Frachtbriefe durch Stempelaufdruck zu beurkunden.

(6) Das Duplikat hat nicht die Bedeutung des Frachtbriefs oder eines Ladescheins.

(7) Bei Gütern, die nicht in ganzen Wagenladungen aufgegeben werden, kann mit Zustimmung des Absenders an Stelle des Duplikats ein Aufnahmeschein ausgestellt werden, der dieselbe rechtliche Bedeutung wie das Duplikat hat.

(8) Auf Verlangen des Absenders ist die Annahme des Gutes auch in anderer Form, zum Beispiel durch Unterstempelung eines Eintrags in einem Quittungsbuch oder dergleichen zu bescheinigen. Eine solche Be-

scheinigung hat nicht die Bedeutung eines Frachtbriefduplikats.

[1] HGB. §§ 455, 471, IÜ. Art. 8.

§ 62. Verpackung und Bezeichnung.[1]

(1) Das Gut muß, soweit es seine Natur erfordert, gegen Verlust, Minderung oder Beschädigung sicher verpackt sein.

(2) Ist dies nicht der Fall, so kann die Eisenbahn die Annahme des Gutes ablehnen oder verlangen, daß der Absender im Frachtbriefe das Fehlen oder die Mängel der Verpackung anerkennt. Pflegt ein Absender gleichartige der Verpackung bedürftige Güter unverpackt oder mit den gleichen Mängeln der Verpackung auf derselben Station aufzugeben, so kann er ein für allemal eine Erklärung nach dem Muster der Anlage F abgeben. In diesem Falle muß der Frachtbrief einen Hinweis auf die allgemeine Erklärung enthalten.

(3) Inwieweit die Eisenbahn für den Schaden haftet, der infolge eines im Frachtbrief anerkannten oder äußerlich nicht erkennbaren Mangels der Verpackung entsteht, ist in den §§ 86 und 84 bestimmt. Ist ein äußerlich erkennbarer Mangel der Verpackung nicht im Frachtbrief anerkannt, so ist die Eisenbahn von der Haftpflicht nur dann befreit, wenn der Absender arglistig handelt.

(4) Die Verpackung muß ferner so beschaffen sein, daß das Gut bei ordnungsmäßiger Behandlung durch die Eisenbahn keinen Schaden verursachen kann. Anderenfalls ist die Eisenbahn berechtigt, wenn sie das Gut

trotzdem zur Beförderung annimmt, ein Anerkenntnis im Frachtbriefe nach Maßgabe des Abs. (2) zu verlangen. Für den Schaden, der aus so bescheinigten oder aus äußerlich nicht erkennbaren Mängeln der Verpackung entsteht, haftet der Absender. Ist ein äußerlich erkennbarer Mangel der Verpackung nicht anerkannt, so haftet der Absender nur, wenn er arglistig handelt.

(5) Die Eisenbahn kann verlangen, daß kleine Stückgüter (Kleineisenzeug oder dergleichen), deren Annahme und Verladung nicht ohne erheblichen Zeitverlust möglich ist, durch Verbindung oder Verpackung zu größeren Einheiten zusammengefaßt werden.

(6) Den Eisenbahnen bleibt überlassen, für Güter, die nicht zu den im § 54 Abs. (2) A aufgeführten gehören, die aber wegen ihrer Eigenschaften Unzuträglichkeiten während der Beförderung herbeiführen können, mit Genehmigung der Landesaufsichtsbehörden nach Zustimmung des Reichs-Eisenbahnamts durch den Tarif einheitliche Vorschriften über die Verpackung und Verladung zu treffen.

(7) Die Stückgüter sind haltbar, deutlich und in einer Verwechselungen ausschließenden Weise zu bezeichnen. Diese Bezeichnungen müssen mit den Angaben im Frachtbrief übereinstimmen. Ältere Bezeichnungen (Eisenbahnbeförderungszeichen, Postbeförderungszeichen oder andere Zeichen, die mit den Eisenbahnbeförderungszeichen verwechselt werden könnten) müssen entfernt sein.

(8) Die Eisenbahn kann verlangen, daß Stückgüter vom Absender mit dem Namen der Bestimmungsstation dauerhaft bezeichnet werden, wenn es ihre

Beschaffenheit ohne besondere Schwierigkeit zuläßt.

[1] HGB. §§ 456, 459, JÜ. Art. 9, AusfBest. § 4.

§ 63. Annahme.[1]

(1) Die Eisenbahn ist nur insoweit verpflichtet, Güter zur Beförderung anzunehmen, als die Beförderung sofort erfolgen kann. Wenn es notwendig wird, die Annahme von Sendungen allgemein oder für bestimmte Versandbezirke oder für bestimmte Arten von Gütern einzustellen, weil zwingende Gründe des Eisenbahnbetriebs oder das öffentliche Interesse die sofortige Beförderung nicht gestatten, so bedarf es der Genehmigung der Landesaufsichtsbehörde.

(2) Die Güter müssen während der Dienststunden aufgeliefert werden, die von der Eisenbahn festzusetzen und durch Aushang bekannt zu machen sind.

(3) An Sonn- und Festtagen braucht die Eisenbahn Frachtgut nicht anzunehmen; Eilgut anzunehmen ist sie verpflichtet, wenn seiner zoll- oder steueramtlichen Behandlung kein Hindernis entgegensteht.

(4) Wird die Annahme einer durch die Eisenbahn zu verladenden Sendung vom Absender dadurch verzögert, daß er nicht alle zum Frachtbriefe gehörenden Güter binnen 24 Stunden aufliefert oder daß er den wegen Unrichtigkeit oder Unvollständigkeit beanstandeten Frachtbrief nicht binnen 24 Stunden nach Beginn der Auflieferung berichtigt übergibt oder bei Freivermerk die voraus zu zahlenden Frachtbeträge und Gebühren nicht innerhalb derselben Frist begleicht, so kann die Eisenbahn für das eingelagerte Gut das tarifmäßige Lagergeld erheben.

(5) Die Bereitstellung der Wagen für Güter, die der Absender zu verladen hat, muß unter Angabe des Gutes, des ungefähren Gewichts und der Bestimmungsstation für einen bestimmten Tag nachgesucht werden. Können die Wagen nicht bereit gehalten werden, so ist der Besteller, soweit tunlich, hiervon kostenfrei zu benachrichtigen. Werden schriftlich zugesagte Wagen nicht rechtzeitig gestellt, so hat die Eisenbahn die Kosten der vergeblich versuchten Auflieferung, mindestens aber den Betrag des Wagenstandgeldes für einen Tag zu erstatten. Wird ein Wagen erst nach der Bereitstellung, aber vor Ablauf der Beladefrist (Abs. (6)) wieder abbestellt, so hat der Besteller eine im Tarife festzusetzende Gebühr zu entrichten, die jedoch das Wagenstandgeld für einen Tag nicht übersteigen darf. Geschieht die Abbestellung erst nach Ablauf der Beladefrist, so ist das tarifmäßige Wagenstandgeld zu zahlen. Bei Bestellung eines Wagens kann die Eisenbahn eine Sicherheit in Höhe der bezeichneten Gebühr verlangen.

(6) Die Verladung durch den Absender hat in der Regel während der Dienststunden zu erfolgen; sie muß innerhalb der von der Eisenbahn durch Aushang bekannt zu machenden Frist vollendet sein. Wird die Frist überschritten oder wird der wegen Unrichtigkeit oder Unvollständigkeit beanstandete Frachtbrief nicht innerhalb der Ladefrist berichtigt übergeben oder werden bei Freivermerk die voraus zu zahlenden Frachtbeträge und Gebühren nicht innerhalb derselben Frist beglichen, so hat der Absender das tarifmäßige Wagenstandgeld zu zahlen. Für Sonn- und Festtage ist Wagenstandgeld nur dann zu zahlen, wenn die Ladefrist schon am Tage

vorher, Nachmittags 2 Uhr, abgelaufen ist. Folgen mehrere Sonn- und Festtage aufeinander, so ist nur für einen Tag Wagenstandgeld zu erheben. Die Eisenbahn kann, wenn die Ladefrist um mehr als 24 Stunden überschritten wird, auf Kosten und Gefahr des Absenders das Gut ausladen und auf Lager nehmen oder einem Spediteur oder öffentlichen Lagerhaus übergeben.

(7) Der Lauf der Fristen in den Abs. (4) und (6) ruht an Sonn- und Festtagen sowie für die Dauer einer zoll- oder steueramtlichen oder polizeilichen Abfertigung, soweit diese nicht durch den Absender verzögert wird.

(8) Die Eisenbahn kann die Stückgüter innerhalb des Stationsorts oder von benachbarten Orten gegen eine durch Aushang bekannt zu machende Gebühr selbst anfahren oder Rollfuhrunternehmer dafür bestellen. Die hierbei verwendeten Personen gelten als Leute der Eisenbahn im Sinne des § 5. Die Rollfuhrleute haben ihren Gebührentarif bei sich zu tragen und auf Verlangen vorzuzeigen.

(9) Den Absendern steht frei, von dieser Einrichtung Gebrauch zu machen oder die Güter selbst anzufahren oder sie durch andere Unternehmer anfahren zu lassen.

(10) Für die Abfertigung von Gütern kann die Eisenbahn Güternebenstellen einrichten.

(11) Die Eisenbahn kann im Tarife vorschreiben, daß das Überladen von Gütern, die auf der Versandstation von Schiffen unmittelbar auf die Eisenbahn übergehen sollen, gegen Zahlung der im Tarif oder durch Aushang bekannt zu machenden Gebühren von ihr selbst oder durch besondere Unternehmer ausge-

führt wird. Die hierbei verwendeten Personen gelten als Leute der Eisenbahn im Sinne des § 5.

[1] HGB. §§ 453 (2), 471, JU. Art. 5 (2).

§ 64. Vorläufige Einlagerung des Gutes.[1]

(1) Güter, die nicht sofort befördert werden können, hat die Eisenbahn, soweit es die Räumlichkeiten gestatten, gegen Empfangsbescheinigung einstweilen in Verwahrung zu nehmen. Dabei kann sie vorbehalten, daß die Annahme zur Beförderung erst erfolgt, wenn die Beförderung möglich ist. Der Absender hat sein Einverständnis auf dem Frachtbriefe zu erklären und auf dem Duplikate zu wiederholen. In diesem Falle haftet die Eisenbahn bis zum Abschlusse des Frachtvertrags (§ 61 Abs. (1)) nach den Grundsätzen für entgeltliche Verwahrung.[2] Die Verwahrung leicht verderblicher Güter und der im § 54 Abs. (2) aufgeführten Gegenstände kann abgelehnt werden.

(2) Wenn die Eisenbahn Wagenladungsgüter, die nicht sofort befördert werden können, gleichwohl zur Beförderung annimmt, so ist sie mit Genehmigung der Landesaufsichtsbehörde berechtigt, mit dem Absender zu vereinbaren, daß die Lieferfrist von dem Tage an läuft, an dem die Absendung erfolgt. Der Absender hat sein Einverständnis auf dem Frachtbriefe zu erklären und auf dem Duplikate zu wiederholen. Die Eisenbahn ist verpflichtet, den Zeitpunkt der Absendung auf dem Frachtbriefe durch einen besonderen Stempel ersichtlich zu machen und diesen Zeitpunkt dem Absender ohne Verzug mitzuteilen.

[1] HGB. §§ 453, 471, JU. Art. 5 (2).

[2] BGB. §§ 688—700. Schadensersatz: BGB. § 249.

§ 65. Zoll-, Steuer-, Polizei- und statistische Vorschriften.[1]

(1) Der Absender ist verpflichtet, dem Frachtbrief alle Begleitpapiere beizugeben, die zur Erfüllung der Zoll-, Steuer- oder Polizeivorschriften[2] vor der Ablieferung an den Empfänger erforderlich sind; sie sind im Frachtbriefe genau zu bezeichnen. Die Eisenbahn ist nicht verpflichtet, diese Papiere auf ihre Richtigkeit und Vollständigkeit zu prüfen. Der Absender haftet der Eisenbahn, sofern sie nicht ein Verschulden trifft, für alle Folgen, die aus dem Mangel, der Unzulänglichkeit oder der Unrichtigkeit der Papiere entstehen; auch hat er für die Dauer eines hierdurch verursachten Aufenthalts in der Beförderung von mehr als 48 Stunden das tarifmäßige Lager- oder Standgeld zu zahlen.

(2) Die Zoll-, Steuer- und Polizeivorschriften sind, solange das Gut unterwegs ist, gegen die tarifmäßigen Gebühren von der Eisenbahn zu erfüllen. Sie kann diese Aufgabe unter ihrer Verantwortlichkeit auf Kosten des Verfügungsberechtigten einem Spediteur übertragen. In beiden Fällen hat sie die Pflichten eines Spediteurs.

(3) Wenn der Absender eine unzulässige oder unausführbare Art der Abfertigung beantragt hat, so hat die Eisenbahn die Abfertigung zu veranlassen, die sie als die vorteilhafteste für den Absender erachtet. Dieser ist hiervon zu benachrichtigen.

(4) Der Absender kann im Frachtbrief erklären, daß er selbst oder ein namhaft gemachter Bevollmächtigter der Zoll- oder Steuerbehandlung beiwohnen wolle. Auf Antrag und gegen Erstattung

der Kosten ist der Absender oder sein Bevollmächtigter von der Ankunft des Gutes auf der Station, wo diese Behandlung stattfindet, zu benachrichtigen. Der Absender oder sein Bevollmächtigter ist berechtigt, die nötigen Aufklärungen über das Gut zu geben. Das Gut in Besitz zu nehmen oder die Zollbehandlung selbst zu betreiben, sind sie nicht befugt.

(5) Auf der Bestimmungsstation kann der Empfänger die zoll- oder steueramtliche Behandlung betreiben, wenn der Absender im Frachtbriefe nichts anderes bestimmt hat. Wird diese Behandlung weder durch den Empfänger noch gemäß einer Erklärung im Frachtbriefe durch den Absender oder einen Dritten betrieben, so hat die Eisenbahn sie zu veranlassen; auch kann die Eisenbahn damit unter ihrer Verantwortlichkeit auf Kosten des Verfügungsberechtigten einen Spediteur beauftragen.

(6) Bei den über die Grenzen des deutschen Zollgebiets ein-, aus- oder durchzuführenden Gütern hat der Absender oder der Empfänger die nach den Bestimmungen über die Statistik des Warenverkehrs[3] vorgeschriebenen Anmeldescheine zu beschaffen. Werden sie von der Eisenbahn beschafft, so sind hierfür die tarifmäßigen Gebühren zu entrichten. Anmeldescheine, die nicht den Stempel des Kaiserlichen Statistischen Amtes tragen, hat die Eisenbahn gegen die tarifmäßige Gebühr auf ihre Übereinstimmung mit dem vorgeschriebenen Muster zu prüfen und abzustempeln.

[1] HGB. § 427, JÜ. Art. 10. — [2] Zusammengestellt in Kundm. 11.
[3] Ges. betr. die Statistik des Warenverkehrs v. 20./7. 1879 (RGBl. S. 261) i. d. Fassung d. Ges. v. 7./2. 1906 (RGBl. S. 104) u. Ausf.-Best. u. Dienstvorschr. (S. 109, RZBl. S. 137).

§ 66. Verwendung bedeckter oder offener Wagen.

(1) Der Absender ist, wenn nicht Bestimmungen dieser Ordnung oder Zoll-, Steuer- oder Polizeivorschriften oder zwingende Gründe des Betriebs entgegenstehen, berechtigt, im Frachtbriefe zu verlangen:

1. daß Güter in bedeckten Wagen befördert werden, für die der Tarif offene Wagen vorsieht;
2. daß Güter in offenen Wagen befördert werden, für die der Tarif bedeckte Wagen vorsieht.

(2) Im ersteren Falle kann die Eisenbahn eine im Tarife festzusetzende höhere Fracht erheben.

(3) Ob und unter welchen Bedingungen Decken für offene Wagen mietweise überlassen werden, hat der Tarif zu bestimmen.

§ 67. Art und Reihenfolge der Beförderung.[1]

(1) Das Gut ist je nach dem gewählten Frachtbriefmuster als Frachtgut oder als Eilgut zu befördern. Im Tarife kann mit Genehmigung der Landesaufsichtsbehörden nach Zustimmung des Reichs-Eisenbahnamts einheitlich bestimmt werden, ob und unter welchen Bedingungen Eilgut zu beschleunigter Beförderung anzunehmen ist (beschleunigtes Eilgut, Schnellzugsgut).

(2) Die Eisenbahn hat die Abfertigung vorzunehmen, die nach den Tarifen den billigsten Frachtsatz und, bei gleichen Frachtsätzen über mehrere Wege, die günstigsten Beförderungsbedingungen bietet. Der

Absender kann im Frachtbriefe das Zoll- oder Steueramt für die zoll- oder steueramtliche Abfertigung, bei Eilgütern auch den Beförderungsweg vorschreiben. Solche Vorschriften muß die Eisenbahn beachten, sie kann aber die Fracht für den vorgeschriebenen Weg verlangen. Andere Wegevorschriften sind ungültig.

(3) Die Güter sind in der Reihenfolge zu befördern, in der sie zur Beförderung angenommen wurden, wenn nicht zwingende Gründe des Eisenbahnbetriebs oder das öffentliche Interesse eine Ausnahme rechtfertigen. Eine Zuwiderhandlung gegen diese Vorschriften begründet den Anspruch auf Ersatz des daraus entstehenden Schadens.

[1] HGB. §§ 453 (3), 471, JÜ. Art. 6 u. 5 (3).

§ 68. Berechnung der Fracht, Nebengebühren und Auslagen.[1]

(1) Die tarifmäßigen Beträge für Fracht und für die in dieser Ordnung oder im Tarife zugelassenen Nebengebühren sind von der Eisenbahn in den Frachtbrief einzutragen.

(2) Außer diesen Beträgen darf die Eisenbahn nur bare Auslagen in Rechnung stellen, zum Beispiel von ihr bezahlte Aus-, Ein- oder Durchgangsabgaben, Kosten für Überführung, Ausgaben für notwendige Ausbesserungen oder für andere Arbeiten zur Erhaltung des Gutes.[2] Auch diese Beträge sind unter Beifügung der Beweisstücke im Frachtbrief ersichtlich zu machen.

(3) Die Eisenbahn darf für bare Auslagen die tarifmäßige Gebühr (Provision) erheben; ausgenommen

sind die von der Eisenbahn verauslagten Rollgelder,[3] die Fracht, die Nebengebühren und die Beträge für Porto und Frachturkundenstempel.

[1] JÜ. Art. 11. — [2] Hierunter fällt z. B. das Umschaufeln beim Warmwerden des Getreides usw. (Begr.).

[3] Gebührenpflichtig sind dagegen die von den Bahnspediteuren nachgenommenen Kosten für die Anfuhr von Gütern ihrer Privatkunden (Begr.).

§ 69. Zahlung der Fracht.[1]

(1) Bei Gütern, die nach dem Ermessen der Versandbahn schnell verderben oder deren Wert die Fracht nicht sicher deckt, kann Vorausbezahlung der Fracht verlangt werden. Die Eisenbahn ist ferner berechtigt, bei Sendungen, die zu ermäßigten Frachtsätzen (Ausnahmetarifen) befördert werden sollen, im Tarife zu bestimmen, ob die Fracht bei Aufgabe des Gutes zu bezahlen oder ob sie auf den Empfänger zu überweisen ist.

(2) In allen anderen Fällen hat der Absender die Wahl, ob er die Fracht bei Aufgabe des Gutes bezahlen oder auf den Empfänger überweisen will. Es ist gestattet, auf die Fracht einen beliebigen Teil anzuzahlen.

(3) Will der Absender die Fracht bezahlen, so hat er dies im Frachtbrief an der vorgeschriebenen Stelle zu erklären (Freivermerk).

(4) Fügt der Absender dem Freivermerke keine Einschränkung bei, so verpflichtet er sich zur Bezahlung der ganzen Fracht einschließlich aller Nebengebühren und Auslagen, die auf der Versandstation bis zur Annahme des Gutes erwachsen (unbeschränkter Freivermerk).

(5) Auf Nebengebühren und Auslagen, die erst nach der Annahme des Gutes zur Beförderung erwachsen, bezieht sich der Freivermerk nicht. Will der Absender die Zahlung auch dieser Kosten übernehmen, so hat er es im Frachtbriefe besonders zu erklären.

(6) Die vom Absender übernommenen Beträge hat die Versandstation außer im Frachtbrief auch im Duplikat oder im Aufnahmeschein einzeln aufzuführen.

(7) Wenn der nach dem Freivermerke des Absenders zu zahlende Betrag bei der Aufgabe des Gutes nicht berechnet werden kann, so ist die Versandstation berechtigt, die Hinterlegung einer diesem Betrage voraussichtlich entsprechenden Sicherheit zu verlangen. Ebenso kann für die vom Absender übernommenen Zollkosten und dergleichen Sicherheit verlangt werden.

[1] JÜ. Art. 12, AusfBest. § 5.

§ 70. Ansprüche wegen unrichtiger Frachtberechnung.[1]

(1) Ist der Tarif unrichtig angewendet worden oder sind Fehler bei Berechnung der Fracht oder der Nebengebühren vorgekommen, so ist das zu wenig Geforderte nachzuzahlen, das zu viel Erhobene zu erstatten. Der Verpflichtete oder der Berechtigte ist unverzüglich zu benachrichtigen.

(2) Die Nachzahlung hat der Absender zu leisten, wenn der Frachtbrief nicht eingelöst wird. Erfolgt die Einlösung, so haftet er für die Nachzahlung nur nach Maßgabe seines Freivermerkes. Im übrigen ist der Empfänger zur Nachzahlung verpflichtet (§ 76 Abs. (4)).

(3) Zur Empfangnahme erhobener Mehrfracht und

zur Geltendmachung von Frachterstattungsansprüchen ist berechtigt, wer die Mehrzahlung an die Eisenbahn geleistet hat.

(4) Für die gerichtliche Geltendmachung der Frachterstattungsansprüche[2] gegen die Eisenbahn bewendet es bei den Vorschriften des § 100.

[1] JÜ. Art. 12.

[2] Frachterstattungsansprüche sind also ihrer rechtlichen Natur nach „Ansprüche aus dem Frachtvertrage". (Begr.)

§ 71. Verjährung der Ansprüche wegen unrichtiger Frachtberechnung.[1]

(1) Ansprüche der Eisenbahn auf Nachzahlung zu wenig erhobener Fracht oder zu wenig erhobener Gebühren sowie Ansprüche gegen die Eisenbahn auf Erstattung zu viel erhobener Fracht oder Gebühren verjähren in einem Jahre, sofern der Anspruch auf eine unrichtige Anwendung des Tarifs oder auf Fehler bei der Berechnung gestützt wird. Die Verjährung beginnt mit dem Ablaufe des Tages, an dem die Zahlung erfolgt ist.

(2) Die Verjährung des Anspruchs auf Erstattung wird durch die schriftliche Anmeldung des Anspruchs bei der Eisenbahn **gehemmt**. Ergeht auf die Anmeldung ein abschlägiger Bescheid, so läuft die Verjährungsfrist von dem Tage ab weiter, an dem die Eisenbahn ihre Entscheidung dem Anmeldenden schriftlich bekannt macht und ihm die der Anmeldung etwa angeschlossenen Beweisstücke zurückstellt. Weitere Gesuche, die an die Eisenbahn oder an die vorgesetzten Behörden gerichtet werden, hemmen die Verjährung nicht. Wegen der **Unterbrechung** der Verjährung

bewendet es bei den allgemeinen gesetzlichen Vorschriften.

[1] HGB. § 470, 439, 414, JÜ. Art. 12, 45 (4), 46.

§ 72. Nachnahme nach Eingang. Barvorschuß.[1]

(1) Der Absender kann das Gut bis zur Höhe des Wertes mit Nachnahme nach Eingang belasten.

(2) Als Bescheinigung über die Belastung mit Nachnahme dient der abgestempelte Frachtbrief, das Duplikat oder die sonst zugelassene Bescheinigung über die Auflieferung des Gutes. Auf Verlangen sind außerdem besondere Nachnahmescheine gebührenfrei auszuhändigen.

(3) Die Eisenbahn hat, sobald die Nachnahme bezahlt ist, den Absender zu benachrichtigen und ihm die Nachnahme auszuzahlen. Ist die Auszahlung im Tarife vom Ablauf einer bestimmten Frist abhängig gemacht, so ist keine besondere Benachrichtigung erforderlich.

(4) Ist das Gut ohne Einziehung der Nachnahme ausgeliefert worden, so hat die Eisenbahn dem Absender den Schaden bis zum Betrage der Nachnahme zu ersetzen, vorbehaltlich ihres Anspruchs gegen den Empfänger.

(5) Die Eisenbahn kann einen Barvorschuß gewähren, wenn er nach dem Ermessen der Versandstation durch den Wert des Gutes sicher gedeckt wird.

(6) Der Betrag der Nachnahme und des etwa gewährten Barvorschusses ist vom Absender in den Frachtbrief an der hierfür vorgesehenen Stelle mit Buchstaben einzutragen. Dieser Eintrag ist auch bei einer Abweichung von einem Eintrag in Ziffern maßgebend.

(7) Für die Belastung einer Sendung mit Nach-

nahme oder mit Barvorschuß darf die Eisenbahn die tarifmäßige Gebühr (Provision) erheben.

[1] HGB. §§ 426, 441, JÜ. Art. 13, 15.

§ 73. Nachträgliche Verfügungen des Absenders.[1]

(1) Der Absender kann verfügen, daß das Gut auf der Versandstation zurückgegeben, unterwegs angehalten, auf der Bestimmungsstation zurückgehalten oder an einen anderen Empfänger oder an einem anderen Orte ausgeliefert oder nach der Versandstation zurückgesandt werde. Ebenso kann der Absender verfügen, daß eine Nachnahme nach Eingang nachträglich aufgelegt, erhöht, gemindert oder zurückgezogen, sowie daß die Sendung fracht- und gebührenfrei abgeliefert werde. Die Eisenbahn darf die Ausführung solcher Verfügungen nur dann ablehnen oder hinausschieben oder die Verfügung in veränderter Weise ausführen, wenn durch ihre Befolgung der regelmäßige Güterverkehr gestört werden würde. Sie hat in diesem Falle den Absender unverzüglich zu benachrichtigen.

(2) Verfügungen anderer Art können durch den Tarif einheitlich zugelassen werden.

(3) Die Verfügungen müssen sich auf die ganze Sendung beziehen. Sie sind schriftlich unter Verwendung eines von der Eisenbahn durch den Tarif einheitlich festzusetzenden Musters bei der Versandstation einzureichen. Die Unterschrift darf auch durch Druck oder Stempel bewirkt werden. Die Versandstation hat die Verfügung sobald wie möglich, auf Wunsch des Absenders unter den im Tarif einheitlich festzusetzenden Bedingungen auch durch Telegramm oder Fernsprecher, weiter zu geben.

(4) Einem bei der Bestimmungsstation unmittelbar gestellten Antrage, die Sendung zurückzuhalten, kann vorläufig entsprochen werden. Der Absender hat jedoch die vorgeschriebene Verfügung innerhalb einer angemessenen Frist beizubringen. Anderenfalls ist nach § 76 zu verfahren.

(5) Im Falle der Ausstellung eines Frachtbriefduplikats oder eines Aufnahmescheins steht dem Absender das Verfügungsrecht nur zu, wenn er diese Urkunden vorlegt und auch darin die Verfügungen einträgt. Befolgt die Eisenbahn die Verfügungen des Absenders, ohne die Vorlegung des Duplikats oder Aufnahmescheins zu verlangen, so ist sie für den daraus entstehenden Schaden dem Empfänger, dem der Absender die Urkunde übergeben hat, haftbar. Ist ein Frachtbriefduplikat oder ein Aufnahmeschein nicht ausgestellt, so kann die Eisenbahn verlangen, daß sich der Absender entsprechend ausweist.

(6) Verweigert der Empfänger die Annahme des Gutes, so steht dem Absender das volle Verfügungsrecht auch dann zu, wenn er das Frachtbriefduplikat oder den Aufnahmeschein nicht vorweisen kann.

(7) Verfügt der Absender, daß die Sendung unterwegs angehalten oder auf der Bestimmungsstation zurückgehalten wird, so ist die Eisenbahn berechtigt, für jede Verzögerung über 6 Stunden das tarifmäßige Stand- oder Lagergeld zu erheben. Beträgt die Verzögerung mehr als 24 Stunden, so kann die Eisenbahn das Gut auf Gefahr und Kosten des Absenders ausladen und auf Lager nehmen oder einem Spediteur oder öffentlichen Lagerhaus übergeben.

(8) Die Eisenbahn kann, wenn die nachträgliche

Verfügung nicht durch ihr Verschulden veranlaßt ist, für deren Ausführung neben Erstattung der erwachsenden Frachtkosten, Nebengebühren und Auslagen eine im Tarife festzusetzende Gebühr verlangen. Bei leicht verderblichen Gütern sowie bei Sendungen, deren Wert die entstehenden Frachtkosten, Nebengebühren und Auslagen nicht deckt, kann Vorausbezahlung verlangt werden.

(9) Das Verfügungsrecht des Absenders erlischt, wenn nach der Ankunft des Gutes am Orte der Ablieferung der Frachtbrief dem Empfänger übergeben oder wenn von dem Empfänger gemäß § 76 Abs. (2) Klage gegen die Eisenbahn erhoben wird. Die Eisenbahn hat dann nur die Anweisungen des Empfängers zu beachten; verletzt sie diese Verpflichtung, so ist sie dem Empfänger für das Gut verhaftet.

[1] HGB. §§ 433, 455 (2), JÜ. Art. 15, AusfBest. § 7.

§ 74. Beförderungshindernisse.[1]

(1) Wird die Beförderung eines aufgelieferten Gutes auf dem vom Absender in zulässiger Weise vorgeschriebenen oder auf dem von der Eisenbahn bestimmten Wege verhindert, so hat die Eisenbahn das Gut ohne Erhebung von Mehrfracht auf einem Hilfswege der Bestimmungsstation zuzuführen. Den Bahnen bleibt überlassen, gegeneinander Rückgriff zu nehmen.

(2) Ist kein Hilfsweg vorhanden, so hat die Eisenbahn den Absender um Verfügung zu ersuchen. Der Absender kann in diesem Falle auch vom Vertrage zurücktreten, muß dann aber der Eisenbahn, wenn sie kein Verschulden trifft, außer der Fracht für die etwa

zurückgelegte Eisenbahnstrecke die tarifmäßigen Gebühren für die Vorbereitung der Beförderung und für das Wiederausladen entrichten.

(3) Verfügt der Absender auf die Aufforderung der Eisenbahn über das Gut, legt aber das etwa ausgestellte Frachtbriefduplikat oder den Aufnahmeschein nicht vor, so darf er weder die Person des Empfängers noch den Bestimmungsort ändern.

(4) Verfügt der Absender der Aufforderung ungeachtet nicht über das Gut, so ist damit nach den Vorschriften im § 81 zu verfahren.

[1] HGB. § 428 (2), JÜ. Art. 18.

§ 75. Lieferfrist.[1]

(1) Die Lieferfristen dürfen die nachstehenden Höchstfristen nicht überschreiten:

a) für Eilgut:

1. Abfertigungsfrist . . . . 1 Tag,
2. Beförderungsfrist für angefangene je 300 Tarifkilometer . . . . 1 Tag;

b) für Frachtgut:

1. Abfertigungsfrist . . . . 2 Tage,
2. Beförderungsfrist bei einer Entfernung bis zu 100 Tarifkilometer . . . . . 1 Tag,
   bei größeren Entfernungen für weitere angefangene je 200 Tarifkilometer 1 Tag.

(2) Die Abfertigungsfrist wird ohne Rücksicht auf die Zahl der beteiligten Eisenbahnverwaltungen nur einmal berechnet. Die Beförderungsfrist wird nach der Gesamtentfernung zwischen der Versand- und der Bestimmungsstation berechnet.

(3) Die Eisenbahn kann mit Genehmigung der Landesaufsichtsbehörde Zuschlagsfristen festsetzen:

1. für die Beförderung von und nach Güternebenstellen,
2. für den Übergang auf Bahnen mit anderer Spurweite,
3. für außergewöhnliche Verkehrsverhältnisse, wobei die Zuschlagsfristen ausnahmsweise vorbehaltlich der Genehmigung der Landesaufsichtsbehörde festgesetzt werden dürfen.

(4) Die Abfertigungs- und Beförderungsfristen (Abs. (1)) sowie die Zuschlagsfristen im Abs. (3) Ziffer 1 und 2 sind durch den Tarif festzusetzen. Die Zuschlagsfristen im Abs. (3) Ziffer 3 sind besonders zu veröffentlichen und treten nicht vor der Veröffentlichung in Kraft. Aus der Veröffentlichung muß zu ersehen sein, ob die Genehmigung erteilt oder vorbehalten ist; wird die nachträgliche Genehmigung von der Landesaufsichtsbehörde versagt oder die Genehmigung nicht innerhalb 8 Tagen nach Veröffentlichung der Zuschlagsfristen bekannt gemacht, so ist die Festsetzung wirkungslos.

(5) Die Lieferfrist beginnt für die im Laufe des Vormittags aufgelieferten Güter um 12 Uhr Mittags, für die Nachmittags aufgelieferten Güter um Mitternacht. Sie ist gewahrt, wenn vor ihrem Ablaufe das Gut dem Empfänger zugeführt ist. Für Güter, die nach den Bestimmungen der Empfangsbahn oder nach einer Verfügung des Empfängers nicht zugeführt werden, ist die Lieferfrist gewahrt, wenn vor ihrem Ablaufe der Empfänger von der Ankunft benachrichtigt (§ 79 (3)) und das Gut zur Auslieferung bereit gestellt ist.

(6) Für bahnlagernd gestellte Güter, für die der Absender die Benachrichtigung des Empfängers nicht im Frachtbriefe vorgeschrieben hat, und für Güter, deren Empfänger auf die Benachrichtigung schriftlich verzichtet hat, ist die Lieferfrist gewahrt, wenn vor ihrem Ablaufe die Güter auf der Bestimmungsstation zur Auslieferung bereit gestellt sind.

(7) Der Lauf der Lieferfristen ruht für die Dauer der zoll- oder steueramtlichen oder polizeilichen Abfertigung, für die Dauer einer durch nachträgliche Verfügung des Absenders verursachten Verzögerung und für die Dauer einer ohne Verschulden der Eisenbahn eingetretenen Betriebsstörung, durch die der Beginn oder die Fortsetzung der Beförderung zeitweilig verhindert wird.

(8) Ist der auf die Auflieferung des Gutes folgende Tag ein Sonntag oder Festtag, so beginnt bei Nachmittags aufgeliefertem Frachtgute die Lieferfrist einen Tag später.

(9) Ist der letzte Tag der Lieferfrist ein Sonntag oder Festtag, so läuft bei Frachtgut die Lieferfrist erst mit der entsprechenden Stunde des nächsten Werktags ab.

[1] HGB. § 428 (1), JÜ. Art. 14, AusfBest. § 6.

§ 76. Ablieferung.[1]

(1) Die Eisenbahn ist verpflichtet, am Orte der Ablieferung dem Empfänger gegen Zahlung der durch den Frachtvertrag begründeten Forderungen und gegen Empfangsbescheinigung den Frachtbrief und das Gut zu übergeben. Der Übergabe des Gutes an den Empfänger steht gleich die Übergabe an die Zoll-

oder Steuerverwaltung in deren Abfertigungsräumen oder Niederlagen, wenn diese nicht unter Verschluß der Eisenbahn stehen,[2] sowie die nach dieser Ordnung zulässige Hinterlegung bei einem Spediteur oder in einem öffentlichen Lagerhause.

(2) Der Empfänger ist nach Ankunft des Gutes am Orte der Ablieferung berechtigt, die durch den Frachtvertrag begründeten Rechte gegen Erfüllung der sich daraus ergebenden Verpflichtungen im eigenen Namen gegen die Eisenbahn geltend zu machen, ohne Unterschied, ob er hierbei in eigenem oder in fremdem Interesse handelt. Er ist insbesondere berechtigt, von der Eisenbahn die Übergabe des Frachtbriefs und die Auslieferung des Gutes zu verlangen, wenn nicht der Absender der Eisenbahn eine nach § 73 noch zulässige entgegenstehende Verfügung erteilt hat.

(3) Als Ort der Ablieferung im Sinne der Abs. (1) und (2) gilt, vorbehaltlich der Festsetzungen im § 78 Abs. (1), die vom Absender bezeichnete Bestimmungsstation oder Güternebenstelle auch dann, wenn im Frachtbrief ein anderer Bestimmungsort angegeben ist.

(4) Durch Annahme des Frachtbriefs und des Gutes wird der Empfänger verpflichtet, der Eisenbahn nach Maßgabe des Frachtbriefs Zahlung zu leisten (vgl. jedoch § 70 Abs. (2)).

(5) Die Empfangsbahn hat bei der Ablieferung alle durch den Frachtvertrag begründeten Forderungen, wie Fracht, Nebengebühren, Nachnahmen, Zollgelder und andere Auslagen einzuziehen. Auch hat sie erforderlichen Falles das Pfandrecht an dem Gute geltend zu machen.

(6) Ob die Güter durch die Eisenbahn oder durch

den Empfänger auszuladen sind, hat der Tarif zu bestimmen, soweit nicht diese Ordnung Vorschriften darüber enthält.

(7) Der Eisenbahn steht frei, Stückgüter, die von ihr auszuladen sind, dem Empfänger auf seine Kosten zuzuführen (§ 78) oder ihn von der Ankunft zu benachrichtigen. Auf den Stationen, wo Stückgüter dem Empfänger zugeführt werden, ist dies durch Aushang an den Abfertigungsstellen bekannt zu machen. Von der Ankunft anderer Güter ist der Empfänger zu benachrichtigen (vgl. jedoch § 79 Abs. (5)).

(8) Die Eisenbahn kann im Tarife vorschreiben, daß das Überladen von Gütern, die auf der Bestimmungsstation vom Eisenbahnwagen unmittelbar in Schiffe übergehen sollen, gegen Zahlung der im Tarif oder durch Aushang bekannt zu machenden Gebühren von ihr selbst oder durch besondere Unternehmer ausgeführt wird. Die hierbei verwendeten Personen gelten als Leute der Eisenbahn im Sinne des § 5.

(9) Ist am Bestimmungsorte keine Güterabfertigungs- oder Güternebenstelle vorhanden, hat die Eisenbahn auch keine allgemeinen Einrichtungen für die Weiterbeförderung der Güter dorthin getroffen (§ 78 Abs. (1)) und hat weder der Absender noch der Empfänger für die unmittelbare Weiterbeförderung gesorgt, so hat die Eisenbahn wegen der Weiterbeförderung die Pflichten des Spediteurs (§ 85 Abs. (1)).

(10) Bei der Ablieferung dürfen außer der Empfangsbescheinigung weitere Erklärungen, namentlich über tadellose oder rechtzeitige Ablieferung, nicht verlangt werden. Vom Empfänger abzuholende Güter sind ihm, wenn die Eisenbahn sie auszuladen hat, auf den

Güterböden, sonst auf den Entladeplätzen zur Verfügung zu stellen. Der Empfänger hat den eingelösten Frachtbrief vorzuzeigen.

[1] HGB. §§ 435, 436, 440, 441, JÜ. Art. 16, 17, 20, 21. — [2] Die sogenannten EZollschuppen sind also hiermit nicht gemeint (Begr.).

§ 77. Nachzählung und Nachwägung auf der Bestimmungsstation.

(1) Der Empfänger kann bei der Ablieferung verlangen, daß die Güter in seiner Gegenwart auf dem Bahnhofe nachgezählt und nachgewogen werden; er hat hierfür die tarifmäßige Gebühr zu zahlen (vgl. auch § 56 Abs. (6)).

(2) Die Eisenbahn ist verpflichtet, bei Wagenladungen die beantragte Nachwägung und Nachzählung vorzunehmen, es sei denn, daß die vorhandenen Wägevorrichtungen nicht ausreichen oder die Beschaffenheit des Gutes oder die Betriebsverhältnisse die Feststellung der Stückzahl nicht gestatten. Wird die Nachwägung abgelehnt, so kann der Empfänger das Gut auf der nächsten geeigneten Wage in Gegenwart eines Bevollmächtigten der Eisenbahn nachwägen. Er hat die hierdurch entstehenden Kosten einschließlich der Entschädigung für den Bevollmächtigten zu zahlen.

(3) Für die Verwägung von Wagenladungsgütern gelten die Vorschriften des § 58 Abs. (5).

(4) Wird bei der Nachzählung oder Nachwägung eine Minderzahl oder ein Mindergewicht festgestellt, die von der Eisenbahn zu vertreten, aber noch nicht anerkannt sind, so darf die Eisenbahn für die Feststellung keine Gebühren erheben und hat dem Empfänger die ihm verursachten Kosten zu ersetzen.

§ 78. Zuführung.[1]

(1) Die Eisenbahn kann die Stückgüter innerhalb des Stationsorts oder nach benachbarten Orten gegen eine durch Aushang bekannt zu machende Gebühr selbst zuführen oder Rollfuhrunternehmer dafür bestellen (§ 76 Abs. (7) und (9)). Die hierbei verwendeten Personen gelten als Leute der Eisenbahn im Sinne des § 5. Die Rollfuhrleute haben ihren Gebührentarif bei sich zu tragen und auf Verlangen vorzuzeigen.

(2) Auch auf den Stationen, wo die Eisenbahn für die Zuführung sorgt, sind die Empfänger berechtigt, ihre Güter selbst abzuholen oder sie durch andere als die von der Eisenbahn bestellten Fuhrunternehmer abholen zu lassen. Wollen sie von diesem Rechte Gebrauch machen, so haben sie es der Abfertigungsstelle vor der Ankunft des Gutes schriftlich anzuzeigen. Die Eisenbahn kann jedoch im allgemeinen Verkehrsinteresse mit Genehmigung der Landesaufsichtsbehörde dieses Recht vorübergehend oder, wenn besondere Verhältnisse es erfordern, auch dauernd beschränken oder aufheben.

(3) Müssen Güter nach Räumen der Zoll- oder Steuerverwaltung gebracht werden, die außerhalb der Bahnhöfe liegen, so kann dies die Eisenbahn gegen Erstattung der Kosten selbst besorgen oder unter ihrer Verantwortung auf Kosten des Verfügungsberechtigten durch einen Spediteur besorgen lassen, auch wenn der Empfänger sich die Selbstabholung vorbehalten hat.

(4) Die Fristen, innerhalb deren die Güter dem Empfänger von der Eisenbahn zugeführt werden,

sind durch Aushang an den Abfertigungsstellen bekannt zu machen.

[1] JÜ. Art. 19.

§ 79. Benachrichtigung des Empfängers von der Ankunft.

(1) Die Benachrichtigung über die Ankunft des des Gutes (§ 76 Abs. (7)) geschieht nach Wahl der Eisenbahn durch die Post, durch Fernsprecher oder schriftlich durch besonderen Boten unter Angabe der Frist, innerhalb deren das Gut abzunehmen ist. Auf schriftlichen Antrag des Empfängers kann die Abfertigungsstelle eine besondere Art der Benachrichtigung mit ihm vereinbaren.

(2) Die Benachrichtigung hat bei Frachtgut nach der Ankunft, spätestens aber sofort nach der Bereitstellung, bei Eilgut binnen 2 Stunden nach der Ankunft zu erfolgen. Bei Eilgut, das an Werktagen nach 6 Uhr Abends, an Sonn- und Festtagen nach 12 Uhr Mittags ankommt, kann die Benachrichtigung erst am folgenden Morgen verlangt werden.

(3) Die Benachrichtigung gilt als bewirkt:

a) bei Zustellung durch die Post 4 Stunden, durch Telegramm 1 Stunde nach der Aufgabe,

b) bei Zustellung durch Fernsprecher mit der Aufgabe,

c) bei anderer Zustellung mit der Aushändigung.

(4) Ausgefertigt wird die Benachrichtigung unentgeltlich, für die Zustellung kann die Eisenbahn den Ersatz ihrer Auslagen verlangen.

(5) Die Benachrichtigung unterbleibt, wenn der Empfänger schriftlich darauf verzichtet und bei bahn-

lagernd gestellten Gütern, wenn der Absender sie im Frachtbriefe nicht ausdrücklich vorgeschrieben hat.

(6) Ist eine Wagenladung wegen Laufunfähigkeit des Wagens unterwegs umgeladen worden, so muß das dem Empfänger bei der Benachrichtigung mitgeteilt werden.

§ 80. Fristen für die Abnahme der nicht zugerollten Güter.

(1) Die von der Eisenbahn auszuladenden Güter sind innerhalb der im Tarife festzusetzenden Frist während der Dienststunden (§ 63 Abs. (2)) abzunehmen. Die Frist beginnt mit der Benachrichtigung von der Ankunft des Gutes und muß mindestens 24 Stunden betragen.

(2) Die Frist, innerhalb deren die vom Empfänger auszuladenden Güter abzunehmen sind, ist durch Aushang an der Abfertigungsstelle oder durch den Tarif bekannt zu machen. Die Frist beginnt mit der Benachrichtigung über die Ankunft des Gutes. Sind die zu entladenden Wagen nicht rechtzeitig bereit gestellt, so beginnt die Entladefrist erst mit dem Zeitpunkte der Bereitstellung. Die Eisenbahn kann verlangen, daß die Güter während der Dienststunden ausgeladen und abgefahren werden.

(3) Sind die Güter bahnlagernd gestellt, und hat der Absender im Frachtbriefe die Benachrichtigung des Empfängers nicht ausdrücklich vorgeschrieben oder hat der Empfänger auf die Benachrichtigung schriftlich verzichtet oder ist die Benachrichtigung nicht möglich, so beginnt die Abnahmefrist mit der Bereitstellung des Gutes.

(4) An Sonn- und Festtagen ist nur Eilgut auszuliefern, vorausgesetzt, daß seiner zoll- oder steueramtlichen Behandlung kein Hindernis entgegensteht.

(5) Der Lauf der Abnahmefristen ruht während der Sonn- und Festtage, ferner während einer zoll- oder steueramtlichen oder polizeilichen Abfertigung, soweit sie nicht durch den Absender oder den Empfänger verzögert wird.

(6) Wird das Gut nicht innerhalb der festgesetzten Fristen abgenommen, so ist das tarifmäßige Lager- oder Wagenstandgeld verwirkt. Auch kann die Eisenbahn die vom Empfänger nicht rechtzeitig ausgeladenen Güter auf seine Gefahr und Kosten ausladen (vgl. auch § 81 Abs. (6)). Für Sonn- und Festtage ist Wagenstandgeld nur dann zu erheben, wenn die Entladefrist schon am Tage vorher, nachmittags 2 Uhr, abgelaufen ist. Folgen mehrere Sonn- und Festtage aufeinander, so ist nur für einen Tag Wagenstandgeld zu erheben.

(7) Meldet sich der benachrichtigte Empfänger zur Abnahme des Gutes und kann es ihm nicht innerhalb 1 Stunde nach seinem Eintreffen bereit gestellt werden, so hat die Eisenbahn ihm die Kosten der vergeblich versuchten Abholung zu ersetzen. Auf Verlangen des Empfängers hat die Eisenbahn die vergeblich versuchte Abholung auf dem Frachtbriefe zu bescheinigen.

(8) Wenn die ordnungsmäßige Abwickelung des Verkehrs durch Güteranhäufungen gefährdet wird, so ist die Eisenbahn berechtigt, nach Maßgabe des Bedarfs die Entladefristen und die lagerzinsfreie Zeit abzukürzen sowie das Wagenstandgeld und das Lagergeld zu erhöhen. Hierfür gelten sinngemäß die Vorschriften im § 75 Abs. (4) über Festsetzung, Ge-

nehmigung und Veröffentlichung von Zuschlagsfristen für außergewöhnliche Verkehrsverhältnisse.

§ 81. Ablieferungshindernisse. Verzögerung der Abnahme.[1]

(1) Ist der Empfänger des Gutes nicht zu ermitteln, verweigert er die Annahme oder löst er den Frachtbrief nicht innerhalb der von der Eisenbahn im Tarife festzusetzenden Frist ein, oder ergibt sich ein sonstiges Ablieferungshindernis, so hat die Bestimmungsstation unverzüglich den Absender durch die Versandstation von der Ursache des Hindernisses zu benachrichtigen und seine Anweisung einzuholen (vgl. auch § 73 Abs. (6)). Der Absender kann im Frachtbriefe vorschreiben, daß er auf seine Kosten unmittelbar telegraphisch oder durch die Post benachrichtigt werde; er ist in diesem Falle unter den im Tarife festzusetzenden Bedingungen berechtigt, seine Anweisung gleichfalls unmittelbar an die Bestimmungsstation zu richten. Der Absender kann unter den im Tarife festzusetzenden Bedingungen im Frachtbrief auch vorschreiben, daß ihm das Gut bei Eintritt eines Ablieferungshindernisses ohne vorherige Benachrichtigung zurückgeschickt werde. Sonst darf das Gut nur zurückgeschickt werden, wenn es der Absender infolge der Benachrichtigung verlangt.

(2) Hat der Empfänger die Annahme des Gutes verweigert und ist der Absender von dem Hindernisse benachrichtigt, so darf das Gut nur mit seiner Zustimmung nachträglich abgeliefert werden. In allen übrigen Fällen wird das Gut dem nachträglich zur Annahme bereiten Empfänger abgeliefert, wenn nicht inzwischen eine andere Verfügung des Absenders auf der Bestimmungsstation eingetroffen ist.

(3) Ist die Benachrichtigung des Absenders nicht tunlich oder ist der Absender mit der Erteilung der Anweisung säumig oder ist die Anweisung nicht ausführbar, so hat die Eisenbahn das Gut auf Gefahr und Kosten des Absenders auf Lager zu nehmen[*]; sie hat in diesem Falle für die Sorgfalt eines ordentlichen Kaufmanns einzustehen. Die Eisenbahn ist jedoch auch berechtigt, unanbringliche Güter unter Nachnahme der darauf lastenden Kosten und Auslagen bei einem Spediteur oder in einem öffentlichen Lagerhause für Rechnung und Gefahr des Verfügungsberechtigten zu hinterlegen.

(4) Die Eisenbahn ist ferner berechtigt:

a) Güter, die nicht abgeliefert werden können, wenn sie schnellem Verderben unterliegen oder nach den örtlichen Verhältnissen weder einem Spediteur übergeben noch eingelagert werden können, sofort,

b) Güter, die nicht abgeliefert werden können und die vom Absender nicht zurückgenommen werden, 4 Wochen nach Ablauf der lagerzinsfreien Zeit, wenn aber ihr Wert durch längeres Lagern unverhältnismäßig vermindert würde oder wenn die Lagerkosten in keinem Verhältnisse zum Werte des Gutes stehen würden, schon früher

ohne Förmlichkeit bestmöglich zu verkaufen. Von dem bevorstehenden Verkaufe sind der Absender und der Empfänger zu benachrichtigen, es sei denn, daß dies untunlich ist. Die Eisenbahn kann, wenn sie den Verkauf selbst vornimmt, außer den baren Auslagen eine im Tarife festzusetzende Gebühr erheben.

(5) Von der Hinterlegung und vom erfolgten Verkaufe des Gutes hat die Eisenbahn den Absender und den Empfänger unverzüglich zu benachrichtigen, es sei denn, daß dies untunlich ist; unterläßt sie es, so ist sie zum Schadensersatze verpflichtet. Dem Absender ist der Verkaufserlös nach Abzug der Auslagen und Gebühren zur Verfügung zu stellen.

(6) Wird der Frachtbrief vom Empfänger eingelöst, das Gut aber nicht innerhalb der für die Abnahme festgesetzten Frist abgenommen, so ist der Empfänger nochmals zur Abnahme aufzufordern und zu benachrichtigen, daß das Gut auf seine Gefahr und Kosten lagere. Für die Lagerung solcher Güter, für ihre Überweisung an einen Spediteur oder an ein öffentliches Lagerhaus sowie für ihren Verkauf gelten sinngemäß die Vorschriften der Abs. (3) bis (5). Im Falle des Verkaufs ist der Erlös nach Abzug der Kosten dem Empfänger zur Verfügung zu stellen.

[1] HGB. § 437, JÜ. Art. 24. — § 81 unterscheidet streng zwischen der Annahme u. der Abnahme des Gutes; Abs. (1) bis (5) betreffen die verweigerte „Annahme", Abs. (6) bezieht sich auf die „Abnahme"-Verzögerungen. (Begr.)

[2] Haftung: BGB. § 688.

§ 82. Feststellung von Minderung, Beschädigung oder Verlust des Gutes durch die Eisenbahn.[1]

(1) Wird eine Minderung oder Beschädigung des Gutes von der Eisenbahn entdeckt oder vermutet oder vom Verfügungsberechtigten behauptet, so hat die Eisenbahn den Zustand des Gutes, den Betrag des Schadens und, soweit dies möglich, die Ursache und den

Zeitpunkt der Minderung oder Beschädigung ohne Verzug schriftlich festzustellen. Eine Feststellung hat auch bei Verlust des Gutes stattzufinden.

(2) Das Ergebnis ist den sich ausweisenden am Frachtvertrage Beteiligten auf Verlangen bekannt zu geben.

(3) Zur Feststellung in Minderungs- oder Beschädigungsfällen sind unbeteiligte Zeugen oder Sachverständige und, wenn möglich, auch der Verfügungsberechtigte zuzuziehen.

(4) Ergibt die auf Veranlassen des Verfügungsberechtigten vorgenommene Untersuchung keine oder nur eine von der Eisenbahn schon anerkannte Minderung oder Beschädigung, so hat er die entstandenen Kosten zu tragen.

[1] HGB. §§ 464, 438, 471, JÜ. Art. 25.

§ 83. Feststellung von Mängeln des Gutes durch Sachverständige oder durch das Gericht.[1]

Unbeschadet des im § 82 vorgesehenen Verfahrens kann jeder Beteiligte die Beschädigung oder Minderung des Gutes durch amtlich ernannte Sachverständige[2] feststellen lassen. Zu dieser Feststellung ist die Eisenbahn einzuladen. Die Vorschriften der Zivilprozeßordnung über die Sicherung des Beweises bleiben unberührt.

[1] HGB. §§ 438, 464, 471, JÜ. Art. 25, ZPO. § 485, FGG. § 164. — [2] Hiernach können mit der Besichtigung u. Untersuchung des Gutes nicht nur Sachverständige, die in einem gerichtlichen Verfahren zur Sicherung des Beweises besonders ernannt sind, betraut werden, sondern auch solche, die von der zuständigen Behörde oder von einem dazu ermächtigten Organe des Handelsstandes ein für allemal bestellt sind (Denkschr. z. HGB.).

§ 84. Haftung der Eisenbahn für Verlust, Minderung oder Beschädigung des Gutes im allgemeinen.[1]

Die Eisenbahn haftet für den Schaden, der durch Verlust, Minderung oder Beschädigung des Gutes in der Zeit von der Annahme zur Beförderung bis zur Ablieferung entsteht, es sei denn, daß der Schaden durch ein Verschulden oder eine nicht von der Eisenbahn verschuldete Anweisung des Verfügungsberechtigten, durch höhere Gewalt, durch äußerlich nicht erkennbare Mängel der Verpackung oder durch die natürliche Beschaffenheit des Gutes, namentlich durch inneren Verderb, Schwinden, gewöhnliche Leckage verursacht ist.

[1] HGB. §§ 456 (1), 471, JÜ. Art. 30 (1).

§ 85. Beschränkung der Haftung hinsichtlich des Bestimmungsorts.[1]

(1) Ist auf dem Frachtbrief ein Bestimmungsort angegeben, wo sich keine für die Abfertigung des Gutes eingerichtete Güterabfertigungs- oder Nebenstelle befindet, so haftet die Eisenbahn als Frachtführer nur bis zur letzten dafür eingerichteten Eisenbahnstation oder Güternebenstelle. Wegen der Weiterbeförderung hat sie die Pflichten des Spediteurs.

(2) Hat die Eisenbahn Einrichtungen zur Weiterbeförderung des Gutes nach solchen Orten getroffen (§ 78 Abs. (1)), so haftet sie bis zum Bestimmungsort als Frachtführer.

[1] HGB. §§ 468, 471, JÜ. Art. 30 (2).

§ 86. Beschränkung der Haftung bei besonderen Gefahren.[1]

(1) Die Eisenbahn haftet nicht:

1. bei Gütern, die nach den Vorschriften dieser Ordnung oder des Tarifs oder nach einer in den Frachtbrief aufgenommenen Vereinbarung mit dem Absender in offenen Wagen befördert werden,
   für den Schaden, der aus der mit dieser Beförderungsart verbundenen Gefahr entsteht; hierunter ist auffallender Gewichtsabgang oder der Verlust ganzer Stücke nicht zu verstehen;
2. bei Gütern, die, obgleich ihre Natur eine Verpackung zum Schutze gegen Verlust, Minderung oder Beschädigung während der Beförderung erfordert, nach Erklärung des Absenders im Frachtbrief unverpackt oder mit mangelhafter Verpackung zur Beförderung aufgegeben sind,
   für den Schaden, der aus der mit dem Mangel oder mit der mangelhaften Beschaffenheit der Verpackung verbundenen Gefahr entsteht;
3. bei Gütern, deren Auf- und Abladen nach der Vorschrift dieser Ordnung oder des Tarifs oder nach einer in den Frachtbrief aufgenommenen Vereinbarung mit dem Absender von diesem oder von dem Empfänger besorgt wird,
   für den Schaden, der aus der mit dem Auf- und Abladen oder mit einer mangelhaften Verladung verbundenen Gefahr entsteht;

4. bei Gütern, die vermöge ihrer eigentümlichen natürlichen Beschaffenheit der besonderen Gefahr ausgesetzt sind, Verlust, Minderung oder Beschädigung, namentlich Bruch, Rost, inneren Verderb, außergewöhnliche Leckage, Austrocknung und Verstreuung zu erleiden,
   für den Schaden, der aus dieser Gefahr entsteht;
5. bei lebenden Tieren
   für den Schaden, der aus der für sie mit der Beförderung verbundenen besonderen Gefahr entsteht;
6. bei Gütern, einschließlich der Tiere, denen nach dieser Ordnung, nach dem Tarif oder nach einer in den Frachtbrief aufgenommenen Vereinbarung mit dem Absender ein Begleiter beizugeben ist,
   für den Schaden, der aus der Gefahr entsteht, deren Abwendung durch die Begleitung bezweckt wird.

(2) Konnte ein Schaden den Umständen nach aus einer der im Abs. (1) bezeichneten Gefahren entstehen, so wird vermutet, daß er aus dieser Gefahr entstanden sei.

(3) Eine Befreiung von der Haftung kann auf Grund dieser Vorschriften nicht geltend gemacht werden, wenn der Schaden durch Verschulden der Eisenbahn entstanden ist.

[1] HGB. §§ 459, 471, JÜ. Art. 31. Die Vorschriften des § 86 betreffen die besonderen Fälle, in denen mit Rücksicht auf die Beschaffenheit der beförderten Güter oder auf die Art des Transports oder der Verpackung die Vorschriften über die Haftung der E. eine Abschwächung erfahren (Denkschr. z. HGB.).

§ 87. Beschränkung der Haftung bei Gewichtsverlusten.[1]

(1) Bei Gütern, die nach ihrer natürlichen Beschaffenheit bei der Beförderung regelmäßig einen Gewichtsverlust erleiden, ist die Haftung der Eisenbahn für Gewichtsverluste bis zu nachstehenden Normalsätzen ausgeschlossen:

Bis 2 Prozent bei flüssigen, bei feuchten und bei folgenden trockenen Gütern:

geraspelten und gemahlenen Farbhölzern, Rinden, Wurzeln, Süßholz, geschnittenem Tabak, Fettwaren, Seifen und erhärteten Ölen, frischen Früchten, frischen Tabakblättern, Schafwolle, Häuten, Fellen, Leder, getrocknetem und gebackenem Obste, Tierflechsen, Hörnern und Klauen, Knochen (ganz und gemahlen), getrockneten Fischen, Hopfen, frischen Kitten;

bis 1 Prozent bei allen übrigen trockenen Gütern der eingangs bezeichneten Art.

(2) Der Normalsatz wird, falls mehrere Stücke auf denselben Frachtbrief befördert werden, für jedes Stück besonders berechnet, wenn das Gewicht der einzelnen Stücke im Frachtbriefe verzeichnet ist oder sonst festgestellt werden kann.

(3) Die Beschränkung der Haftung tritt nicht ein, soweit der Verlust den Umständen nach nicht infolge der natürlichen Beschaffenheit des Gutes entstanden ist oder soweit der angenommene Satz dieser Beschaffenheit oder den sonstigen Umständen des Falles nicht entspricht.

(4) Ist das Gut verloren gegangen, so wird für Gewichtsverlust nichts abgezogen.

(5) Die weitergehende Haftbefreiung der Eisenbahn gemäß § 86 Abs. (1) Ziffer 4 wird hierdurch nicht berührt.[2]

[1] HGB. §§ 460, 471, JÜ. Art. 32 AusfBest. § 8. — [2] Hierdurch soll der irrigen Auffassung begegnet werden, daß höchstens 2 % Kalo abgezogen werden dürfen, auch bei solchen Gütern, die erfahrungsgemäß einen größeren Gewichtsverlust erleiden können (z. B. Eis u. dgl.). (Begr.)

§ 88. Höhe des Schadensersatzes bei Verlust, Minderung oder Beschädigung des Gutes.[1]

(1) Muß auf Grund des Frachtvertrags von der Eisenbahn für Verlust oder Minderung des Gutes Ersatz geleistet werden, so ist der gemeine Handelswert und in dessen Ermangelung der gemeine Wert zu ersetzen, den Gut derselben Art und Beschaffenheit am Orte der Absendung in dem Zeitpunkte der Annahme zur Beförderung hatte; ferner ist zu ersetzen, was an Zöllen und sonstigen Kosten sowie an Fracht schon bezahlt oder noch zu bezahlen ist.

(2) Bei Beschädigung des Gutes ist für die Verminderung des im Abs. (1) bezeichneten Wertes Ersatz zu leisten.

(3) Wegen der Fälle, in denen voller Ersatz zu leisten ist, vgl. § 95.

[1] HGB. §§ 457, 471, JÜ. Art. 34, 37.

§ 89. Beschränkung der Höhe des Schadensersatzes durch den Tarif.[1]

(1) Die Eisenbahn kann in besonderen Bedingungen (Ausnahmetarifen) einen im Falle des Verlustes, der Minderung oder der Beschädigung zu erstattenden

Höchstbetrag festsetzen, wenn diese Ausnahmetarife eine Preisermäßigung für die ganze Beförderungsstrecke gegenüber den gewöhnlichen Tarifen enthalten und wenn der gleiche Höchstbetrag auf die ganze Beförderungsstrecke Anwendung findet. Verlangt der Absender die Anwendung eines solchen Ausnahmetarifs, so hat er dies im Frachtbrief unter Bezeichnung des Tarifs zu vermerken.

(2) Die Eisenbahn kann ferner die bei Verlust, Minderung oder Beschädigung von Gegenständen des § 54 Abs. (2) B Ziffer 1 zu leistende Entschädigung im Tarif auf einen Höchstbetrag beschränken.

(3) Wegen der Fälle, in denen voller Ersatz zu leisten ist, vgl. § 95.

[1] HGB. §§ 461, 462, 471, JÜ. Art. 35, 37.

§ 90. Vermutung für den Verlust des Gutes.[1]

Der zum Empfange Berechtigte kann das Gut ohne weiteren Nachweis als verloren betrachten, wenn es nicht spätestens am dreißigsten Tage nach Ablauf der Lieferfrist abgeliefert werden kann.

[1] JÜ. Art. 33.

§ 91. Wiederauffinden des Gutes.[1]

(1) Der Entschädigungsberechtigte kann bei Empfang der Entschädigung für das verlorene Gut in der Quittung verlangen, daß er sofort benachrichtigt werde, wenn das Gut wiedergefunden wird. Hierüber ist ihm eine Bescheinigung zu erteilen.

(2) Innerhalb 30 Tagen nach erhaltener Nachricht kann der Entschädigungsberechtigte beanspruchen, daß ihm das Gut nach seiner Wahl auf der im Frachtbrief

angegebenen Versand- oder Bestimmungsstation kostenfrei ausgeliefert werde. Die erhaltene Entschädigung hat er nach Abzug des gemäß § 94 für die Überschreitung der Lieferfrist zu gewährenden Schadensersatzes zurückzuzahlen.

(3) In allen anderen Fällen kann die Eisenbahn über das wiederaufgefundene Gut frei verfügen.

[1] JÜ. Art. 36.

§ 92. Angabe des Interesses an der Lieferung.[1]

(1) Der Absender kann das Interesse an der Lieferung im Frachtbrief angeben. Hierfür ist eine im Tarife festzusetzende Gebühr zu zahlen.

(2) Der Betrag, der das Interesse an der Lieferung darstellt, ist in den Frachtbrief an der dafür vorgesehenen Stelle mit Buchstaben einzutragen.

(3) Die Gebühr ist für unteilbare Einheiten von je 10 Mark und 10 Tarifkilometer zu berechnen und darf 0,2 Pfennig für die Einheit nicht übersteigen. Überschießende Beträge werden auf 10 Pfennig aufgerundet. Als Mindestbetrag für die Beförderungsstrecke von der Versand- bis zur Bestimmungsstation werden 40 Pfennig erhoben.

(4) Ist die Ersatzpflicht nach § 89 auf einen Höchstbetrag beschränkt, so ist eine Angabe des Interesses an der Lieferung über diesen Betrag hinaus unzulässig.

[1] HGB. §§ 463, 471, JÜ. Art. 36 (1).

§ 93. Höhe des Schadensersatzes für Verlust, Minderung oder Beschädigung bei Angabe des Interesses an der Lieferung.

Ist das Interesse an der Lieferung angegeben, so kann

bei Verlust, Minderung oder Beschädigung des Gutes außer der im § 88 bezeichneten Entschädigung der Ersatz des weiter entstandenen Schadens bis zu dem angegebenen Betrage beansprucht werden.

[1] HGB. § 463 (1), JÜ. Art. 38 (1).

§ 94. Haftung für Überschreitung der Lieferfrist.[1]

(1) Bei Überschreitung der Lieferfrist hat die Eisenbahn den nachgewiesenen Schaden zu ersetzen, und zwar:

a) wenn das Interesse an der Lieferung nicht angegeben ist, bis zur Höhe der Fracht,

b) wenn das Interesse an der Lieferung angegeben ist, bis zum angegebenen Betrage. Ist dieser niedriger als die unter a bestimmte Entschädigung, so kann letztere beansprucht werden.

(2) Ist ein Schaden nicht entstanden oder nicht nachgewiesen, so hat die Eisenbahn zu zahlen:

a) wenn das Interesse an der Lieferung nicht angegeben ist,

bei einer Fristüberschreitung bis einschließlich 1 Tag $^1/_{10}$ der Fracht,

bei einer Fristüberschreitung bis einschließlich 2 Tage $^2/_{10}$ der Fracht,

bei einer Fristüberschreitung bis einschließlich 3 Tage $^3/_{10}$ der Fracht,

bei einer Fristüberschreitung bis einschließlich 4 Tage $^4/_{10}$ der Fracht,

bei einer Fristüberschreitung von längerer Dauer $^5/_{10}$ der Fracht;

b) wenn das Interesse an der Lieferung angegeben ist,

bei einer Fristüberschreitung bis einschließlich 1 Tag $^2/_{10}$ der Fracht,

bei einer Fristüberschreitung bis einschließlich 2 Tage $^4/_{10}$ der Fracht,

bei einer Fristüberschreitung bis einschließlich 3 Tage $^6/_{10}$ der Fracht,

bei einer Fristüberschreitung bis einschließlich 4 Tage $^8/_{10}$ der Fracht,

bei einer Fristüberschreitung von längerer Dauer die ganze Fracht,

jedoch nicht mehr als den angegebenen Betrag. Ist dieser niedriger als die unter a bestimmte Entschädigung, so kann letztere beansprucht werden.

(3) Die aus diesen Bestimmungen sich ergebenden Ansprüche können auch neben etwaigen Ansprüchen wegen Verlustes, Minderung oder Beschädigung des Gutes geltend gemacht werden. Ist das Interesse an der Lieferung angegeben, so kann außer dem nach § 88 zu berechnenden Schadensersatz als Ersatz für den gesamten weiteren Schaden (§ 93), einschließlich des durch die Überschreitung der Lieferfrist entstandenen, höchstens der angegebene Betrag des Interesses gefordert werden. Sinngemäß gilt die Vorschrift des zweiten Satzes im Abs. (1) b.

(4) Die Haftung der Eisenbahn ist ausgeschlossen, wenn die Fristüberschreitung von einem Ereignisse herrührt, das die Eisenbahn weder herbeigeführt hat noch abzuwenden vermochte.

(5) Wegen der Fälle, in denen voller Ersatz zu leisten ist, vgl. § 95.

[1] HGB. §§ 466, 471, JÜ. Art. 39, 40.

§ 95. Schadensersatz bei Vorsatz oder grober Fahrlässigkeit der Eisenbahn.[1]

Ist der Schaden durch Vorsatz oder grobe Fahrlässigkeit der Eisenbahn herbeigeführt, so ist in allen Fällen der volle Schaden zu ersetzen.

[1] HGB. §§ 438 (5), 457 (3), 461 (2), 464 (2), 465 (2), 466 (4), 471, JÜ. Art. 41. BGB. §§ 276, 252.

§ 96. Verwirkung der Ersatzansprüche.[1]

Werden Gegenstände, deren Beförderung nach gesetzlicher Vorschrift oder aus Gründen der öffentlichen Ordnung verboten ist oder die von der Beförderung ausgeschlossen oder nur bedingungsweise zur Beförderung zugelassen sind, unter unrichtiger Bezeichnung aufgegeben oder werden die für diese Gegenstände vorgesehenen Sicherheitsmaßregeln vom Absender unterlassen, so ist die Haftung der Eisenbahn auf Grund des Frachtvertrags ausgeschlossen.

[1] HGB. §§ 467, 471, JÜ. Art. 43.

§ 97. Erlöschen der Ansprüche nach Bezahlung der Fracht und Abnahme des Gutes.[1]

(1) Ist die Fracht nebst den sonst auf dem Gute haftenden Forderungen bezahlt und das Gut abgenommen, so sind alle Ansprüche gegen die Eisenbahn aus dem Frachtvertrag erloschen.

(2) Hiervon sind ausgenommen:

1. Entschädigungsansprüche für Schäden, die durch

Vorsatz oder grobe Fahrlässigkeit der Eisenbahn herbeigeführt sind;

2. Entschädigungsansprüche wegen Überschreitung der Lieferfrist, wenn sie spätestens am vierzehnten Tage, den Tag der Abnahme nicht mitgerechnet, bei einer der nach § 100 in Anspruch zu nehmenden Eisenbahnen schriftlich angebracht werden;
3. Entschädigungsansprüche wegen solcher Mängel, die nach § 82 oder § 83 vor der Abnahme des Gutes festgestellt worden sind oder deren Feststellung entgegen der Vorschrift im § 82 durch Verschulden der Eisenbahn unterblieben ist;
4. Entschädigungsansprüche wegen solcher Mängel, die bei der Abnahme äußerlich nicht erkennbar waren, wenn der Berechtigte unverzüglich nach der Entdeckung und spätestens binnen einer Woche nach der Abnahme entweder schriftlich bei der Eisenbahn eine nach § 82 vorzunehmende Untersuchung oder bei Gericht die Besichtigung des Gutes durch Sachverständige beantragt und beweist, daß der Mangel in der Zeit zwischen der Annahme und der Ablieferung entstanden ist. Ist der Eisenbahn der Mangel unverzüglich nach der Entdeckung und binnen der bezeichneten Frist angezeigt, so genügt es, wenn die Feststellung unverzüglich nach dem Zeitpunkte beantragt wird, bis zu dem der Eingang einer Antwort der Eisenbahn unter regelmäßigen Umständen erwartet werden darf.
5. Ansprüche wegen zu Unrecht erhobener Frachtzuschläge und unrichtiger Berechnung von Fracht und Gebühren.

(3) Der Empfänger kann die Abnahme des Gutes auch nach Annahme des Frachtbriefs und Bezahlung der Fracht so lange ablehnen, bis seinem Antrag auf Feststellung der behaupteten Mängel stattgegeben ist. Vorbehalte bei der Abnahme des Gutes sind nur wirksam, wenn sie unter Zustimmung der Eisenbahn gemacht sind.

(4) Wenn von mehreren im Frachtbriefe verzeichneten Gegenständen einer Sendung bei der Ablieferung einzelne fehlen, so kann sie der Empfänger in der Empfangsbescheinigung als fehlend aufführen.

[1] HGB. §§ 438, 464, 471, JÜ. Art. 44.

§ 98. Verjährung der Ansprüche gegen die Eisenbahn wegen Verlustes, Minderung oder Beschädigung des Gutes oder wegen Überschreitung der Lieferfrist.[1]

(1) Die Ansprüche gegen die Eisenbahn wegen Verlustes, Minderung oder Beschädigung des Gutes oder wegen Überschreitung der Lieferfrist verjähren in einem Jahre.

(2) Die Verjährung beginnt bei Beschädigung oder Minderung mit dem Ablaufe des Tages, an dem abgeliefert ist, bei Verlust oder bei Überschreitung der Lieferfrist mit dem Ablaufe der Lieferfrist.

(3) Die Verjährung wird durch die schriftliche Anmeldung des Anspruchs bei der Eisenbahn gehemmt. Ergebt auf die Anmeldung ein abschlägiger Bescheid, so läuft die Verjährungfrist von dem Tage ab weiter, an dem die Eisenbahn ihre Entscheidung dem Anmeldenden schriftlich bekannt macht und ihm die der Anmeldung etwa angeschlossenen Beweisstücke zurück-

stellt. Weitere Gesuche, die an die Eisenbahn oder an die vorgesetzten Behörden gerichtet werden, hemmen die Verjährung nicht.

(4) Wegen der Unterbrechung der Verjährung bewendet es bei den allgemeinen gesetzlichen Vorschriften.

(5) Die im Abs. (1) bezeichneten Ansprüche können nach der Vollendung der Verjährung nur aufgerechnet werden, wenn vorher der Verlust, die Minderung, die Beschädigung oder die Überschreitung der Lieferfrist der Eisenbahn angezeigt oder die Anzeige an sie abgesendet worden ist. Der Anzeige an die Eisenbahn steht es gleich, wenn gerichtliche Beweisaufnahme zur Sicherung des Beweises beantragt oder wenn in einem zwischen dem Absender und dem Empfänger oder einem späteren Erwerber des Gutes wegen des Verlustes, der Minderung, der Beschädigung oder der Fristüberschreitung anhängigen Rechtsstreite der Eisenbahn der Streit verkündet wird.

(6) Die Vorschriften dieses Paragraphen finden keine Anwendung, wenn die Eisenbahn den Verlust, die Minderung, die Beschädigung oder die Fristüberschreitung vorsätzlich herbeigeführt hat. Sie finden ferner keine Anwendung auf Rückgriffsansprüche der Eisenbahnen untereinander (§ 100).

[1] HGB. §§ 439, 471, 414, JÜ. Art. 45, 46, BGB. § 181.

§ 99. Geltendmachung der Rechte aus dem Frachtvertrage.[1]

(1) Zur Geltendmachung der Rechte aus dem Frachtvertrage gegenüber der Eisenbahn ist nur der befugt,

dem das Verfügungsrecht über das Gut zusteht (vergleiche aber §§ 60 und 70).

(2) Vermag der Absender, dem an sich das Verfügungsrecht zusteht, das Frachtbriefduplikat, den Aufnahmeschein oder eine Bescheinigung der Versandstation, daß eine solche Urkunde nicht ausgestellt ist, nicht vorzuzeigen, so kann er seinen Anspruch nur mit Zustimmung des Empfängers geltend machen, es sei denn, er wiese nach, daß der Empfänger die Annahme des Gutes verweigert hat.

(3) Außergerichtliche Ansprüche sind schriftlich bei der nach § 100 zuständigen Eisenbahn geltend zu machen. War der Frachtbrief dem Empfänger übergeben, so ist er vorzulegen. Handelt es sich um eine Entschädigung wegen Verlustes, Minderung oder Beschädigung, so ist eine Bescheinigung über den Wert des Gutes beizufügen.

(4) Die Eisenbahn hat die Ansprüche mit tunlichstre Beschleunigung zu prüfen und den Antragsteller, wenn keine Verständigung erfolgt, schriftlich zu bescheiden.

[1] HGB. § 455, JÜ. Art. 26.

§ 100. Haftung mehrerer an der Beförderung beteiligter Eisenbahnen.[1]

(1) Die Versandbahn haftet für die Ausführung der Beförderung bis zur Ablieferung des Gutes an den Empfänger, ohne Rücksicht darauf, ob nur eigene oder auch fremde Strecken benutzt werden.

(2) Jede nachfolgende Bahn tritt dadurch, daß sie das Gut mit dem ursprünglichen Frachtbrief annimmt, diesem gemäß in den Frachtvertrag ein und übernimmt

die selbständige Verpflichtung, die Beförderung nach dem Inhalte des Frachtbriefs auszuführen.

(3) Die Ansprüche aus dem Frachtvertrage können jedoch — unbeschadet des Rückgriffs der Bahnen untereinander — im Wege der Klage nur gegen die Versandbahn oder gegen die Bahn, die das Gut zuletzt mit dem Frachtbrief übernommen hat, oder gegen die Bahn, auf deren Strecke sich der Schaden ereignet hat, gerichtet werden. Unter diesen Bahnen hat der Kläger die Wahl. Das Wahlrecht erlischt mit Erhebung der Klage.

(4) Durch Widerklage oder Aufrechnung können Ansprüche aus dem Frachtvertrag auch gegen eine andere Bahn geltend gemacht werden, wenn deren Klage sich auf denselben Frachtvertrag gründet.

(5) Hat auf Grund dieser Vorschriften eine der beteiligten Bahnen Schadensersatz geleistet, so steht ihr der Rückgriff gegen die Bahn zu, die den Schaden verschuldet hat. Kann diese nicht ermittelt werden, so haben die beteiligten Bahnen den Schaden nach dem Verhältnis ihrer Streckenlängen, mit denen sie an der Beförderung beteiligt sind, gemeinsam zu tragen, soweit nicht festgestellt wird, daß der Schaden nicht auf ihren Strecken entstanden ist. Die Befugnis der Eisenbahnen, über den Rückgriff im voraus oder im einzelnen Falle andere Vereinbarungen zu treffen, wird hierdurch nicht berührt.

[1] HGB. §§ 432, 469, 471, JÜ. Art. 27, 28, 47.

Anlage A.

Leichenpaß.

Die nach Vorschrift eingesargte Leiche de am ....ten ...... 19.... in ....(Ort).. .... an ......(Todesursache) verstorbenen .... (Alter) ....jährigen .... (Stand, Vor- und Zuname des Verstorbenen, bei Kindern Stand der Eltern) .... soll $\frac{\text{auf dem Seewege}}{\text{mit der Eisenbahn}}$ von .... über .... nach .... und $\frac{\text{auf dem Seewege}}{\text{mit der Eisenbahn}}$ von .... über .... nach .... zur Bestattung befördert werden. Nachdem diese Überführung der Leiche genehmigt worden ist, werden sämtliche Behörden, deren Bezirke durch den Transport berührt werden, ersucht, ihn ungehindert und ohne Aufenthalt weitergehen zu lassen.

..............., den .....ten .... 19. ...

(Siegel). (Unterschrift.)

Anlage B.

Nähere Bestimmungen über die Beförderung von lebenden Tieren.

I. Verladung.

§ 1.

(1) Soweit die Stationen nach dem Tarif unbeschränkt oder beschränkt für den Viehverkehr bestimmt sind, müssen sie mit Vorrichtungen versehen sein, die, den Abfertigungsbefugnissen entsprechend, ein zweckmäßiges Ein- und Ausladen der Tiere gestatten.

(2) Auf der Oberfläche hölzerner Verladerampen müssen in angemessenen Zwischenräumen schmale Latten mit abgerundeten Kanten angebracht sein, damit die Tiere sicher fußen können.

(3) Die Oberfläche fester Rampen darf höchstens 1:8, die der beweglichen Vorrichtungen höchstens 1:3 geneigt sein.

(4) Die Ladebrücken müssen hinreichend breit und mit mindestens 20 cm hohen Schutzleisten an beiden Seiten sowie mit Trittlatten (Abs. (2)) versehen sein. Auch müssen Vorkehrungen zum Schutze gegen seitliches Abdrängen der Tiere getroffen sein.

(5) Auf Stationen mit regelmäßigem größerem Viehversand sowie auf den Tränkstationen (§ 6) oder in deren Nähe müssen zur vorübergehenden Unterbringung des Viehes eingefriedigte Räume (Buchten oder Bansen) vorhanden sein, von denen ein angemessener Teil überdeckt sein muß. Diese von der Eisenbahn zu schaffenden Räume müssen Brunnen oder Wasserleitung sowie Vorrichtungen zum Anbinden, Füttern und Tränken der Tiere enthalten. Sie müssen in kleinere Abteilungen geteilt sein, in denen die Tiere verschiedener Gattung und das Großvieh (Pferde, einschließlich Ponys, auch Fohlen, ferner Rindvieh, Maultiere, Esel und dergleichen), vom Kleinvieh (Schweine, Kälber, Schafe, Ziegen, Hunde, Geflügel und dergleichen) getrennt unterzubringen sind; Muttertiere mit saugen-

den Jungen bleiben zusammen. Der Fußboden muß so beschaffen sein, daß eine ordnungsmäßige Reinigung möglich ist.

(6) Für die vorübergehende Unterbringung der Tiere in überdeckten Räumen kann eine im Tarife festzusetzende Gebühr erhoben werden. Sie dient zugleich als Vergütung für die Benutzung der Einrichtungen zum Füttern und Tränken.

§ 2.

(1) Die Tiere sind in bedeckten oder in hochbordigen offenen Wagen zu befördern. In den Monaten Januar, Februar, März, November und Dezember dürfen offene Wagen nur auf Antrag des Absenders gestellt werden. Geflügel darf nur in bedeckten Wagen befördert werden.

(2) Mehrbödige Wagen dürfen nur verwendet werden, wenn sie an den Seiten Lattenwände haben; diese müssen soweit aus dichten Brettern bestehen oder mit dichten Klappen versehen sein, daß die Tiere gegen Zugluft von unten geschützt sind und das Herausfallen von Kot und Streu verhindert wird. Diese Bestimmung gilt nicht für die mehr als zweibödigen zur Geflügelbeförderung bestimmten Wagen. Doch müssen auch bei diesen Wagen die Seitenwände aus Latten bestehen und mit Schutzleisten versehen sein, die das Herausfallen von Kot und Streu verhindern.

(3) Die Unterkästen der Wagen dürfen nur zur Beförderung einzelner unterwegs erkrankter Tiere benutzt werden.

(4) Die lichte Breite der zur Beförderung von Großvieh dienenden Wagen muß mindestens 2,60 m betragen.

(5) Bei Verwendung bedeckter Wagen zur Viehbeförderung sind solche Wagen auszuwählen, die in der Nähe der Wagendecke an den Längs- oder Stirnseiten je 2 verschließbare Öffnungen von je mindestens 0,40 m Länge und 0,30 m Breite haben und außerdem an den Türen mit Vorrichtungen versehen sind, die ihr Offenhalten in einer Breite von 0,35 m bei Großvieh und von 0,15 m bei Kleinvieh ermöglichen. Bleiben die Türen während der Fahrt ganz geöffnet, so müssen die Türöffnungen durch einen 1,50 m hohen Bretterverschlag oder durch Lattengitter verstellt sein.

(6) Die offenen Wagen müssen bei Verwendung für Großvieh

eine Bordhöhe von mindestens 1,50 m und bei Verwendung für Kleinvieh eine Bordhöhe von mindestens 0,75 m über dem Fußboden haben.

(7) Zum Festbinden der Tiere müssen Vorrichtungen, wie eiserne Ringe oder dergleichen, in den Wagen angebracht sein.

(8) Die Ladefläche der zur Beförderung von Tieren dienenden Wagen muß an der Außenseite angegeben sein, und zwar bei mehrbödigen und bei den in mehrere Abteile geteilten Wagen derart, daß die Größe eines jeden Raumes ersichtlich ist.

(9) Bezüglich der vorhandenen alten Wagen können Abweichungen von den Vorschriften in Abs. (4) und (5) von den Landesaufsichtsbehörden nach Zustimmung des Reichs-Eisenbahnamts zugelassen werden.

§ 3.

(1) Die zur Beförderung von Tieren dienenden Käfige, Kisten, Körbe, Säcke oder anderen Behälter müssen geräumig und luftig sein. Die Tiere dürfen nicht geknebelt aufgegeben werden.

(2) Käfige oder ähnliche Behälter müssen einen dichten Boden und soweit hinauf dichte Wände haben, daß eine Verunreinigung des Wagens durch Kot und Streu möglichst ausgeschlossen ist. Diese Vorschrift gilt nicht für Geflügel in Wagenladungen. Der Boden der Behälter muß mit Heu, Stroh, Sand, Torfmull oder Sägespänen bedeckt sein. Bei der Verladung ist darauf zu achten, daß zu den Tieren ausreichend frische Luft treten kann; insbesondere dürfen andere Güter nicht auf die Behälter und diese nur dann übereinander verladen werden, wenn durch Leisten oder dergleichen dafür gesorgt ist, daß zwischen dem Boden des oberen und dem Deckel des unteren Behälters ein Luftraum von mindestens 3 cm Höhe frei bleibt. Behälter, die ganz oder zum Teil aus Latten bestehen, müssen so beschaffen sein, daß die Tiere nicht einzelne Körperteile hindurchzwängen können, auch müssen sie so hoch sein, daß die Tiere zwanglos darin stehen können. Gebrauchte Käfige, Kisten, Körbe, Säcke oder dergleichen dürfen nur nach gründlicher Reinigung wieder benutzt werden. Ferner müssen Käfige oder ähnliche Behälter, wenn die Beförderung voraussichtlich mehr als 36 Stunden dauert, mit zweck-

mäßigen Vorrichtungen zum Tränken und bei Kleinvieh auch zum Füttern der Tiere versehen sein, sofern nicht der Absender für die Fütterung und Tränkung auf Unterwegsstationen in anderer Weise gesorgt hat.

(3) Bei Festsetzung der größten Zahl der in einen Wagen zu verladenden Tiere ist zu berücksichtigen, daß Großvieh nicht aneinander und gegen die Wandung des Wagens gepreßt stehen darf. Dieser Vorschrift ist genügt, wenn sich ein Mann zwischen den eingeladenen Tieren hindurch bewegen kann. Bei der Querverladung muß außerdem zwischen den Tieren und den Wagenwänden so viel Raum bleiben, daß eine Verletzung der Tiere durch Aufscheuern oder dergleichen am Kopfe oder am Hinterteile vermieden wird. Kleinvieh, auch solches in Käfigen, muß die Möglichkeit haben, sich zu legen. Die Entscheidung darüber, ob diesen Vorschriften entsprochen ist, steht dem Aufsichtsbeamten zu.

(4) Großvieh und Kleinvieh sowie Tiere verschiedener Gattung dürfen in denselben Wagen nur dann verladen werden, wenn jede Gattung durch Schranken, Bretter- oder Lattenverschläge von der anderen getrennt wird. Auch in Käfigen oder ähnlichen Behältern müssen Tiere verschiedener Gattung durch Verschläge oder dergleichen voneinander getrennt werden. Bei der Beförderung von Muttertieren mit saugenden Jungen fallen diese Beschränkungen weg.

(5) Die mit unverpacktem Geflügel beladenen Wagen sind unter Bleiverschluß zu befördern.

(6) Die Fußböden der offenen Wagen und derjenigen bedeckten Wagen, die Lattenwände haben, dürfen nicht mit leicht entzündlichen Stoffen bestreut werden.

II. Beförderung.

§ 4.

(1) Lebende Tiere werden in Viehzügen und Güterzügen, nach näherer Bestimmung der Eisenbahn auch in Personenzügen befördert.

(2) Viehzüge müssen auf Strecken mit regelmäßigem starkem Viehverkehr an bestimmten von der Eisenbahn bekannt zu machenden

Tagen — regelmäßig oder nur nach Bedarf — nach den bei jedem Fahrplanwechsel festzusetzenden Fahrplänen verkehren; sie müssen derart gelegt sein, daß der Aufenthalt für das auf den Anschlußlinien zu- und abgehende Vieh auf das unbedingt nötige Maß beschränkt wird. Bei Aufstellung der Fahrpläne ist für die Tränkstationen (§ 6) ein ausreichender Aufenthalt vorzusehen.

(3) Steht so viel Vieh zur Beförderung, daß zu seiner Verladung mindestens 20 Achsen erforderlich sind, so ist in Ermangelung anderer Beförderungsgelegenheiten ein besonderer Viehzug abzulassen.

§ 5.

(1) Die durchschnittliche Geschwindigkeit der Viehzüge (§ 4 Abs. (2)) darf — vorbehaltlich der Befugnis der Landesaufsichtsbehörde, bei besonderen Verhältnissen nach Genehmigung des Reichs-Eisenbahnamts Abweichungen zu gestatten — nicht weniger als 25 km in der Stunde betragen. Soweit Bestimmungen der Eisenbahn-Bau- und Betriebsordnung dieser Geschwindigkeit entgegenstehen, ist sie zu ermäßigen.

(2) Die für die Tränkstationen vorzusehenden Aufenthalte (§ 4 Abs. (2)) bleiben bei Berechnung der durchschnittlichen Geschwindigkeit außer Betracht.

(3) Für die Viehzüge der Militärverwaltung gilt die Vorschrift im Abs. (1) nicht.

§ 6.

(1) Alle Tiere, deren Beförderung 24 Stunden oder länger in Anspruch nimmt, sollen vor der Verladung vom Absender gefüttert und getränkt werden. Dauert die Beförderung mehr als 36 Stunden, so sind die Tiere spätestens nach je 36 Stunden zu füttern und zu tränken. Für die Beförderung von Militärpferden gelten vorstehende Bestimmungen nicht.

(2) Für die unterwegs erforderliche Fütterung und Tränkung sind nach Bedarf besondere Stationen mit Einrichtungen zu versehen. Diese Stationen (sogenannte Tränkstationen) werden vom Reichs-Eisenbahnamte nach Anhörung der beteiligten Bundesregierung bestimmt und sind in den Tarifen bekannt zu machen.

§ 7.

(1) Das Verschieben der mit Tieren beladenen Wagen ist auf das dringendste Bedürfnis zu beschränken und stets mit besonderer Vorsicht vorzunehmen; heftiges Anstoßen ist unbedingt zu vermeiden.

(2) Die Behälter mit Tieren dürfen beim Ein- und Ausladen nicht gestoßen, geworfen oder gestürzt werden.

§ 8.

Bei Beförderung zur Nachtzeit müssen die Begleiter von Viehsendungen gut brennende Laternen mit sich führen, wobei leicht entzündliche Brennstoffe, wie Petroleum oder dergleichen, verboten sind.

Anlage C.

Vorschriften über bedingungsweise zur Beförderung zugelassene Gegenstände.

(Von der Wiedergabe dieser Vorschriften wird abgesehen.)

Anlage F.

Allgemeine Erklärung
über die Verpackung des Gutes.

Ich erkenne an, daß die von mir bei der Güterabfertigungsstelle der ....

Eisenbahn in .... aufgelieferten Güter, und zwar:

....

....

....

unverpackt

in nachbeschriebener mangelhafter Verpackung *)

....

....

....

....

....

.... aufgegeben sind,

wenn im Frachtbrief auf diese Erklärung Bezug genommen ist.

......................, den .....ten................. 19.......

(Unterschrift.)

---

*) Je nach der Beschaffenheit der Sendungen sind entweder das Wort „unverpackt" oder die Worte „in nachbeschriebener mangelhafter Verpackung" zu streichen.

7. Internationales Übereinkommen über den Eisenbahn-Frachtverkehr.

Vom 14. Oktober 1890. Gültig vom 1. Januar 1893. RGBl. 1892 S. 793. Vom 22./12. 1908 an gültiger Text in der vom Central-Amt in Bern veröffentlichten Fassung.

I. **Vorgänge.** Vorberatende fachmännische Konferenzen: 13./5.—4./6. 1878, 21./9.—10./10. 1881, 5./7.—17./7. 1886, diplomatischer Abschluß Bern 13. u. 14./10. 1890, Beschluß des Reichstags 2./5. 1891 (Drucks. Bd. 123 Nr. 281, StenBer. Bd. 116 S. 1963, Bd. 117 S. 2554, 2637, 2707), Austausch der Ratifikationen 30./9. 1892, Veröffentlichung im RGBl. 1892 S. 793, Geltung v. 1./1. 1893.

II. **Änderungen u. Ergänzungen.**

a) Zusatzerklärung, betr. den Beitritt neuer Staaten zum JÜ., vollzogen in Bern 20./9. 1893, Beschluß des Reichstags 7./2. 1896 (Drucks. 1895/96 Bd. 151 Nr. 13, StenBer. Bd. 143 S. 683, Bd. 144 S. 795), ratifiziert u. in Kraft getreten am 21./9. 1896, veröffentlicht im RGBl. 1896 S. 707. Deutscher Wortlaut am Schlusse des JÜ. Auf Grund dieser Zusatzerklärung sind nachträglich dem JÜ. beigetreten: Dänemark am 1.—21./7. 1897 (RGBl. S. 723), Rumänien am 24.—27./4. 1904 (RGBl. S. 218), Schweden am 11./10. 1907 (RGBl. S. 755), Serbien am 12./12. 1910 (RGBl. S. 1109, 1111), Bulgarien am 29./12. 1911 (RGBl. S. 1151).

b) Zusatzvereinbarung, betr. die Beifügung zusätzlicher Vorschriften zu § 1 der AusfBest. u. die Änderung der Anl. 1 zu diesen Bestimmungen, beraten in Bern 5.—12./6. 1893, vollzogen ebenda 16./7. 1895, veröffentlicht im RGBl. 1895 S. 465, in Kraft getreten unter den Vertragsstaaten, mit Ausnahme der Niederlande und Österreich-Ungarns am 1./1. 1896, für alle Staaten am 23./11. 1896 (RGBl. S. 711). Die für das Sprachenverhältnis maßgebenden Erklärungen aus dem Vollziehungsprotokoll sind am Schlusse des IÜ. (S. 200) abgedruckt.

c) Zusatzübereinkommen, enthaltend die Ergebnisse der ersten allgemeinen Revisionskonferenz zu Paris 16./3.—2./4. 1896, abgeschlossen i. Paris 16./6. 1898, Beschluß des Reichstags 23./1. 1899 (Drucks. 1898/00 Bd. 172 Nr. 30, StenBer. Bd. 165 S. 234, 361), ratifiziert Paris 10./7. 1901, veröffentlicht im RGBl. 1901 S. 295, in Kraft getreten 10./10. 1901.

d) Zweites Zusatzübereinkommen, beraten in der 2. Revisionskonferenz zu Bern 4.—18./7. 1905, abgeschlossen daselbst 19./9. 1906, Beschluß des Reichstags 15./3.1907 (Drucks. 1907 Bd. 239 Nr. 90, StenBer. Bd. 227 S. 497), ratifiziert zu Bern 22./9. 1908, veröffentlicht im RGBl. 1908 S. 515, in Kraft getreten am 22./12. 1908.

III. **Literatur:** a) Kommentare: Eger, 3. Aufl., 1909. — Gerstner, 1893, u. der Neueste Stand, 1901. — Rosenthal, 1894. — Schwab, 1891.— b) Textausgaben mit Bemerkungen: Blume, 1909. — Fritsch, Die Eisenbahnen, 1906. — Reindl i. E.rechtlichen Entscheidungen Bd. 25 Anlageheft. c) Darstellungen: v. der Leyen i. v. Stengels Wörterbuch des deutschen Staats- u. Verwaltungsrechts 1911 (S. 682). Ders., Das Berner J. Ü. i. Zeitschr. f. Handelsrecht Bd. 39 (S. 1); Die Fortbildung des E. Frachtverkehrs seit dem Berner Ü., ebenda Bd. 49 (S. 455); Neuerungen im E.-Frachtrecht, ebenda Bd. 65 (S. 1.) — Rosenthal i. Conrads Handwörterbuch d. Staatswissenschaften 1909 Bd. III (S. 836). — d) Zeitschriften: Archiv für E.Wesen. — E. u. Verkehrsrechtliche Entscheidungen u. Abhandlungen, Zeitschr. für E. u. Verkehrsrecht, herausg. v. G. Eger. — Goldschmidts Zeitschrift für das gesamte Handelsrecht u. Konkursrecht. — Zeitschrift für den Internationalen E.Transport, herausg. von dem Central-Amt in Bern.— Zeitung des Vereins Deutscher E.Verwaltungen.

IV. **Einheitliche Zusatzbestimmungen** zum IÜ. hat das Internationale Transportkomitee, dem Abgeordnete der wichtigsten internationalen E.Verbände angehören, herausgegeben. Sie erhalten rechtliche Wirkung erst durch ihre Aufnahme in die Tarife

V. **Vorschriften des Vereins deutscher E.Verwaltungen.** Im internationalen Verkehr zwischen den dem Vereine deutscher E.Verwaltungen angehörenden Bahnen gilt das „Betriebsreglement des Vereins Deutscher E.Verwaltungen", letzte Ausgabe v. 1./1. 1910 (Berlin, Dezbr. 1909). Der Abschnitt V (Beförderung von Gütern) enthält das JÜ. nebst den Ausführungsbestimmungen und im Anschluß hieran zusätzliche Vereinsbestimmungen, die aber erst durch die Aufnahme in die Tarife wirksam werden. Zu dem Betriebsreglement ist ein Übereinkommen erschienen, das die gegenseitigen Beziehungen der Verwaltungen bei Ausführung des Reglements regelt und u. a. auch die „Gemeinsamen Abfertigungsvorschriften" des Vereins enthält.

Inhalts-Übersicht.

a) Hauptvertrag, enthaltend das JÜ. (im engeren Sinne) in 60 Artikeln ohne besondere Überschrift;

b) Nebenabreden, als:
Liste der Eisenbahnstrecken auf welche das JÜ. Anwendung findet (Anl. zu Art. 1);
Reglement, betr. die Errichtung eines Central-Amtes; Ausführungsbestimmungen zum JÜ. nebst Anlagen, nämlich:

Anl. 1. Vorschriften über bedingungsweise zur Beförderung zugelassene Gegenstände.
Anl. 2. Frachtbrief-Formulare.
Anl. 3. Erklärung, betr. fehlende oder mangelhafte Verpackung.
Anl. 3a. Allgemeine Erklärung über denselben Gegenstand.
Anl. 4. Nachträgliche Anweisung.
Protokoll, auch als „Schlußprotokoll" bezeichnet.

Aus praktischen Gründen sind nachstehend die Ausführungsbestimmungen in unmittelbarem Anschluß an die einzelnen Artikel des JÜ. (im engeren Sinne) wiedergegeben, während sie im Originaltext auf das Reglement, betr. die Errichtung eines Central-Amtes, folgen. Ferner sind die einzelnen Artikel mit Überschriften versehen, die im Originaltext fehlen.

Art. 1. Geltungsbereich des IÜ.

(1) Das gegenwärtige internationale Übereinkommen findet Anwendung auf alle Sendungen von Gütern, welche auf Grund eines durchgehenden Frachtbriefes aus dem Gebiete eines der vertragschließenden Staaten in das Gebiet eines andern vertragschließenden Staates auf denjenigen Eisenbahnstrecken befördert werden, welche zu diesem Zwecke in der anliegenden Liste, vorbehaltlich der in Artikel 58 vorgesehenen Änderungen, bezeichnet sind.

(2) Die Bestimmungen, welche zur Ausführung des gegenwärtigen Übereinkommens von den vertragschließenden Staaten vereinbart werden, sollen dieselbe rechtliche Wirkung haben wie das Übereinkommen selbst.

(Schluß-)Protokoll zum IÜ.

1. In betreff des Artikels 1 besteht darüber allseitiges Einverständnis, daß Sendungen, deren Abgangs- und Endstation in dem Gebiete desselben Staates liegen, nicht als internationale Transporte zu betrachten sind, wenn dieselben auf einer Linie, deren Betrieb einer Verwaltung dieses Staates angehört, das Gebiet eines fremden Staates nur transitieren. Wenn die Transitstrecken nicht dem Betrieb einer Verwaltung dieses Staates angehören, so können die beteiligten Regierungen durch Sonderabkommen vereinbaren, daß solche Transporte gleichwohl nicht als internationale zu betrachten sind.

Im weiteren ist man darüber einverstanden, daß die Bestimmungen dieses Übereinkommens keine Anwendung finden, wenn eine Sendung von irgend einer Station eines Staatsgebietes entweder nach dem Grenzbahnhofe des Nachbarstaates, in welchem die

Zollbehandlung erfolgt, oder nach einer Station stattfindet, welche zwischen diesem Bahnhofe und der Grenze liegt; es sei denn, daß der Absender für eine solche Sendung die Anwendung des gegenwärtigen Übereinkommens verlangt. Diese Bestimmung gilt auch für Transporte von dem genannten Grenzbahnhofe oder einer der genannten Zwischenstationen nach Stationen des andern Staates.

2. (S. S. 163.)

3. Es wird ferner anerkannt, daß durch das Übereinkommen das Verhältnis der Eisenbahnen zu dem Staate, welchem sie angehören, in keiner Weise geändert wird und daß dieses Verhältnis auch in Zukunft durch die Gesetzgebung jedes einzelnen Staates geregelt werden wird, sowie daß insbesondere durch das Übereinkommen die in jedem Staate in Geltung stehenden Bestimmungen über die staatliche Genehmigung der Tarife und Transportbedingungen nicht berührt werden.

4. Es wird anerkannt, daß das Reglement betreffend die Errichtung eines Central-Amtes, sowie die Ausführungsbestimmungen zu dem Internationalen Übereinkommen über den Eisenbahn-Frachtverkehr und die Anlagen 1, 2, 3, 3a und 4 dieselbe Kraft und Dauer haben sollen, wie das Übereinkommen selbst.

HGB. §§ 453, 454, 471, EVO. § 1.

Art. 2. Ausschluß der Anwendung der Bestimmungen des IÜ. auf bestimmte Gegenstände.

Die Bestimmungen des gegenwärtigen Übereinkommens finden keine Anwendung auf die Beförderung folgender Gegenstände:[1]

1. derjenigen Gegenstände, welche auch nur in einem der am Transporte beteiligten Gebiete dem Postzwange unterworfen sind;
2. derjenigen Gegenstände, welche wegen ihres Umfangs, ihres Gewichts oder ihrer sonstigen Beschaffenheit, nach der Anlage und dem Be-

triebe auch nur einer der Bahnen, welche an der Ausführung des Transportes teilzunehmen haben, sich zur Beförderung nicht eignen;

3. derjenigen Gegenstände, deren Beförderung auch nur auf einem der am Transporte beteiligten Gebiete aus Gründen der öffentlichen Ordnung verboten ist.

HGB. § 453, EVO. § 54.

[1] Ein Verzeichnis dieser Gegenstände ist in der IZtschr. 1909 S. 291 veröffentlicht.

Art. 3. Von der Beförderung ausgeschlossene oder nur bedingungsweise zugelassene Gegenstände.

Die Ausführungsbestimmungen werden diejenigen Güter bezeichnen, welche, wegen ihres großen Wertes, wegen ihrer besonderen Beschaffenheit oder wegen der Gefahren, welche sie für die Ordnung und Sicherheit des Eisenbahnbetriebes bieten, vom internationalen Transporte nach Maßgabe dieses Übereinkommens ausgeschlossen oder zu diesem Transporte nur bedingungsweise zugelassen sind.

AusfBest. § 1 (zu Art. 3).

(1) Von der Beförderung ausgeschlossen sind, soweit nicht die Bestimmungen der Anlage 1 Anwendung finden:

1. alle der Selbstentzündung oder Explosion unterworfenen Gegenstände, wie
   a) Nitroglyzerin (Sprengöl), Dynamit,
   b) andere Spreng- und Schießmittel aller Art,
   c) geladene Schußwaffen,

d) Knallquecksilber, Knallsilber und Knallgold, sowie die damit hergestellten Präparate,

e) Feuerwerkskörper,

f) Pyropapier,

g) pikrinsaure Salze;

2. ekelerregende oder übelriechende Erzeugnisse.

(2) Bedingungsweise werden zur Beförderung zugelassen:

1. Die in Anlage 1 verzeichneten Gegenstände, unter den daselbst aufgeführten Bedingungen. Ihnen sind besondere, andere Gegenstände nicht umfassende Frachtbriefe beizugeben.

2. Gold- und Silberbarren, Platina, Geld, geldwerte Münzen und Papiere, Dokumente, Edelsteine, echte Perlen, Pretiosen und andere Kostbarkeiten, ferner Kunstgegenstände, wie Gemälde, Statuen, Gegenstände aus Erzguß, Antiquitäten. Zu den Kostbarkeiten sind beispielsweise auch besonders wertvolle Spitzen und besonders wertvolle Stickereien zu rechnen.

Diese Gegenstände werden im internationalen Verkehr auf Grund des internationalen Frachtbriefes, und zwar entweder nach Maßgabe von Vereinbarungen zwischen den Regierungen der beteiligten Staaten, oder von Tarifbestimmungen, welche von den dazu ermächtigten Bahnverwaltungen aufgestellt und von allen zuständigen Aufsichtsbehörden genehmigt sind, zugelassen.

3. Leichen.

Sie werden zum internationalen Transport mit dem internationalen Frachtbrief unter folgenden Bedingungen zugelassen:

a) die Beförderung erfolgt als Eilgut;
b) die Transportgebühren sind bei der Aufgabe zu entrichten;
c) die Leiche muß während der Beförderung von einer dazu beauftragten Person begleitet sein;
d) die Beförderung unterliegt im Gebiete jedes einzelnen Staates den daselbst in polizeilicher Beziehung geltenden Gesetzen und Verordnungen, soweit nicht unter den beteiligten Staaten besondere Abmachungen getroffen sind.

(3) Einzelne oder alle Vertragsstaaten können für ihren wechselseitigen Verkehr vereinbaren,[1] daß die nach dem gegenwärtigen Übereinkommen vom internationalen Verkehr ausgeschlossenen Gegenstände unter gewissen Bedingungen, oder daß die in der Anlage 1 aufgeführten Gegenstände unter leichteren Bedingungen, zur Beförderung zugelassen werden. Solche Vereinbarungen können — erforderlichen Falles unter Vermittlung des Central-Amtes für den internationalen Eisenbahntransport in Bern — auf schriftlichem Wege oder auf einer zu diesem Zwecke einzuberufenden fachmännischen Konferenz getroffen werden. Auch die beteiligten Eisenbahnen können durch Tarifbestimmungen von der Beförderung ausgeschlossene Gegenstände zulassen oder für bedingungsweise zugelassene Gegenstände leichtere Bedingungen zugestehen, wenn

a) die Beförderung der betreffenden Gegenstände oder die hierfür in Aussicht genommenen Bedingungen nach den inneren Reglementen zulässig sind, und
b) die Tarifbestimmungen von allen zuständigen Aufsichtsbehörden genehmigt werden.

HGB. § 453, EVO. § 54.

[1] Vereinbarungen bestehen zwischen:

a) Deutschland u. Luxemburg v. 29./5. 1893 (RGBl. S. 189).

b) Deutschland u. der Schweiz v. 22./9. 1908 (RGBl. S. 595).

c) Deutschland u. Österreich-Ungarn v. 25./2. 1902 (RGBl. S. 137).

d) Deutschland u. den Niederlanden v. 16./9. 1910 (RGBl. S. 1017).

Art. 4. Geltung der Tarifbedingungen.

Die Bedingungen der gemeinsamen Tarife der Eisenbahnvereine oder Verbände, sowie die Bedingungen der besonderen Tarife der Eisenbahnen haben, sofern diese Tarife auf den internationalen Transport Anwendung finden sollen, insoweit Geltung, als sie diesem Übereinkommen nicht widersprechen; andernfalls sind sie nichtig.

HGB. § 471, EVO. § 6.

Art. 5. Transportpflicht der Eisenbahnen.

(1) Jede nach Maßgabe des Artikels 1 bezeichnete Eisenbahn ist verpflichtet, nach den Festsetzungen und unter den Bedingungen dieses Übereinkommens, die Beförderung von Gütern im internationalen Verkehr zu übernehmen, sofern

1. der Absender den Anordnungen dieses Übereinkommens sich unterwirft;
2. die Beförderung mit den regelmäßigen Transportmitteln möglich ist;
3. nicht Umstände, welche als höhere Gewalt zu betrachten sind, die Beförderung verhindern.

(2) Die Eisenbahnen sind nur verpflichtet, die Güter zum Transport anzunehmen, soweit die Beförderung

derselben sofort erfolgen kann. Die für die Versandstation geltenden besonderen Vorschriften bestimmen, ob dieselbe verpflichtet ist, die Güter, deren Beförderung nicht sofort erfolgen kann, vorläufig in Verwahrung zu nehmen.

(3) Die Beförderung der Güter findet in der Reihenfolge statt, in welcher sie zum Transport angenommen worden sind, sofern die Eisenbahn nicht zwingende Gründe des Eisenbahnbetriebes oder das öffentliche Interesse für eine Ausnahme geltend machen kann.

(4) Jede Zuwiderhandlung gegen die Bestimmungen dieses Artikels begründet den Anspruch auf Ersatz des dadurch entstandenen Schadens.

(5) Die Auflieferung und die Verladung der Güter richten sich nach den für die Versandbahn geltenden gesetzlichen und reglementarischen Bestimmungen.

HGB. §§ 453, 471, EVO. §§ 3, 53, 54, 63, 64, 67.

Art. 6. Inhalt und Form des Frachtbriefs.

(1) Jede internationale Sendung (Artikel 1) muß von einem Frachtbrief begleitet sein, welcher folgende Angaben enthält:

a) Ort und Tag der Ausstellung;
b) die Bezeichnung der Versandstation, sowie der Versandbahn;
c) die Bezeichnung der Bestimmungsstation, den Namen und den Wohnort des Empfängers, sowie die etwaige Angabe, daß das Gut bahnlagernd zu stellen ist;
d) die Bezeichnung der Sendung nach ihrem Inhalt, die Angabe des Gewichtes oder statt

dessen eine den besonderen Vorschriften der Versandbahn entsprechende Angabe; ferner bei Stückgut die Anzahl, Art der Verpackung, Zeichen und Nummer der Frachtstücke;

e) das Verlangen des Absenders, Spezialtarife unter den in den Artikeln 14 und 35 für zulässig erklärten Bedingungen zur Anwendung zu bringen;

f) die Angabe des deklarierten Interesses an der Lieferung (Artikel 38 und 40);

g) die Angabe, ob das Gut in Eilfracht oder in gewöhnlicher Fracht zu befördern sei;

h) das genaue Verzeichnis der für die zoll- oder steueramtliche Behandlung oder für die polizeiliche Prüfung nötigen Begleitpapiere und den aus Artikel 10 Absatz (4) sich ergebenden Vorbehalt;

i) den Frankaturvermerk im Falle der Vorausbezahlung der Fracht oder der Hinterlegung eines Frankaturvorschusses (Artikel 12 Absatz (3));

k) die auf dem Gute haftenden Nachnahmen, und zwar sowohl die erst nach Eingang auszuzahlenden, als auch die von der Eisenbahn geleisteten Barvorschüsse (Artikel 13);

l) die Angabe des einzuhaltenden Transportweges unter Bezeichnung der Stationen, wo die Zollabfertigung, sowie eine etwa nötige polizeiliche Prüfung stattfinden soll.

In Ermangelung dieser Angabe hat die Eisenbahn denjenigen Weg zu wählen, welcher ihr für den Absender am zweckmäßigsten scheint. Für die Folgen dieser Wahl haftet die Eisenbahn nur, wenn ihr hierbei ein grobes Verschulden zur Last fällt.

Wenn der Absender den Transportweg angegeben hat, ist die Eisenbahn nur unter den nachstehenden Bedingungen berechtigt, für die Beförderung der Sendung einen andern Weg zu benutzen:

1. daß die zoll- oder steueramtliche Abfertigung, sowie eine etwa nötige polizeiliche Prüfung immer in den vom Absender bezeichneten Stationen stattfindet;
2. daß keine höhere Fracht gefordert wird, als diejenige, welche hätte bezahlt werden müssen, wenn die Eisenbahn den im Frachtbrief bezeichneten Weg benutzt hätte;
3. daß die Lieferfrist der Ware nicht länger ist, als sie gewesen wäre, wenn die Sendung auf dem im Frachtbriefe bezeichneten Weg befördert worden wäre.

Hat die Versandstation einen andern Transportweg gewählt, so hat sie davon dem Absender Nachricht zu geben;

m) die Unterschrift des Absenders mit seinem Namen oder seiner Firma, sowie die Angabe seiner Wohnung. Die Unterschrift kann durch eine gedruckte oder gestempelte Zeichnung des Absenders ersetzt werden, wenn die Gesetze oder Reglemente des Versandortes es gestatten.

(2) Die nähern Festsetzungen über die Ausstellung und den Inhalt des Frachtbriefes, insbesondere das zur Anwendung kommende Formular, bleiben den Ausführungsbestimmungen vorbehalten.

(3) Die Aufnahme weiterer Erklärungen in den Frachtbrief, die Ausstellung anderer Urkunden anstatt des Frachtbriefes, sowie die Beifügung anderer Schriftstücke zum Frachtbriefe ist unzulässig, sofern dieselben nicht durch dieses Übereinkommen für statthaft erklärt sind.

(4) Die Eisenbahn kann indes, wenn es die Gesetze oder Reglemente des Versandortes vorschreiben, vom Absender außer dem Frachtbrief die Ausstellung einer Urkunde verlangen, welche dazu bestimmt ist, in den Händen der Verwaltung zu bleiben, um ihr als Beweis über den Frachtvertrag zu dienen.

(5) Jede Eisenbahnverwaltung ist berechtigt, für den internen Dienst ein Stammheft zu erstellen, welches in der Versandstation bleibt und mit derselben Nummer versehen wird, wie der Frachtbrief und das Duplikat.

AusfBest. § 2 (zu Art. 6).

(1) Zur Ausstellung der internationalen Frachtbriefe sind Formulare nach Maßgabe der Anlage 2 zu verwenden. Dieselben müssen für gewöhnliche Fracht auf weißes Papier, für Eilfracht gleichfalls auf weißes Papier, mit einem auf der Vorder- und Rückseite oben und unten am Rande anzubringenden roten Streifen, gedruckt sein. Die Frachtbriefe müssen zur Beurkundung ihrer Übereinstimmung mit den diesfallsigen Vorschriften den Kontrollstempel einer Bahn oder eines Bahnkomplexes des Versandlandes tragen.

Die roten Streifen auf den Eilgutfrachtbriefen müssen mindestens 1 Zentimeter breit sein. Diese Bestimmung wird indessen erst nach einer Maximalfrist von einem

Jahre seit dem Inkrafttreten des abgeänderten Übereinkommens obligatorisch.

(2) Der Frachtbrief — und zwar sowohl der Vordruck als die geschriebene Ausfüllung — soll entweder in deutscher oder in französischer Sprache ausgestellt werden.

(3) Im Falle, daß die amtliche Geschäftssprache des Landes der Versandstation eine andere ist, kann der Frachtbrief in dieser amtlichen Geschäftssprache ausgestellt werden, muß aber alsdann eine genaue Übersetzung in deutscher oder französischer Sprache enthalten.

(4) Die stark umrahmten Teile des Formulars sind durch die Eisenbahnen, die übrigen durch den Absender auszufüllen. Bei Aufgabe von Gütern, welche der Absender zu verladen hat, sind von diesem auch die Nummer und die Eigentumsmerkmale des Wagens an der vorgeschriebenen Stelle einzutragen.

(5) Bei Sendungen nach Orten mit Bahnhöfen verschiedener Bahnverwaltungen oder nach Orten, deren Namensbezeichnung derjenigen anderer Orte gleich oder ähnlich lautet, ist auch die Bezeichnung der Empfangsbahn an der hierfür vorgesehenen Stelle der Frachtbriefspalte einzutragen.

(6) Mehrere Gegenstände dürfen nur dann in einen und denselben Frachtbrief aufgenommen werden, wenn das Zusammenladen derselben nach ihrer Beschaffenheit ohne Nachteil erfolgen kann und Zoll-, Steuer- oder Polizeivorschriften nicht entgegenstehen.

(7) Den nach den Bestimmungen der geltenden Reglemente vom Absender, beziehungsweise Empfänger auf- und abzuladenden Gütern sind besondere,

andere Gegenstände nicht umfassende Frachtbriefe beizugeben.

(8) Auch kann die Versandstation verlangen, daß für jeden Wagen ein besonderer Frachtbrief beigegeben wird.

(9) Es ist — jedoch ohne jede Verbindlichkeit und Verantwortlichkeit für die Eisenbahn — gestattet, auf dem Frachtbriefe folgende nachrichtliche Vermerke anzubringen:

„von Sendung des NN",
„im Auftrage des NN",
„zur Verfügung des NN",
„zur Weiterbeförderung an NN",
„versichert bei NN".

(10) Diese Vermerke können sich nur auf die ganze Sendung beziehen und müssen auf dem untern Teile der Rückseite des Frachtbriefs eingetragen werden.

HGB. §§ 426, 453., EVO. §§ 55, 56, 67.

Art. 7. Haftung für die Angaben und Erklärungen im Frachtbriefe. Bahnseitige Ermittelungen. Frachtzuschläge.

(1) Der Absender haftet für die Richtigkeit der in den Frachtbrief aufgenommenen Angaben und Erklärungen und trägt alle Folgen, welche aus unrichtigen, ungenauen oder ungenügenden Erklärungen entspringen.

(2) Die Eisenbahn ist jederzeit berechtigt, die Übereinstimmung des Inhalts der Sendungen mit den Angaben des Frachtbriefes zu prüfen. Die Feststellung erfolgt nach Maßgabe der am Orte des Vorgangs bestehenden Gesetze oder Reglemente. Der Berechtigte

soll gehörig eingeladen werden, bei der Prüfung zugegen zu sein, vorbehaltlich des Falles, wenn die letztere auf Grund polizeilicher Maßregeln, die der Staat im Interesse der öffentlichen Sicherheit oder der öffentlichen Ordnung zu ergreifen berechtigt ist, stattfindet.

(3) Hinsichtlich des Rechts und der Verpflichtung der Bahnen, das Gewicht oder die Stückzahl des Gutes zu ermitteln oder zu kontrollieren, sind die Gesetze und Reglemente des betreffenden Staates maßgebend.

(4) Bei unrichtiger Angabe des Inhalts einer Sendung oder bei zu niedriger Angabe des Gewichts, sowie bei Überlastung eines vom Absender beladenen Wagens, ist — abgesehen von der Nachzahlung des etwaigen Frachtunterschiedes und dem Ersatze des entstandenen Schadens, sowie den durch strafgesetzliche oder polizeiliche Bestimmungen vorgesehenen Strafen — ein Frachtzuschlag an die am Transporte beteiligten Eisenbahnen nach Maßgabe der Ausführungsbestimmungen zu zahlen.

(5) Ein Frachtzuschlag wird nicht erhoben:

a) bei unrichtiger Gewichtsangabe von Gütern, zu deren Verwiegung die Eisenbahn nach den für die Versandstation geltenden Bestimmungen verpflichtet ist;

b) bei unrichtiger Gewichtsangabe oder bei Überlastung, wenn der Absender im Frachtbriefe die Verwiegung durch die Eisenbahn verlangt hat;

c) bei einer während des Transports infolge von Witterungseinflüssen eingetretenen Überlastung, wenn der Absender nachweist, daß er bei der Beladung des Wagens die für die Versandstation geltenden Bestimmungen eingehalten hat;

d) bei einer während des Transports eingetretenen Gewichtszunahme, welche eine Überlastung nicht herbeiführt, insofern der Absender nachweist, daß die Gewichtszunahme auf Witterungseinflüsse zurückzuführen ist.

(6) Der Anspruch auf Zahlung oder Rückzahlung von Frachtzuschlägen (§ 3 Absätze (1) bis (5), und § 9 Absatz (2), der Ausführungsbestimmungen) verjährt in einem Jahre, sofern er nicht unter den Parteien durch Anerkenntnis, Vergleich oder gerichtliches Urteil festgestellt ist. Die Verjährung beginnt bei den Ansprüchen auf Zahlung von Frachtzuschlägen mit der Zahlung der Fracht, oder, falls eine Fracht nicht zu zahlen war, mit der Auflieferung der Güter; bei den Ansprüchen auf Rückzahlung von Frachtzuschlägen beginnt sie mit der Zahlung der Zuschläge. Auf die Verjährung finden die Bestimmungen des Artikels 45, Absätze (3) und (4), Anwendung. Die Bestimmung des Artikels 44, Absatz (1), findet keine Anwendung.

AusfBest. § 3 (zu Art. 7).

(1) Wenn die im § 1, Absatz (1), und in der Anlage 1 aufgeführten Gegenstände unter unrichtiger oder ungenauer Deklaration zur Beförderung aufgegeben oder wenn die in Anlage 1 gegebenen Sicherheitsvorschriften bei der Aufgabe außer acht gelassen werden, beträgt der Frachtzuschlag 15 Franken für jedes Brutto-Kilogramm des ganzen Versandstückes.

(2) In allen andern Fällen beträgt der in Artikel 7 des Übereinkommens vorgesehene Frachtzuschlag für unrichtige Inhaltsangabe, sofern diese eine Fracht-

verkürzung herbeizuführen nicht geeignet ist, einen Franken für den Frachtbrief, sonst das Doppelte des Unterschiedes der Fracht von der Aufgabe- bis zur Bestimmungsstation für den angegebenen und der für den ermittelten Inhalt, mindestens aber einen Franken.

(3) Im Falle zu niedriger Angabe des Gewichtes beträgt der Frachtzuschlag das Doppelte des Unterschiedes zwischen der Fracht von der Aufgabe- bis zur Bestimmungsstation für das angegebene und der für das ermittelte Gewicht.

(4) Im Falle der Überlastung eines vom Absender beladenen Wagens beträgt der Frachtzuschlag das Sechsfache der Fracht von der Aufgabe- bis zur Bestimmungsstation für dasjenige Gewicht, das die in Absatz (5) festgesetzten äußersten Belastungsgrenzen übersteigt. Wenn gleichzeitig eine zu niedrige Gewichtsangabe und eine Überlastung vorliegt, so wird sowohl der Frachtzuschlag für zu niedrige Gewichtsangabe, als auch der Frachtzuschlag für Überlastung erhoben.

(5) Der Frachtzuschlag für Überlastung (Absatz (4)) wird erhoben:

a) bei Verwendung von Wagen, die nur *eine*, die zulässige Belastung kennzeichnende Anschrift tragen: wenn das angeschriebene *Ladegewicht* oder die angeschriebene *Tragfähigkeit* bei der Beladung um mehr als 5 % überschritten ist;

b) bei Verwendung von Wagen, welche zwei Anschriften tragen, und zwar *Ladegewicht* (*Normalbelastung*) und *Tragfähigkeit* (*Maximalbelastung*): wenn die Belastung diese Tragfähigkeit überhaupt übersteigt.

HGB. § 426, EVO. §§ 57, 58, 60.

Art. 8. Abschluß des Frachtvertrages. Frachtbriefduplikate.

(1) Der Frachtvertrag ist abgeschlossen, sobald das Gut mit dem Frachtbriefe von der Versandstation zur Beförderung angenommen ist. Als Zeichen der Annahme wird dem Frachtbriefe der Datumstempel der Versandexpedition aufgedrückt.

(2) Die Abstempelung hat ohne Verzug nach vollständiger Auflieferung des in demselben Frachtbriefe verzeichneten Gutes und auf Verlangen des Absenders in dessen Gegenwart zu erfolgen.

(3) Der mit dem Stempel versehene Frachtbrief dient als Beweis über den Frachtvertrag.

(4) Jedoch machen bezüglich derjenigen Güter, deren Aufladen nach den Tarifen oder nach besonderer Vereinbarung, soweit eine solche in dem Staatsgebiete, wo sie zur Ausführung gelangt, zulässig ist, von dem Absender besorgt wird, die Angaben des Frachtbriefes über das Gewicht und die Anzahl der Stücke gegen die Eisenbahn keinen Beweis, sofern nicht die Nachwiegung, beziehungsweise Nachzählung seitens der Eisenbahn erfolgt und dies auf dem Frachtbriefe beurkundet ist.

(5) Die Eisenbahn ist verpflichtet, den Empfang des Frachtgutes, unter Angabe des Datums der Annahme zur Beförderung, auf einem ihr mit dem Frachtbriefe vorzulegenden Duplikate desselben zu bescheinigen.

(6) Dieses Duplikat hat nicht die Bedeutung des Originalfrachtbriefes und ebensowenig diejenige eines Konnossements (Ladescheins).

HGB. § 455, EVO. §§ 61, 99.

Art. 9. Verpackung der Güter.

(1) Soweit die Natur des Frachtgutes zum Schutze gegen Verlust oder Beschädigung auf dem Transporte eine Verpackung nötig macht, liegt die gehörige Besorgung derselben dem Absender ob.

(2) Ist der Absender dieser Verpflichtung nicht nachgekommen, so ist die Eisenbahn, falls sie nicht die Annahme des Gutes verweigert, berechtigt, zu verlangen, daß der Absender auf dem Frachtbriefe das Fehlen oder die Mängel der Verpackung unter spezieller Bezeichnung anerkennt und der Versandstation hierüber außerdem eine besondere Erklärung, nach Maßgabe eines durch die Ausführungsbestimmungen festzusetzenden Formulars, ausstellt.

(3) Für derartig bescheinigte, sowie für solche Mängel der Verpackung, welche äußerlich nicht erkennbar sind, hat der Absender zu haften und jeden daraus entstehenden Schaden zu tragen, beziehungsweise der Bahnverwaltung zu ersetzen. Ist die Ausstellung der gedachten Erklärung nicht erfolgt, so haftet der Absender für äußerlich erkennbare Mängel der Verpackung nur, wenn ihm ein arglistiges Verfahren zur Last fällt.

AusfBest. § 4 (zu Art. 9).

(1) Für die im Artikel 9 des Übereinkommens vorgesehene Erklärung ist das Formular in Anlage 3 zu gebrauchen.

(2) Sofern ein Absender gleichartige der Verpackung bedürftige Güter unverpackt oder mit denselben Mängeln der Verpackung auf der gleichen Station aufzugeben pflegt, kann er an Stelle der besonderen Er-

klärung für jede Sendung ein für allemal eine allgemeine Erklärung nach dem in der Anlage 3a vorgesehenen Formular abgeben. In diesem Falle muß der Frachtbrief außer der im Artikel 9, Absatz (2), vorgesehenen Anerkennung einen Hinweis auf die der Versandstation abgegebene allgemeine Erklärung enthalten.

HGB. §§ 456, 459 (Ziff. 2), EVO. §§ 62, 84, 86 (1).

Art. 10. Zoll-, Steuer- und Polizeivorschriften.

(1) Der Absender ist verpflichtet, dem Frachtbriefe diejenigen Begleitpapiere beizugeben, welche zur Erfüllung der etwa bestehenden Zoll-, Steuer- oder Polizeivorschriften vor der Ablieferung an den Empfänger erforderlich sind. Er haftet der Eisenbahn, sofern derselben nicht ein Verschulden zur Last fällt, für alle Folgen, welche aus dem Mangel, der Unzulänglichkeit oder Unrichtigkeit dieser Papiere entstehen.

(2) Der Eisenbahn liegt eine Prüfung der Richtigkeit und Vollständigkeit derselben nicht ob.

(3) Die Zoll-, Steuer- und Polizeivorschriften werden, solange das Gut sich auf dem Wege befindet, von der Eisenbahn erfüllt. Sie kann diese Aufgabe unter ihrer eigenen Verantwortlichkeit einem Kommissionär übertragen oder sie selbst übernehmen. In beiden Fällen hat sie die Verpflichtungen eines Kommissionärs.

(4) Der Verfügungsberechtigte kann jedoch der Zollbehandlung entweder selbst oder durch einen im Frachtbriefe bezeichneten Bevollmächtigten beiwohnen, um die nötigen Aufklärungen über die Tarifierung des Gutes zu erteilen und seine Bemerkungen beizufügen.

Diese dem Verfügungsberechtigten erteilte Befugnis begründet nicht das Recht, das Gut in Besitz zu nehmen oder die Zollbehandlung selbst vorzunehmen.

(5) Bei der Ankunft des Gutes am Bestimmungsorte steht dem Empfänger das Recht zu, die zoll- und steueramtliche Behandlung zu besorgen, falls nicht im Frachtbriefe etwas anderes festgesetzt ist. Falls diese Behandlung weder durch den Empfänger noch gemäß anderweitiger Festsetzung im Frachtbriefe durch einen Dritten erfolgt, ist die Eisenbahn verpflichtet, sie zu besorgen.

HGB. § 427, EVO. § 65.

Art. 11. Grundsätze für die Frachtberechnung.

(1) Die Berechnung der Fracht erfolgt nach Maßgabe der zu Recht bestehenden, gehörig veröffentlichten Tarife. Jedes Privatübereinkommen, wodurch einem oder mehreren Absendern eine Preisermäßigung gegenüber den Tarifen gewährt werden soll, ist verboten und nichtig. Dagegen sind Tarifermäßigungen erlaubt, welche gehörig veröffentlicht sind und unter Erfüllung der gleichen Bedingungen jedermann in gleicher Weise zugute kommen.

(2) Außer den im Tarife angegebenen Frachtsätzen und Vergütungen für besondere im Tarife vorgesehene Leistungen zu Gunsten der Eisenbahnen dürfen nur bare Auslagen erhoben werden — insbesondere Aus-, Ein- und Durchgangsabgaben, nicht in den Tarif aufgenommene Kosten für Überführung und Auslagen für Reparaturen an den Gütern, welche infolge ihrer äußern oder innern Beschaffenheit zu ihrer Erhaltung notwendig werden. Diese Auslagen sind gehörig fest-

zustellen und in dem Frachtbriefe ersichtlich zu machen, welchem die Beweisstücke beizugeben sind.

(Schluß-)Protokoll zum IÜ.

1. (s. S. 144.)

2. In betreff des Artikels 11 erklären die unterzeichneten Bevollmächtigten, daß sie keine Verpflichtung eingehen können, welche die Freiheit ihrer Staaten in der Regelung ihres internen Eisenbahnverkehrs beschränken würde. Sie konstatieren übrigens, jeder für den von ihm vertretenen Staat, daß diese Regelung zurzeit mit den im Artikel 11 des Übereinkommens festgestellten Grundsätzen sich im Einklange befinde, und sie betrachten es als wünschenswert, daß dieser Einklang erhalten bleibe.

EVO. §§ 6, 68.

Art. 12. Zahlung der Fracht.

(1) Werden die Frachtgelder nicht bei der Aufgabe des Gutes zur Beförderung berichtigt, so gelten sie als auf den Empfänger angewiesen. Es ist gestattet, auf die Fracht einen beliebigen Teil als Frankatur anzuzahlen.

(2) Bei Gütern, welche nach dem Ermessen der annehmenden Bahn schnellem Verderben unterliegen oder wegen ihres geringen Wertes die Fracht nicht sicher decken, kann die Vorausbezahlung der Frachtgelder gefordert werden.

(3) Wenn im Falle der Frankierung der Betrag der Gesamtfracht beim Versand nicht genau bestimmt werden kann, so kann die Versandbahn die Hinterlegung des ungefähren Frachtbetrages fordern.

11*

(4) Wurde der Tarif unrichtig angewendet, oder sind Rechnungsfehler bei der Festsetzung der Frachtgelder und Gebühren vorgekommen, so ist das zu wenig Geforderte nachzuzahlen, das zu viel Erhobene zu erstatten und zu diesem Zwecke dem Berechtigten tunlichst bald Nachricht zu geben. Ein derartiger Anspruch auf Rückzahlung oder Nachzahlung verjährt in einem Jahre vom Tage der Zahlung an, sofern er nicht unter den Parteien durch Anerkenntnis, Vergleich oder gerichtliches Urteil festgestellt ist. Auf die Verjährung finden die Bestimmungen des Artikels 45, Absatz (3) und (4), Anwendung. Die Bestimmung des Artikels 44, Absatz (1), findet keine Anwendung.

AusfBest. § 5 (zu Art. 12).

(1) Die Versandstation hat im Frachtbrief-Duplikat die frankierten Gebühren, welche von ihr in den Frachtbrief eingetragen wurden, zu spezifizieren.

(2) Zur Erhebung der im Artikel 12, Absatz (4), des Übereinkommens vorgesehenen Ansprüche gegen die Bahnverwaltung genügt in dem Falle, wenn die Frachtgelder bei der Aufgabe des Gutes zur Beförderung berichtigt wurden, die Beibringung des Frachtbrief-Duplikates.

HGB. § 470, EVO. §§ 69—71.

Art. 13. Nachnahmen.

(1) Dem Absender ist gestattet, das Gut bis zur Höhe des Wertes desselben mit Nachnahme nach Eingang zu belasten.

(2) Für die aufgegebene Nachnahme wird die tarifmäßige Provision berechnet.

(3) Die Eisenbahn ist nicht verpflichtet, dem Absender die Nachnahme eher auszuzahlen, als bis der Betrag derselben vom Empfänger bezahlt ist. Dies findet auch Anwendung auf Auslagen, welche vor der Aufgabe für das Frachtgut gemacht worden sind.

(4) Ist das Gut ohne Einziehung der Nachnahme abgeliefert worden, so haftet die Eisenbahn für den Schaden bis zum Betrag der Nachnahme und hat denselben dem Absender sofort zu ersetzen, vorbehaltlich ihres Rückgriffs gegen den Empfänger.

(5) Barvorschüsse werden nur nach den für die Versandbahn geltenden Bestimmungen zugelassen.

EVO. §§ 72, 73.

Art. 14. Lieferfristen.

(1) Die Ausführungsbestimmungen werden die allgemeinen Vorschriften betreffend die Maximallieferfristen, die Berechnung, den Beginn, die Unterbrechung und das Ende der Lieferfristen feststellen.

(2) Wenn nach den Gesetzen und Reglementen eines der Vertragsstaaten Spezialtarife zu reduzierten Preisen und mit verlängerten Lieferfristen gestattet sind, so können die Eisenbahnen dieses Staates diese Tarife mit verlängerten Fristen auch im internationalen Verkehr anwenden.

(3) Im übrigen richten sich die Lieferfristen nach den Bestimmungen der im einzelnen Falle zu Anwendung kommenden Tarife.

AusfBest. § 6 (zu Art. 14).

(1) Die Lieferfristen dürfen die nachstehenden Maximalfristen nicht überschreiten:

a) für Eilgüter:
  1. Expeditionsfrist . . . . 1 Tag;
  2. Transportfrist für je auch nur angefangene 250 Kilometer . . . 1 Tag;

b) für Frachtgüter:
  1. Expeditionsfrist . . . . 2 Tage;
  2. Transportfrist für je auch nur angefangene 250 Kilometer . . . 2 Tage.

(2) Wenn der Transport aus dem Bereiche einer Eisenbahnverwaltung in den Bereich einer andern anschließenden Verwaltung übergeht, so berechnen sich die Transportfristen aus der Gesamtentfernung zwischen der Aufgabe- und Bestimmungsstation, während die Expeditionsfristen ohne Rücksicht auf die Zahl der durch den Transport berührten Verwaltungsgebiete nur einmal zur Berechnung kommen.

(3) Die Gesetze und Reglemente der vertragschließenden Staaten bestimmen, inwiefern den unter ihrer Aufsicht stehenden Bahnen gestattet ist, Zuschlagsfristen[1] für folgende Fälle festzusetzen:

1. für Messen;
2. für außergewöhnliche Verkehrsverhältnisse;
3. wenn das Gut einen nicht überbrückten Flußübergang oder eine Verbindungsbahn zu passieren hat, welche zwei am Transporte teilnehmende Bahnen verbindet;
4. für Bahnen von untergeordneter Bedeutung, sowie für den Übergang auf Bahnen mit anderer Spurweite.

(4) Wenn eine Eisenbahn in die Notwendigkeit versetzt ist, von den in diesem Paragraphen, Absatz (3), Ziffer 1 bis 4, für die einzelnen Staaten als

fakultativ zulässig bezeichneten Zuschlagsfristen Gebrauch zu machen, so soll sie auf dem Frachtbriefe den Tag der Übergabe an die nachfolgende Bahn mittelst Abstempelung vormerken und darauf die Ursache und Dauer der Lieferfrist-Überschreitung, welche sie in Anspruch genommen hat, angeben.

(5) Die Lieferfrist beginnt mit der auf die Annahme des Gutes nebst Frachtbrief folgenden Mitternacht und ist gewahrt, wenn innerhalb derselben das Gut dem Empfänger oder derjenigen Person, an welche die Ablieferung gültig geschehen kann, nach den für die abliefernde Bahn geltenden Bestimmungen zugestellt, beziehungsweise avisiert ist.

(6) Dieselben Bestimmungen sind maßgebend für die Art und Weise, wie die Übergabe des Avisbriefes festzustellen ist. Für Güter, welche nicht avisiert und bahnseits nicht zugestellt werden, ist die Lieferfrist gewahrt, wenn das Gut innerhalb derselben auf der Bestimmungsstation zur Abnahme bereit gestellt ist.

(7) Der Lauf der Lieferfristen ruht für die Dauer der zoll- oder steueramtlichen oder polizeilichen Abfertigung, sowie für die Dauer einer ohne Verschulden der Eisenbahn eingetretenen Betriebsstörung, durch welche der Antritt oder die Fortsetzung des Bahntransports zeitweilig verhindert wird.

(8) Ist der auf die Auflieferung der Ware zum Transport folgende Tag ein Sonntag, so beginnt die Lieferfrist 24 Stunden später.

(9) Falls der letzte Tag der Lieferfrist ein Sonntag ist, so läuft die Lieferfrist erst an dem darauf folgenden Tage ab.

(10) Diese 2 Ausnahmen sind auf Eilgut anwendbar.

(11) Falls ein Staat in die Gesetze oder in die genehmigten Eisenbahnreglemente eine Bestimmung in betreff der Unterbrechung des Warentransportes an Sonn- und gewissen Feiertagen aufnimmt, so werden die Transportfristen im Verhältnis verlängert.

HGB. § 428, EVO. §§ 75, 94.

[1] Verzeichnis der Zuschlagsfristen im Bereiche der am JÜ. beteiligten Staaten: JZtschr. 1909 S. 184. Für den Bereich des Vereins deutscher E.Verwaltungen vgl. Nachweisung der Zuschläge zu den reglementsmäßigen Lieferfristen sowie der Lieferfristverkürzungen (letzte Ausg. Berlin 1909).

Art. 15. Nachträgliche Verfügungen oder Anweisungen.

(1) Der Absender allein hat das Recht, die Verfügung zu treffen, daß das Gut auf der Versandstation zurückgegeben, unterwegs angehalten oder an einen anderen als den im Frachtbrief bezeichneten Empfänger am Bestimmungsorte oder auf einer Zwischenstation oder auf einer über die Bestimmungsstation hinaus oder seitwärts gelegenen Station abgeliefert oder an die Versandstation zurückgesendet werde. Anweisungen des Absenders wegen nachträglicher Auflage, Erhöhung, Minderung oder Zurückziehung von Nachnahmen, sowie wegen nachträglicher Frankierung können nach dem Ermessen der Eisenbahn zugelassen werden. Nachträgliche Verfügungen oder Anweisungen anderen als des angegebenen Inhalts sind unzulässig.

(2) Dieses Recht steht indes dem Absender nur dann zu, wenn er das Duplikat des Frachtbriefes vorweist. Hat die Eisenbahn die Anweisungen des Absenders befolgt, ohne die Vorzeigung des Frachtbriefduplikats

zu verlangen, so ist sie für den daraus entstandenen Schaden dem Empfänger, welchem der Absender dieses Duplikat übergeben hat, haftbar.

(3) Derartige Verfügungen des Absenders ist die Eisenbahn zu beachten nur verpflichtet, wenn sie ihr durch Vermittlung der Versandstation zugekommen sind.

(4) Das Verfügungsrecht des Absenders erlischt, auch wenn er das Frachtbriefduplikat besitzt, sobald nach Ankunft des Gutes am Bestimmungsorte der Frachtbrief dem Empfänger übergeben, oder die von dem letztern nach Maßgabe des Artikels 16 erhobene Klage der Eisenbahn zugestellt worden ist. Ist dies geschehen, so hat die Eisenbahn nur die Anweisungen des bezeichneten Empfängers zu beachten, widrigenfalls sie demselben für das Gut haftbar wird.

(5) Die Eisenbahn darf die Ausführung der im ersten Satze des Absatzes (1) vorgesehenen Verfügungen nur dann verweigern oder verzögern, oder solche Verfügungen in veränderter Weise ausführen, wenn durch deren Befolgung der regelmäßige Transportverkehr gestört würde.

(6) Die im ersten Absatze dieses Artikels vorgesehenen Verfügungen müssen mittelst schriftlicher und vom Absender unterzeichneter Erklärung nach dem in den Ausführungsbestimmungen vorgeschriebenen Formular erfolgen. Die Erklärung ist auf dem Frachtbriefduplikat zu wiederholen, welches gleichzeitig der Eisenbahn vorzulegen und von dieser dem Absender zurückzugeben ist.

(7) Jede in anderer Form gegebene Verfügung des Absenders ist nichtig.

(8) Die Eisenbahn kann den Ersatz der Kosten verlangen, welche durch die Ausführung der im Absatz (1) vorgesehenen Verfügungen entstanden sind, insoweit diese Verfügungen nicht durch ihr eigenes Verschulden veranlaßt worden sind.

AusfBest. § 7 (zu Art. 15).

(1) Zu der im Artikel 15, Absatz (6), vorgesehenen Erklärung ist das Formular in Anlage 4 zu verwenden.

(2) Für die Ausstellung der Verfügungen gelten die Vorschriften des § 2, Absätze (2) und (3), über die Ausstellung der Frachtbriefe.

HGB. §§ 433, 455, 471, EVO. § 73.

Art. 16. Auslieferung der Güter am Bestimmungsorte.

(1) Die Eisenbahn ist verpflichtet, am Bestimmungsorte dem bezeichneten Empfänger gegen Bezahlung der im Frachtbriefe ersichtlich gemachten Beträge und gegen Bescheinigung des Empfanges den Frachtbrief und das Gut auszuhändigen.

(2) Der Empfänger ist nach Ankunft des Gutes am Bestimmungsorte berechtigt, die durch den Frachtvertrag begründeten Rechte gegen Erfüllung der sich daraus ergebenden Verpflichtungen in eigenem Namen gegen die Eisenbahn geltend zu machen, sei es, daß er hierbei in eigenem oder in fremdem Interesse handle. Er ist insbesondere berechtigt, von der Eisenbahn die Übergabe des Frachtbriefs und die Auslieferung des Gutes zu verlangen. Dieses Recht erlischt, wenn der im Besitz des Duplikats befindliche Absender

der Eisenbahn eine nach Maßgabe des Artikels 15 entgegenstehende Verfügung erteilt hat.

(3) Als Ort der Ablieferung gilt die vom Absender bezeichnete Bestimmungsstation.

HGB. §§ 435, 436, 440, EVO. § 76.

Art. 17. Pflichten des Empfängers bei der Annahme der Güter.]

Durch Annahme des Gutes und des Frachtbriefes wird der Empfänger verpflichtet, der Eisenbahn die im Frachtbrief ersichtlich gemachten Beträge zu bezahlen.

HGB. § 436, EVO. § 76.

Art. 18. Transporthindernisse.

(1) Wird der Antritt oder die Fortsetzung des Eisenbahntransportes durch höhere Gewalt oder Zufall verhindert und kann der Transport auf einem andern Wege nicht stattfinden, so hat die Eisenbahn den Absender um anderweitige Disposition über das Gut anzugehen.

(2) Der Absender kann vom Vertrage zurücktreten, muß aber die Eisenbahn, sofern derselben kein Verschulden zur Last fällt, für die Kosten zur Vorbereitung des Transportes, die Kosten der Wiederausladung und die Ansprüche in Beziehung auf den etwa bereits zurückgelegten Transportweg entschädigen.

(3) Wenn im Falle einer Betriebsstörung die Fortsetzung des Transportes auf einem andern Wege stattfinden kann, ist die Entscheidung der Eisenbahn überlassen, ob es dem Interesse des Absenders entspricht, den Transport auf einem andern Wege dem Bestim-

mungsorte zuzuführen, oder den Transport anzuhalten und den Absender um anderweitige Anweisung anzugehen. Falls das Gut auf einem andern Wege dem Bestimmungsorte zugeführt wird, ist die Eisenbahn berechtigt, die Zahlung der Mehrgebühren zu fordern.

(4) Befindet sich der Absender nicht im Besitze des Frachtbriefduplikats, so dürfen die in diesem Artikel vorgesehenen Anweisungen weder die Person des Empfängers, noch den Bestimmungsort abändern.

HGB. § 428, EVO. § 74.

Art. 19. Verfahren bei Ablieferungen der Güter.

Das Verfahren bei Ablieferung der Güter, sowie die etwaige Verpflichtung der Eisenbahn, das Gut einem nicht an der Bestimmungsstation wohnhaften Empfänger zuzuführen, richtet sich nach den für die abliefernde Bahn geltenden gesetzlichen und reglementarischen Bestimmungen.

EVO. §§ 76—80.

Art. 20. Rechte und Pflichten der Empfangsbahn.

Die Empfangsbahn hat bei der Ablieferung alle durch den Frachtvertrag begründeten Forderungen, insbesondere Fracht- und Nebengebühren, Zollgelder und andere zum Zwecke der Ausführung des Transportes gehabte Auslagen, sowie die auf dem Gute haftenden Nachnahmen und sonstigen Beträge, einzuziehen, und zwar sowohl für eigene Rechnung, als auch für Rechnung der vorhergehenden Eisenbahnen und sonstiger Berechtigter.

HGB. § 441, EVO. § 76.

Art. 21. Pfandrecht der Eisenbahn.

Die Eisenbahn hat für alle im Art. 20 bezeichneten Forderungen die Rechte eines Faustpfandgläubigers an dem Gute. Dieses Pfandrecht besteht, solange das Gut in der Verwahrung der Eisenbahn oder eines Dritten sich befindet, welcher es für sie inne hat.

Art. 22. Wirkungen des Pfandrechts.

Die Wirkungen des Pfandrechtes bestimmen sich nach dem Rechte des Landes, wo die Ablieferung erfolgt.

HGB. §§ 440—443, EVO. § 76.

Art. 23. Zwangsgemeinschaft der Eisenbahnen.

(1) Jede Eisenbahn ist verpflichtet, nachdem sie bei der Aufgabe oder der Ablieferung des Gutes die Fracht und die andern aus dem Frachtvertrage herrührenden Forderungen eingezogen hat, den beteiligten Bahnen den ihnen gebührenden Anteil an der Fracht und den erwähnten Forderungen zu bezahlen.

(2) Die Ablieferungsbahn ist für die Bezahlung der obigen Beträge verantwortlich, wenn sie das Gut ohne Einziehung der darauf haftenden Forderungen abliefert. Der Anspruch gegen den Empfänger des Gutes bleibt ihr jedoch vorbehalten.

(3) Die Übergabe des Gutes von einer Eisenbahn an die nächstfolgende begründet für die erstere das Recht, die letztere im Kontokorrent sofort mit dem

Betrage der Fracht und der sonstigen Forderungen, soweit dieselben zur Zeit der Übergabe des Gutes aus dem Frachtbriefe sich ergeben, zu belasten, vorbehaltlich der endgültigen Abrechnung nach Maßgabe des ersten Absatzes dieses Artikels.

(4) Aus dem internationalen Transporte herrührende Forderungen der Eisenbahnen unter einander können, wenn die schuldnerische Eisenbahn einem andern Staate angehört, als die forderungsberechtigte Eisenbahn, nicht mit Arrest belegt oder gepfändet werden, außer in dem Falle, wenn der Arrest oder die Pfändung auf Grund einer Entscheidung der Gerichte des Staates erfolgt, dem die forderungsberechtigte Eisenbahn angehört.

(5) In gleicher Weise kann das rollende Material der Eisenbahnen mit Einschluß sämtlicher beweglichen, der betreffenden Eisenbahn gehörigen Gegenstände, welche sich in diesem Material vorfinden, in dem Gebiete eines andern Staates als desjenigen, welchem die betreffende Eisenbahn angehört, weder mit Arrest belegt noch gepfändet werden, außer in dem Falle, wenn der Arrest oder die Pfändung auf Grund einer Entscheidung der Gerichte des Staates erfolgt, dem die betreffende Eisenbahn angehört.

Art. 24. Ablieferungshindernisse.

(1) Bei Ablieferungshindernissen hat die Ablieferungsstation den Absender durch Vermittlung der Versandstation von der Ursache des Hindernisses sofort in Kenntnis zu setzen und seine Anweisung einzuholen. Wenn ein Antrag auf Benachrichtigung schon im Frachtbrief gestellt ist, so muß die Benachrichtigung an den

Absender sofort auf telegraphischem Wege geschehen. Das Gut haftet für die Kosten der Benachrichtigung. Verweigert der Empfänger die Annahme des Gutes, so steht dem Absender das volle Verfügungsrecht auch dann zu, wenn er das Frachtbriefduplikat nicht vorweisen kann. In keinem Falle darf das Gut ohne ausdrückliches Einverständnis des Absenders zurückgesandt werden.

(2) Im übrigen richtet sich — unbeschadet der Bestimmungen des folgenden Artikels — das Verfahren bei Ablieferungshindernissen nach den für die abliefernde Bahn geltenden gesetzlichen und reglementarischen Bestimmungen.

HGB. § 437, EVO. § 81.

Art. 25. Feststellung von Verlust, Minderung und Beschädigung der Güter.

(1) In allen Verlust-, Minderungs- und Beschädigungsfällen haben die Eisenbahnverwaltungen sofort eine eingehende Untersuchung vorzunehmen, das Ergebnis derselben schriftlich festzustellen und dasselbe den Beteiligten auf ihr Verlangen, unter allen Umständen aber der Versandstation mitzuteilen.

(2) Wird insbesondere eine Minderung oder Beschädigung des Gutes von der Eisenbahn entdeckt oder vermutet, oder seitens des Verfügungsberechtigten behauptet, so hat die Eisenbahn den Zustand des Gutes, den Betrag des Schadens und, soweit dies möglich, die Ursache und den Zeitpunkt der Minderung oder Beschädigung ohne Verzug protokollarisch festzustellen. Eine protokollarische Feststellung hat auch im Falle des Verlustes stattzufinden.

(3) Die Feststellung richtet sich nach den Gesetzen und Reglementen des Landes, wo dieselbe stattfindet.

(4) Außerdem steht jedem der Beteiligten das Recht zu, die gerichtliche Feststellung des Zustandes des Gutes zu beantragen.

HGB. §§ 464, 438, 471, EVO. §§ 82, 83.

Art. 26. Aktivlegitimation.

(1) Zur gerichtlichen Geltendmachung der aus dem internationalen Eisenbahn-Frachtvertrage gegenüber der Eisenbahn entspringenden Rechte ist nur derjenige befugt, welchem das Verfügungsrecht über das Frachtgut zusteht.

(2) Vermag der Absender das Frachtbriefduplikat nicht vorzuzeigen, so kann er seinen Anspruch nur mit Zustimmung des Empfängers geltend machen, es wäre denn, daß er den Nachweis beibringt, daß der Empfänger die Annahme des Gutes verweigert hat.

EVO. § 99.

Art. 27. Haftpflicht der Bahnen in der Zwangsgemeinschaft. Klage.

(1) Diejenige Bahn, welche das Gut mit dem Frachtbriefe zur Beförderung angenommen hat, haftet für die Ausführung des Transportes auch auf den folgenden Bahnen der Beförderungsstrecke bis zur Ablieferung.

(2) Jede nachfolgende Bahn tritt dadurch, daß sie das Gut mit dem ursprünglichen Frachtbriefe übernimmt, nach Maßgabe des letzteren in den Frachtvertrag ein und übernimmt die selbständige Verpflichtung, den Transport nach Inhalt des Frachtbriefes auszuführen.

(3) Die Ansprüche aus dem internationalen Frachtvertrage können jedoch — unbeschadet des Rückgriffs der Bahnen gegeneinander — im Wege der Klage nur gegen die erste Bahn oder gegen diejenige, welche das Gut zuletzt mit dem Frachtbriefe übernommen hat, oder gegen diejenige Bahn gerichtet werden, auf deren Betriebsstrecke der Schaden sich ereignet hat. Unter den bezeichneten Bahnen steht dem Kläger die Wahl zu.

(4) Die Klage kann nur vor einem Gerichte des Staates anhängig gemacht werden, in welchem die beklagte Bahn ihren Wohnsitz hat, und welches nach den Gesetzen dieses Landes zuständig ist.

(5) Das Wahlrecht unter den im dritten Absatze erwähnten Bahnen erlischt mit der Erhebung der Klage.

HGB. §§ 432, 469, EVO. § 100.

Art. 28. Widerklage oder Einrede.

Im Wege der Widerklage oder der Einrede können Ansprüche aus dem internationalen Frachtvertrage auch gegen eine andere als die im Artikel 27, Absatz (3), bezeichneten Bahnen geltend gemacht werden, wenn die Klage sich auf denselben Frachtvertrag gründet.

HGB. §§ 432, 468, 469, 471, EVO. § 100.

Art. 29. Haftung der Eisenbahn für ihre Leute.

Die Eisenbahn haftet für ihre Leute und für andere Personen, deren sie sich bei Ausführung des von ihr übernommenen Transportes bedient.

HGB. § 458, EVO. § 5.

Art. 30. Haftung der Eisenbahn für Verlust, Minderung oder Beschädigung.

(1) Die Eisenbahn haftet nach Maßgabe der in den folgenden Artikeln enthaltenen nähern Bestimmungen für den Schaden, welcher durch Verlust, Minderung oder Beschädigung des Gutes seit der Annahme zur Beförderung bis zur Ablieferung entstanden ist, sofern sie nicht zu beweisen vermag, daß der Schaden durch ein Verschulden des Verfügungsberechtigten oder eine nicht von der Eisenbahn verschuldete Anweisung desselben, durch die natürliche Beschaffenheit des Gutes (namentlich durch innern Verderb, Schwinden, gewöhnliche Leckage) oder durch höhere Gewalt herbeigeführt worden ist.

(2) Ist auf dem Frachtbrief als Ort der Ablieferung ein nicht an der Eisenbahn liegender Ort bezeichnet, so besteht die Haftpflicht der Eisenbahn auf Grund dieses Übereinkommens nur für den Transport bis zur Empfangsstation. Für die Weiterbeförderung finden die Bestimmungen des Artikels 19 Anwendung.

HGB. §§ 456, 468, 471, EVO. §§ 84, 85.

Art. 31. Beschränkung der Haftung bei besondern Gefahren.

(1) Die Eisenbahn haftet nicht:

1. in Ansehung der Güter, welche nach der Bestimmung des Tarifes oder nach einer in den Frachtbrief aufgenommenen Vereinbarung mit dem Absender in offen gebauten Wagen transportiert werden:

   für den Schaden, welcher aus der mit

dieser Transportart verbundenen Gefahr entstanden ist;

2. in Ansehung der Güter, welche, obgleich ihre Natur eine Verpackung zum Schutze gegen Verlust, Minderung oder Beschädigung auf dem Transport erfordert, nach Erklärung des Absenders auf dem Frachtbriefe (Artikel 9) unverpackt oder mit mangelhafter Verpackung aufgegeben sind:

   für den Schaden, welcher aus der mit dem Mangel oder mit der mangelhaften Beschaffenheit der Verpackung verbundenen Gefahr entstanden ist;

3. in Ansehung derjenigen Güter, deren Auf- und Abladen nach Bestimmung des Tarifes oder nach einer in den Frachtbrief aufgenommenen Vereinbarung mit dem Absender, soweit eine solche in dem Staatsgebiete, wo sie zur Ausführung gelangt, zulässig ist, von dem Absender, beziehungsweise dem Empfänger besorgt wird:

   für den Schaden, welcher aus der mit dem Auf- und Abladen oder mit mangelhafter Verladung verbundenen Gefahr entstanden ist;

4. in Ansehung der Güter, welche vermöge ihrer eigentümlichen natürlichen Beschaffenheit der besonderen Gefahr ausgesetzt sind, Verlust, Minderung oder Beschädigung, namentlich Bruch, Rost, inneren Verderb, außergewöhnliche Leckage, Austrocknung und Verstreuung zu erleiden:

für den Schaden, welcher aus dieser Gefahr entstanden ist;

5. in Ansehung lebender Tiere:

für den Schaden, welcher aus der mit der Beförderung dieser Tiere für dieselben verbundenen besonderen Gefahr entstanden ist;

6. in Ansehung derjenigen Güter, einschließlich der Tiere, welchen nach der Bestimmung des Tarifs oder nach einer in den Frachtbrief aufgenommenen Vereinbarung mit dem Absender ein Begleiter beizugeben ist:

für den Schaden, welcher aus der Gefahr entstanden ist, deren Abwendung durch die Begleitung bezweckt wird.

(2) Wenn ein eingetretener Schaden nach den Umständen des Falles aus einer der in diesem Artikel bezeichneten Gefahren entstehen konnte, so wird bis zum Nachweise des Gegenteils vermutet, daß der Schaden aus der betreffenden Gefahr wirklich entstanden ist.

HGB. §§ 459, 471, EVO. § 86.

Art. 32. Beschränkung der Haftung bei Gewichtsverlusten.

(1) In Ansehung derjenigen Güter, welche nach ihrer natürlichen Beschaffenheit bei dem Transporte regelmäßig einen Verlust an Gewicht erleiden, ist die Haftpflicht der Eisenbahn für Gewichtsverluste bis zu dem aus den Ausführungsbestimmungen sich ergebenden Normalsatze ausgeschlossen.

(2) Dieser Satz wird, im Falle mehrere Stücke

auf einem und demselben Frachtbriefe befördert worden sind, für jedes Stück besonders berechnet, wenn das Gewicht der einzelnen Stücke im Frachtbrief verzeichnet oder sonst erweislich ist.

(3) Diese Beschränkung der Haftpflicht tritt nicht ein, insoweit nachgewiesen wird, daß der Verlust nach den Umständen des Falles nicht infolge der natürlichen Beschaffenheit des Gutes entstanden ist, oder daß der angenommene Prozentsatz dieser Beschaffenheit, oder den sonstigen Umständen des Falles nicht entspricht.

(4) Bei gänzlichem Verlust des Gutes findet ein Abzug für Gewichtsverlust nicht statt.

AusfBest. § 8 (zu Art. 32).

(1) Der Normalsatz für regelmäßigen Gewichtsverlust beträgt zwei Prozent bei flüssigen und feuchten, sowie bei nachstehenden trockenen Gütern:

geraspelte und gemahlene Farbhölzer,
Rinden,
Wurzeln,
Süßholz,
geschnittener Tabak,
Fettwaren,
Seifen und harte Öle,
frische Früchte,
frische Tabaksblätter,
Schafwolle,
Häute,
Felle,
Leder,
getrocknetes und gebackenes Obst,
Tierflechsen,

Hörner und Klauen,
Knochen (ganz und gemahlen),
getrocknete Fische,
Hopfen,
frische Kitte,
Schweinsborsten,
Pferdehaare,
Salz.

(2) Bei allen übrigen trockenen Gütern der in Artikel 32 des Übereinkommens bezeichneten Art beträgt der Normalsatz ein Prozent.

HGB. §§ 460, 471, EVO. § 87.

Art. 33. Vermutung für den Verlust des Gutes.

Der zur Klage Berechtigte kann das Gut ohne weitern Nachweis als in Verlust geraten betrachten, wenn sich dessen Ablieferung um mehr als 30 Tage nach Ablauf der Lieferfrist (Artikel 14) verzögert.

EVO. § 90.

Art. 34. Schadenersatz bei gänzlichem oder teilweisem Verlust des Gutes.

Wenn auf Grund der vorhergehenden Artikel von der Eisenbahn für gänzlichen oder teilweisen Verlust des Gutes Ersatz geleistet werden muß, so ist der gemeine Handelswert, in dessen Ermangelung der gemeine Wert zu ersetzen, welchen Gut derselben Art und Beschaffenheit am Versandorte zu der Zeit hatte, zu welcher das Gut zur Beförderung angenommen worden ist. Dazu kommt die Erstattung dessen, was an Zöllen und sonstigen Kosten, sowie an Fracht etwa bereits bezahlt worden ist.

HGB. §§ 457, 471, EVO. § 88.

Art. 35. Beschränkung des Schadenersatzes bei Spezialtarifen.

Es ist den Eisenbahnen gestattet, besondere Bedingungen (Spezialtarife) mit Festsetzung eines im Falle des Verlustes, der Minderung oder Beschädigung zu ersetzenden Maximalbetrages zu veröffentlichen, sofern diese Spezialtarife eine Preisermäßigung für den ganzen Transport gegenüber den gewöhnlichen Tarifen jeder Eisenbahn enthalten und der gleiche Maximalbetrag auf die ganze Transportstrecke Anwendung findet.

HGB. §§ 461, 462, 471, EVO. § 89.

Art. 36. Wiederauffinden verlorener Güter.

(1) Der Entschädigungsberechtigte kann, wenn er die Entschädigung für das in Verlust geratene Gut in Empfang nimmt, in der Quittung den Vorbehalt machen, daß er für den Fall, als das Gut binnen vier Monaten nach Ablauf der Lieferfrist wieder aufgefunden wird, hiervon seitens der Eisenbahnverwaltung sofort benachrichtigt werde. Über den Vorbehalt wird eine Bescheinigung erteilt.

(2) In diesem Fall kann der Entschädigungsberechtigte innerhalb 30 Tagen nach erhaltener Nachricht verlangen, daß ihm das Gut nach seiner Wahl an den Versand- oder an den im Frachtbriefe angegebenen Bestimmungsort kostenfrei gegen Rückerstattung der ihm bezahlten Entschädigung ausgeliefert werde.

(3) Wenn der im ersten Absatz erwähnte Vorbehalt nicht gemacht worden ist, oder wenn der Entschädigungsberechtigte in der im zweiten Absatze bezeichneten dreißigtägigen Frist das dort vorgesehene Begehren nicht gestellt hat, oder endlich, wenn das Gut erst nach vier Monaten nach Ablauf der Lieferfrist wieder aufgefunden wird, so kann die Eisenbahn nach den Gesetzen ihres Landes über das wiederaufgefundene Gut verfügen.

EVO. § 91.

Art. 37. Schadenersatz für Beschädigung des Gutes.

Im Falle der Beschädigung hat die Eisenbahn den ganzen Betrag des Minderwertes des Gutes zu bezahlen. Im Falle die Beförderung nach einem Spezialtarife im Sinne des Artikels 35 stattgefunden hat, wird der zu bezahlende Schadensbetrag verhältnismäßig reduziert.

HGB. §§ 457, 471, EVO. § 88.

Art. 38. Interessedeklaration.

(1) Hat eine Deklaration des Interesses an der Lieferung stattgefunden, so kann dem Berechtigten im Falle des Verlustes, der Minderung oder der Beschädigung, außer der durch den Artikel 34 und beziehungsweise durch den Artikel 37 festgesetzten Entschädigung, noch ein weiterer Schadenersatz bis zur Höhe des in der Deklaration festgesetzten Betrages zugesprochen werden. Das Vorhandensein und die Höhe dieses weitern Schadens hat der Berechtigte zu erweisen.

(2) Die Ausführungsbestimmungen setzen den Höchstbetrag des Frachtzuschlages fest, welcher im Falle einer Deklaration des Interesses an der Lieferuug zn zahlen ist.

AusfBest. § 9 (zu Art. 38).

(1) Die Summe, zu welcher das Interesse an der Lieferung deklariert wird, muß im Frachtbrief an der dafür vorgesehenen Stelle mit Buchstaben eingetragen werden.

(2) In diesem Falle wird der Frachtzuschlag mit 0,25 Cts. für unteilbare Einheiten von je 10 Franken und 10 Kilometern berechnet. Der sich ergebende Betrag kann auf volle 5 Cts. aufgerundet werden.

(3) Der geringste zur Erhebung kommende Frachtzuschlag beträgt für den ganzen Durchlauf 50 Cts.

AusfBest. § 11.

Die in den vorhergehenden Ausführungsbestimmungen in Franken ausgedrückten Summen sind in den vertragschließenden Staaten, in welchen die Frankenwährung nicht besteht, durch in der Landeswährung ausgedrückte Beträge zu ersetzen.

HGB. § 463, EVO. §§ 92, 93.

Art. 39. Haftung für Versäumung der Lieferfrist.

Die Eisenbahn haftet für den Schaden, welcher durch Versäumung der Lieferfrist (Artikel 14) entstanden ist, sofern sie nicht beweist, daß die Verspätung von einem Ereignisse herrührt, welches sie weder herbeigeführt hat, noch abzuwenden vermochte.

HGB. §§ 466, 471, EVO. § 94.

Art. 40. Vergütung im Falle der Versäumung der Lieferfrist.

(1) Im Falle der Versäumung der Lieferfrist können ohne Nachweis eines Schadens folgende Vergütungen beansprucht werden:

Bei einer Verspätung bis einschließlich $^1/_{10}$ der Lieferfrist: $^1/_{10}$ der Fracht.
Bei einer Verspätung bis einschließlich $^2/_{10}$ der Lieferfrist: $^2/_{10}$ der Fracht.
Bei einer Verspätung bis einschließlich $^3/_{10}$ der Lieferfrist: $^3/_{10}$ der Fracht.
Bei einer Verspätung bis einschließlich $^4/_{10}$ der Lieferfrist: $^4/_{10}$ der Fracht.
Bei einer Verspätung von längerer Dauer: $^5/_{10}$ der Fracht.

(2) Wird der Nachweis eines Schadens erbracht, so kann der Betrag bis zur Höhe der ganzen Fracht beansprucht werden.

(3) Hat eine Deklaration des Interesses stattgefunden, so können ohne Nachweis eines Schadens folgende Vergütungen beansprucht werden:

Bei einer Verspätung bis einschließlich $^1/_{10}$ der Lieferfrist: $^2/_{10}$ der Fracht.
Bei einer Verspätung bis einschließlich $^2/_{10}$ der Lieferfrist: $^4/_{10}$ der Fracht.
Bei einer Verspätung bis einschließlich $^3/_{10}$ der Lieferfrist: $^6/_{10}$ der Fracht.
Bei einer Verspätnng bis einschließlich $^4/_{10}$ der Lieferfrist: $^8/_{10}$ der Fracht.
Bei einer Verspätung von längerer Dauer: die ganze Fracht.

(4) Wird der Nachweis eines Schadens erbracht, so kann der Betrag des Schadens beansprucht werden. In beiden Fällen darf die Vergütung den deklarierten Betrag des Interesses nicht übersteigen. Ist jedoch der deklarierte Betrag niedriger als die ohne Interesse-Deklaration nach Absatz (2) zu leistende Frachtvergütung, so kann die letztere beansprucht werden.

HGB. §§ 466, 471, EVO. § 94.

Art. 41. Schadenersatz bei Arglist oder grober Fahrlässigkeit.

Die Vergütung des vollen Schadens kann in allen Fällen gefordert werden, wenn derselbe infolge der Arglist oder der groben Fahrlässigkeit der Eisenbahn entstanden ist.

HGB. §§ 438 (5), 457 (3), 461 (2), 464 (2), 465 (2), 466 (4), 471, EVO. § 95.

Art. 42. Verzinsung der Entschädigungsbeträge.

Der Forderungsberechtigte kann 6 Prozent Zinsen der als Entschädigung festgesetzten Summe verlangen. Diese Zinsen laufen von dem Tage, an welchem das Entschädigungsbegehren gestellt wird.

Art. 43. Ausschluß der Haftung bei verbotenen oder nur bedingungsweise zugelassenen Transporten.

Wenn Gegenstände, welche vom Transport ausgeschlossen oder zu demselben nur bedingungsweise zugelassen sind, unter unrichtiger oder ungenauer Deklaration zur Beförderung aufgegeben, oder wenn die für dieselben vorgesehenen Sicherheitsvorschriften vom Absender außer acht gelassen werden, so ist jede Haftpflicht der Eisenbahn auf Grund des Frachtvertrages ausgeschlossen.

HGB. §§ 467, 471, EVO. § 96.

Art. 44. Erlöschen der Ansprüche gegen die Eisenbahn.

(1) Ist die Fracht nebst den sonst auf dem Gute haftenden Forderungen bezahlt und das Gut angenommen, so sind alle Ansprüche gegen die Eisenbahn aus dem Frachtvertrage erloschen.

(2) Hiervon sind jedoch ausgenommen:

1. Entschädigungsansprüche, bei welchen der Berechtigte nachweisen kann, daß der Schaden durch Arglist oder grobe Fahrlässigkeit der Eisenbahn herbeigeführt worden ist;
2. Entschädigungsansprüche wegen Verspätung, wenn die Reklamation spätestens am vierzehnten Tage, den Tag der Annahme nicht mitgerechnet, bei einer der nach Artikel 27, Absatz (3), in Anspruch zu nehmenden Eisenbahnen angebracht wird;
3. Entschädigungsansprüche wegen solcher Mängel, deren Feststellung gemäß Artikel 25 vor der Annahme des Gutes durch den Empfänger erfolgt ist, oder deren Feststellung nach Artikel 25 hätte erfolgen sollen und durch Verschulden der Eisenbahn unterblieben ist;
4. Entschädigungsansprüche wegen äußerlich nicht erkennbarer Mängel, deren Feststellung nach der Annahme erfolgt ist, jedoch nur unter nachstehenden Voraussetzungen:

a) es muß unmittelbar nach der Entdeckung des Schadens und spätestens sieben Tage nach der Empfangnahme des Gutes der Antrag auf Feststellung gemäß Artikel 25 bei der Eisenbahn oder dem zuständigen Gerichte angebracht werden;

b) der Berechtigte muß beweisen, daß der Mangel während der Zeit zwischen der Annahme zur Beförderung und der Ablieferung entstanden ist.

War indessen die Feststellung des Zustandes des Gutes durch den Empfänger auf der Empfangsstation möglich und hat die Eisenbahn sich bereit erklärt, dieselbe dort vorzunehmen, so findet die Bestimmung unter Ziffer 4 keine Anwendung.

(3) Es steht dem Empfänger frei, die Annahme des Gutes, auch nach Annahme des Frachtbriefes und Bezahlung der Fracht, insolange zu verweigern, als nicht seinem Antrage auf Feststellung der von ihm behaupteten Mängel stattgegeben ist. Vorbehalte bei der Annahme des Gutes sind wirkungslos, sofern sie nicht unter Zustimmung der Eisenbahn erfolgt sind.

(4) Wenn von mehreren auf dem Frachtbriefe verzeichneten Gegenständen einzelne bei der Ablieferung fehlen, so kann der Empfänger in der Empfangsbescheinigung (Artikel 16) die nicht abgelieferten Gegenstände unter spezieller Bezeichnung derselben ausschließen.

(5) Alle in diesem Artikel erwähnten Entschädigungsansprüche müssen schriftlich erhoben werden.

HGB. §§ 438, 464, 471, EVO. § 97.

Art. 45. Verjährung der Ansprüche gegen die Eisenbahn.

(1) Entschädigungsforderungen wegen Verlustes, Minderung, Beschädigung oder Verspätung, insofern sie nicht durch Anerkenntnis der Eisenbahn, Vergleich oder gerichtliches Urteil festgestellt sind, verjähren in einem Jahre und im Falle des Artikels 44, Absatz (2), Ziffer 1, in drei Jahren.

(2) Die Verjährung beginnt im Falle der Beschädigung oder Minderung an dem Tage, an welchem die Ablieferung stattgefunden hat, im Falle des gänzlichen Verlustes eines Frachtstückes oder der Verspätung an dem Tage, an welchem die Lieferfrist abgelaufen ist.

(3) Bezüglich der Unterbrechung der Verjährung entscheiden die Gesetze des Landes, wo die Klage angestellt ist.

(4) Wenn der Berechtigte eine schriftliche Reklamation bei der Eisenbahn einreicht, so wird die Verjährung für so lange gehemmt, als die Reklamation nicht erledigt ist. Ergeht auf die Reklamation ein abschlägiger Bescheid, so beginnt der Lauf der Verjährungsfrist wieder mit dem Tage, an welchem die Eisenbahn ihre Entscheidung dem Reklamanten schriftlich bekannt macht und ihm die der Reklamation etwa angeschlossenen Beweisstücke zurückstellt. Der Beweis der Einreichung oder der Erledigung der Reklamation sowie der der Rückstellung der Beweisstücke obliegt demjenigen, der sich auf diese Tatsachen beruft. Weitere Reklamationen, die an die Eisenbahn oder an die vor-

gesetzten Behörden gerichtet werden, bewirken keine Hemmung der Verjährung.

HGB. §§ 439, 470 (2), 471, EVO. § 98.

Art. 46. Unzulässigkeit der Geltendmachung erloschener und verjährter Ansprüche.

Ansprüche, welche nach den Bestimmungen der Artikel 44 und 45 erloschen oder verjährt sind, können auch nicht im Wege einer Widerklage oder einer Einrede geltend gemacht werden.

HGB. §§ 439, 414 (3), 470, EVO. § 98.

Art. 47. Rückgriffsrecht der Eisenbahnen unter sich.

(1) Derjenigen Eisenbahn, welche auf Grund der Bestimmungen dieses Übereinkommens Entschädigungen geleistet hat, steht der Rückgriff gegen die am Transporte beteiligten Bahnen nach Maßgabe folgender Bestimmungen zu:

1. diejenige Eisenbahn, welche den Schaden allein verschuldet hat, haftet für denselben ausschließlich;
2. haben mehrere Bahnen den Schaden verschuldet, so haftet jede Bahn für den von ihr verschuldeten Schaden. Ist eine solche Unterscheidung nach den Umständen des Falles nicht möglich, so werden die Anteile der schuldtragenden Bahnen am Schadenersatze nach den Grundsätzen der folgenden Ziffer 3 festgesetzt;
3. ist ein Verschulden einer oder mehrerer Bahnen als Ursache des Schadens nicht nachweisbar, so haften die sämtlichen am Transport beteiligten Bahnen mit Ausnahme derjenigen, welche

beweisen, daß der Schaden auf ihrer Strecke nicht entstanden ist, nach Verhältnis der reinen Fracht, welche jede derselben nach dem Tarife im Falle der ordnungsmäßigen Ausführung des Transportes bezogen hätte.

(2) Im Falle der Zahlungsunfähigkeit einer der in diesem Artikel bezeichneten Eisenbahnen wird der Schaden, der hieraus für die Eisenbahn entsteht, welche den Schadenersatz geleistet hat, unter alle Eisenbahnen, welche an dem Transport teilgenommen haben, nach Verhältnis der reinen Fracht verteilt.

HGB. §§ 432 (3), 469, 471, EVO. § 100.

Art. 48. Rückgriff im Falle der Versäumung der Lieferfrist.

(1) Die Vorschriften des Artikels 47 finden auch auf die Fälle der Versäumung der Lieferfrist Anwendung. Für Versäumung der Lieferfrist haften mehrere schuldtragende Verwaltungen, nach Verhältnis der Zeitdauer der auf ihren Bahnstrecken vorgekommenen Versäumnis.

(2) Die Verteilung der Lieferfrist unter den einzelnen an einem Transporte beteiligten Eisenbahnen richtet sich, in Ermangelung anderweitiger Vereinbarungen, nach den durch die Ausführungsbestimmungen festgesetzten Normen.

AusfBest. § 10 (zu Art. 48).

(1) Die nach Artikel 14 des Übereinkommens und § 6 dieser Ausführungsbestimmungen im einzelnen Falle für einen internationalen Transport sich berechnende Lieferfrist verteilt sich auf die am Transporte

teilnehmenden Bahnen, in Ermangelung einer anderweitigen Verständigung, in folgender Weise:

1. Im Nachbarverkehre zweier Bahnen:
   a) die Expeditionsfrist zu gleichen Teilen;
   b) die Transportfrist pro rata der Streckenlänge (Tariflänge), mit der jede Bahn am Transporte beteiligt ist;
2. Im Verkehr dreier oder mehrerer Bahnen:
   a) die erste und letzte Bahn erhalten ein Präcipuum von je 12 Stunden bei Frachtgut und 6 Stunden bei Eilgut aus der Expeditionsfrist;
   b) der Rest der Expeditionsfrist und ein Drittel der Transportfrist werden zu gleichen Teilen unter allen beteiligten Bahnen verteilt;
   c) die übrigen zwei Drittel der Transportfrist pro rata der Streckenlänge (Tariflänge), mit der jede Bahn am Transporte beteiligt ist.

(2) Etwaige Zuschlagsfristen kommen derjenigen Bahn zugute, nach deren Lokaltarifbestimmungen sie im gegebenen Falle zulässig sind.

(3) Die Zeit von der Auflieferung des Gutes bis zum Beginn der Lieferfrist kommt lediglich der Versandbahn zugute.

(4) Wird die Lieferfrist im ganzen eingehalten, so kommt vorstehende Verteilung nicht in Betracht.

Art. 49. Ausschluß der Solidarhaft für den Rückgriff.

Eine Solidarhaft mehrerer am Transporte beteiligter Bahnen findet für den Rückgriff nicht statt.

Art. 50. Wirkung der im Entschädigungsprozeß gegen die rückgriffnehmende Bahn ergangenen Entscheidung.

Für den im Wege des Rückgriffs geltend zu machenden Anspruch der Eisenbahnen untereinander ist die im Entschädigungsprozeß gegen die rückgriffnehmende Bahn ergangene endgültige Entscheidung hinsichtlich der Verbindlichkeit zum Schadenersatz und der Höhe der Entschädigung maßgebend, sofern den im Rückgriffswege in Anspruch zu nehmenden Bahnen der Streit in gehöriger Form verkündet ist und dieselben in der Lage sich befanden, in dem Prozesse zu intervenieren. Die Frist für diese Intervention wird von dem Richter der Hauptsache nach den Umständen des Falles und so kurz als möglich bestimmt.

Art. 51. Einheitlichkeit des Verfahrens im Rückgriffsprozeß.

(1) Insoweit nicht eine gütliche Einigung erfolgt ist, sind sämtliche beteiligte Bahnen in einer und derselben Klage zu belangen, widrigenfalls das Recht des Rückgriffs gegen die nicht belangten Bahnen erlischt.

(2) Der Richter hat in einem und demselben Verfahren zu entscheiden. Den Beklagten steht ein weiterer Rückgriff nicht zu.

Art. 52. Unzulässigkeit der Verbindung des Rückgriffverfahrens mit dem Entschädigungsverfahren.

Die Verbindung des Rückgriffverfahrens mit dem Entschädigungsverfahren ist unzulässig.

Art. 53. Gerichtszuständigkeit im Rückgriffsprozeß.

(1) Für alle Rückgriffsansprüche ist der Richter des Wohnsitzes der Bahn, gegen welche der Rückgriff erhoben wird, ausschließlich zuständig.

(2) Ist die Klage gegen mehrere Bahnen zu erheben, so steht der klagenden Bahn die Wahl unter den nach Maßgabe des ersten Absatzes dieses Artikels zuständigen Richtern zu.

Art. 54. Befugnis der Eisenbahnen, andere Vereinbarungen für den Rückgriff zu treffen.

Die Befugnis der Eisenbahnen, über den Rückgriff im voraus oder im einzelnen Fall andere Vereinbarungen zu treffen, wird durch die vorstehenden Bestimmungen nicht berührt.

Art. 55. Verbindlichkeit der Gesetze des Prozeßrichters.

Soweit nicht durch das gegenwärtige Übereinkommen andere Bestimmungen getroffen sind, richtet sich das Verfahren nach den Gesetzen des Prozeßrichters.

Art. 56. Vollstreckbarkeit der Urteile und Sicherstellung der Prozeßkosten.

(1) Urteile, welche auf Grund der Bestimmungen dieses Übereinkommens von dem zuständigen Richter infolge eines kontradiktorischen oder eines Versäumnisverfahrens erlassen und nach den für den urteilenden Richter maßgebenden Gesetzen vollstreckbar geworden sind, erlangen im Gebiete sämtlicher Vertragsstaaten Vollstreckbarkeit unter Erfüllung der von den Gesetzen

des Landes vorgeschriebenen Bedingungen und Formalitäten, aber ohne daß eine materielle Prüfung des Inhalts zulässig wäre. Auf nur vorläufig vollstreckbare Urteile findet diese Vorschrift keine Anwendung, ebensowenig auf diejenigen Bestimmungen eines Urteils, durch welche der Kläger, weil derselbe im Prozesse unterliegt, außer den Prozeßkosten zu einer weitern Entschädigung verurteilt wird.

(2) Eine Sicherstellung für die Prozeßkosten kann bei Klagen, welche auf Grund des internationalen Frachtvertrages erhoben werden, nicht gefordert werden.

Art. 57. Errichtung eines Central-Amtes und Zuständigkeit desselben.

(1) Um die Ausführung des gegenwärtigen Übereinkommens zu erleichtern und zu sichern, soll ein Central-Amt für den internationalen Transport errichtet werden, welches die Aufgabe hat:

1. die Mitteilungen eines jeden der vertragschließenden Staaten und einer jeden der beteiligten Eisenbahnverwaltungen entgegenzunehmen und sie den übrigen Staaten und Verwaltungen zur Kenntnis zu bringen;[1]
2. Nachrichten aller Art, welche für das internationale Transportwesen von Wichtigkeit sind, zu sammeln, zusammenzustellen und zu veröffentlichen;[2]
3. auf Begehren der Parteien Entscheidungen über Streitigkeiten der Eisenbahnen unter einander abzugeben;[3]
4. die geschäftliche Behandlung der behufs Abänderung des gegenwärtigen Übereinkommens gemachten Vorschläge vorzunehmen, sowie in

allen Fällen, wenn hierzu ein Anlaß vorliegt, den vertragschließenden Staaten den Zusammentritt einer neuen Konferenz vorzuschlagen;

5. die durch den internationalen Transportdienst bedingten finanziellen Beziehungen zwischen den beteiligten Verwaltungen, sowie die Einziehung rückständig gebliebener Forderungen zu erleichtern und in dieser Hinsicht die Sicherheit des Verhältnisses der Eisenbahnen unter einander zu fördern.

(2) Ein besonderes Reglement wird den Sitz, die Zusammensetzung und Organisation dieses Amtes, sowie die zur Ausführung nötigen Mittel feststellen.[4]

[1] Die von deutscher Seite an das Central-Amt zu gebenden Mitteilungen erfolgen durch das Reichs-Eisenbahn-Amt. Ebenso werden die vom Central-Amt ausgehenden Mitteilungen an das Reichs-Eisenbahn-Amt gerichtet, das die Weiterleitung veranlaßt. Hierdurch werden indes die Fälle nicht berührt, in denen das Central-Amt entweder als Schiedsrichter (IÜ. Art. 57 Ziff. 3) oder als Vermittler (das. Ziff. 5 u. Art. III des Reglements) angerufen wird. In diesen Fällen findet der Verkehr zwischen den beteiligten Ebn. u. dem Central-Amt unmittelbar statt.

[2] Geschieht in der vom Central-Amt herausgegebenen „Zeitschrift für den Internationalen E.-Transport".

[3] Über das bei Abgabe der Entscheidungen zu beobachtende Verfahren hat der schweizerische Bundesrat unterm 29./11. 1892 eine Verordnung erlassen (IZtschr. I S. 54, 231. II S. 125, 172).

[4] Unten (S. 201) abgedruckt.

Art. 58. Liste der Eisenbahnen.

(1) Das im Artikel 57 bezeichnete Central-Amt hat die Mitteilungen der Vertragsstaaten in betreff der Hinzufügung oder der Streichung von Eisenbahnen

in der in Gemäßheit des Artikels 1 aufgestellten Liste entgegenzunehmen.

(2) Der wirkliche Eintritt einer neuen Eisenbahn in den internationalen Transportdienst erfolgt erst nach einem Monat vom Datum des an die andern Staaten gerichteten Benachrichtigungsschreibens des Central-Amtes.

(3) Die Streichung einer Eisenbahn wird von dem Central-Amte vollzogen, sobald es von einem der Vertragsstaaten davon in Kenntnis gesetzt wird, daß dieser festgestellt hat, daß eine ihm angehörige und in der von ihm aufgestellten Liste verzeichnete Eisenbahn aus finanziellen Gründen, oder infolge einer tatsächlichen Behinderung nicht mehr in der Lage ist, den Verpflichtungen zu entsprechen, welche den Eisenbahnen durch das gegenwärtige Übereinkommen auferlegt werden.

(4) Jede Eisenbahnverwaltung ist, sobald sie seitens des Central-Amtes die Nachricht von der erfolgten Streichung einer Eisenbahn erhalten hat, berechtigt, mit der betreffenden Eisenbahn alle aus dem internationalen Transporte sich ergebenden Beziehungen abzubrechen. Die bereits in der Ausführung begriffenen Transporte sind jedoch auch in diesem Falle vollständig auszuführen.

Art. 59. Revisionskonferenzen.

(1) Wenigstens alle fünf Jahre nach dem Inkrafttreten der auf der letzten Revisionskonferenz beschlossenen Änderungen wird eine neue Konferenz aus Delegierten der vertragschließenden Staaten zusammentreten, um die für notwendig erachteten Abänderungen

und Verbesserungen des Übereinkommens in Vorschlag zu bringen.

(2) Auf Begehren von wenigstens einem Viertel der beteiligten Staaten kann jedoch der Zusammentritt von Konferenzen auch in einem frühern Zeitpunkte erfolgen.

Art. 60. Verbindlichkeit und Dauer des Internationalen Übereinkommens.

Das gegenwärtige Übereinkommen ist für jeden beteiligten Staat auf drei Jahre von dem Tage, an welchem dasselbe in Wirksamkeit tritt, verbindlich. Jeder Staat, welcher nach Ablauf dieser Zeit von dem Übereinkommen zurückzutreten beabsichtigt, ist verpflichtet, hiervon die übrigen Staaten ein Jahr vorher in Kenntnis zu setzen. Wird von diesem Rechte kein Gebrauch gemacht, so ist das gegenwärtige Übereinkommen als für weitere drei Jahre verlängert zu betrachten.

Zusatzerklärung vom 20. September 1893.[1]

Die Staaten, die an dem Übereinkommen vom 14. Oktober 1890 über den Eisenbahnfrachtverkehr nicht teilgenommen haben, können um ihre Aufnahme in dieses Übereinkommen nachsuchen.

Sie haben sich zu diesem Zwecke an die schweizerische Regierung zu wenden.

Diese Regierung unterbreitet das Gesuch dem Central-Amte zur Prüfung und teilt hierauf den zur Union gehörenden Staaten die Vorschläge dieses Amtes mit.

Kommt eine Übereinstimmung zustande, so teilt die schweizerische Regierung dem betreffenden Staate die Annahme seiner Beitrittserklärung mit und gibt auch den zur Union gehörenden Staaten Kenntnis hiervon.

Der Beitritt wird einen Monat nach dem Tage rechtskräftig, an welchem die schweizerische Regierung diese Anzeige erlassen hat, und schließt ohne weiteres die volle Annahme aller Bestimmungen des Übereinkommens in sich.

[1] S. Vorbem. S. 141.

Vollziehungs-Protokoll zur Zusatzvereinbarung vom 16. Juli 1895.[1]

(RGBl. 1895 S. 517.)

(pp.)

Die Zusatzvereinbarung ist, dem diplomatischen Gebrauche entsprechend, in französischer Sprache abgeschlossen und gezeichnet.

Dem gegenwärtigen Protokoll ist ein deutscher Text beigefügt. Man ist darüber einverstanden, daß dieser Text den gleichen Wert haben soll, wie der französische Text, sofern es sich um den Eisenbahnverkehr handelt, bei welchem ein Staat, wo das Deutsche ausschließlich oder neben anderen Sprachen als Geschäftssprache gilt, beteiligt ist.

Ebenso ist man einverstanden, daß die vorstehende Bestimmung sich auf das ganze internationale Übereinkommen vom 14. Oktober 1890, wie auch auf alle Erklärungen und Nachträge zu diesem Übereinkommen erstrecken soll.

pp.

[1] S. Vorbem. S. 141.

Liste der Eisenbahnstrecken, auf welche das Internationale Übereinkommen über den Eisenbahn-Frachtverkehr Anwendung findet.

Von der Aufnahme dieser Liste ist mit Rücksicht auf die fortwährenden Änderungen und die dadurch bedingte alljährliche Sonderausgabe der Liste Abstand genommen.

Reglement betreffend die Errichtung eines Central-Amtes.

Art. I.

(1) Der Bundesrat der schweizerischen Eidgenossenschaft wird beauftragt, das durch Artikel 57 des internationalen Übereinkommens über den Eisenbahn-Frachtverkehr errichtete Central-Amt zu organisieren und seine Geschäftsführung zu überwachen. Der Sitz dieses Amtes soll in Bern sein.

(2) Zu dieser Organisierung soll sofort nach dem Austausche der Ratifikationsurkunden und in der Art geschritten werden, daß das Amt die ihm übertragenen Funktionen zugleich mit dem Eintritte der Wirksamkeit des Übereinkommens beginnen kann.

(3) Die Kosten dieses Amtes, welche bis auf weiteres den jährlichen Betrag von 110000 Franken nicht übersteigen sollen, werden von jedem Staate im Verhältnisse zu der kilometrischen Länge der von ihm zur Ausführung internationaler Transporte als geeignet bezeichneten Eisenbahnstrecken getragen.

Außerdem wird dem schweizerischen Post- und Eisenbahndepartement eine einmal zahlbare Summe von 25000 Franken zur Verfügung gestellt, um mit ihr sowie mit den Zinsen des Kapitals einen Fonds zu bilden, der dazu dienen soll, den Beamten, Angestellten und Unterbeamten des Central-Amtes für den internationalen Eisenbahntransport Unterstützungen oder Entschädigungen für den Fall zu bewilligen, daß sie infolge vorgerückten Alters, durch Unglücksfälle oder Krankheit zur Ausübung ihrer dienstlichen Pflichten dauernd unfähig werden.

Art. II.

(1) Dem Central-Amte werden alle Mitteilungen, welche für das internationale Transportwesen von Wichtigkeit sind, von den vertragschließenden Staaten, sowie von den Eisenbahnverwaltungen mitgeteilt werden. Dasselbe kann mit Benützung dieser Mitteilungen eine Zeitschrift herausgeben, von welcher je ein Exemplar jedem Staate und jeder beteiligten Verwaltung unentgeltlich zu übermitteln ist. Weitere Exemplare dieser Zeitschrift sind zu einem von dem Central-Amte festzusetzenden Preise zu bezahlen. Diese Zeitschrift soll in deutscher und französischer Sprache erscheinen.

(2) Das Verzeichnis der einzelnen im Artikel 2 des Übereinkommens unter Ziffer 1 und 3 bezeichneten Gegenstände, sowie allfällige Abänderungen dieses Verzeichnisses, welche später von einzelnen der vertragschließenden Staaten vorgenommen werden, sind mit tunlichster Beschleunigung dem Central-Amte zur Kenntnis zu bringen, welches dieselben sofort allen vertragschließenden Staaten mitteilen wird.

(3) Was die im Artikel 2 des Übereinkommens unter Ziffer 2 bezeichneten Gegenstände betrifft, so wird das Central-Amt von jedem der vertragschließenden

Staaten die erforderlichen Angaben begehren und den anderen Staaten mitteilen.

Art. III.

(1) Auf Verlangen jeder Eisenbahnverwaltung wird das Central-Amt bei Regulierung der aus dem internationalen Transporte herrührenden Forderungen als Vermittler dienen.

(2) Die aus dem internationalen Transporte herrührenden unbezahlt gebliebenen Forderungen können dem Central-Amte zur Kenntnis gebracht werden, um die Einziehung derselben zu erleichtern. Zu diesem Zwecke wird das Amt ungesäumt an die schuldnerische Bahn die Aufforderung richten, die Forderung zu regulieren oder die Gründe der Zahlungsverweigerung anzugeben.

(3) Ist das Amt der Ansicht, daß die Weigerung hinreichend begründet ist, so hat es die Parteien vor den zuständigen Richter zu verweisen.

(4) Im entgegengesetzten, sowie in dem Falle, wenn nur ein Teil der Forderung bestritten wird, hat der Leiter des Amtes, nachdem er das Gutachten zweier von dem Bundesrate zu diesem Zwecke zu bezeichnenden Sachverständigen eingeholt hat, sich darüber auszusprechen, ob die schuldnerische Eisenbahn die ganze oder einen Teil der Forderung zuhanden des Amtes niederzulegen habe. Der auf diese Weise niedergelegte Betrag bleibt bis nach Entscheidung der Sache durch den zuständigen Richter in den Händen des Amtes.

(5) Wenn eine Eisenbahn innerhalb 14 Tagen der Aufforderung des Amtes nicht nachkommt, so ist an dieselbe eine neue Aufforderung, unter Androhung

der Folgen einer ferneren Verweigerung der Zahlung, zu richten.

(6) Wird auch dieser zweiten Aufforderung binnen zehn Tagen nicht entsprochen, so hat der Leiter von Amts wegen an den Staat, welchem die betreffende Eisenbahn angehört, eine motivierte Mitteilung und zugleich das Ersuchen zu richten, die geeigneten Maßregeln in Erwägung zu ziehen und namentlich zu prüfen, ob die schuldnerische Eisenbahn noch ferner in dem von ihm mitgeteilten Verzeichnisse zu belassen sei.

(7) Bleibt die Mitteilung des Amtes an den Staat, welchem die betreffende Eisenbahn angehört, innerhalb einer sechswöchentlichen Frist unbeantwortet, oder erklärt der Staat, daß er, ungeachtet der nicht erfolgten Zahlung, die Eisenbahn nicht aus der Liste streichen zu lassen beabsichtigt, so wird angenommen, daß der betreffende Staat für die Zahlungsfähigkeit der schuldnerischen Eisenbahn, soweit es sich um aus dem internationalen Transporte herrührende Forderungen handelt, ohne weitere Erklärung die Garantie übernehme.

Ausführungsbestimmungen zum Übereinkommen über den internationalen Eisenbahn-Frachtverkehr

sind bereits vorstehend hinter den einzelnen Artikeln des JÜ. wiedergegeben.

Anlage 1.

Vorschriften über bedingungsweise zur Beförderung zugelassene Gegenstände.

Von der Wiedergabe wird abgesehen.

INTERNATIONALER EISENBAHNTRANSPORT

INTERNATIONA

F

(Formular I.)

(Formular

Kontrollstempel der Eisenbahn.

Wagen

Nr. (1)	Eigentumsmerkmale (1)	Ladegewicht und Ladefläche

Der Frachtkarte			
Nr.			
Pos.			

(1) Wenn die Wagen vom Absender verladen sind, muß dieser die Wagennummern und die Eigentumsmerkmale hier eintragen.

An (2)

Sie empfangen die nachstehend verzeich Eisenbahnfrachtverkehr, sowie in den Reglement Festsetzungen, welche für diese Sendung in Anwe

(2) Name und Adresse des Empfängers (Stadt ist anzugeben, ob sie auf den Bahnhof oder ins Haus zu

ZEICHEN und NUMMER	AN-ZAHL	ART der Verpackung	INHALT	Wirkliches Brutto-gewicht: Kilogramm	R B su (K

Stempel der Versand-Station:	Wiege-Stempel:	Stempel der Empfangs-S

ENBAHNTRANSPORT.

BRIEF.

Fracht. (Weißes Papier.)

at. (Weißes Papier mit einem mindestens 1 Centimeter breiten roten Streifen am oberen und unteren Rand auf der Vorder- u. Rückseite.)

rund der in dem Internationalen Übereinkommen über den betreffenden Bahnen beziehungsweise Verkehre enthaltenen

Hausnummer, Land). Bei Sendungen nach Frankreich oder Italien

Versandbahn

Empfangsbahn

Empfangsstation

ERKLÄRUNG wegen VAIGEN ZOLL- UND STEUER-AMTLICHEN polizeilichen Behandlung; der betr. Dokumente und sonstigen lagen inkl. Bleiverschlüsse. etzlich oder reglementarisch zulässige Erklärungen.

ANGABE DER ANZUWENDENDEN TARIFE und ROUTENVORSCHRIFT

Betrag der Frankatur

Deklariertes Interesse an der Lieferung

Summe d. Nachnahme: Bar-Vorschuß; nach Eingang

In Buchstaben

Betrag

Spezifikation obiger Nachnahme

Frankaturvermerk des Absenders

.............., den 19

Unterschrift und Adresse des Absenders:

Anlage 3.

Erklärung.

Die Güter-Expedition der .... Eisenbahn zu .... hat auf mein (unser) Ersuchen folgende Güter, welche laut Frachtbrief vom heutigen Tage in nachstehender Weise bezeichnet sind, zur Eisenbahnbeförderung nach .... von mir (uns) angenommen, nämlich ....

....

....

....

Ich (Wir) erkenne(n) hierbei ausdrücklich an, daß diese Güter

unverpackt
______________________________ *)
in nachbeschriebener mangelhafter Verpackung

....

....

....

....

aufgegeben sind, und daß dieses auf dem Frachtbriefe von mir (uns) anerkannt ist.

.... den .....ten .... 19.....

*) Je nach der Beschaffenheit der Sendung ist entweder das Wort „unverpackt" oder der Passus „in nachbeschriebener mangelhafter Verpackung" zu streichen.

Das Anerkenntnis ist bei Sendungen, die aus mehreren Kolli bestehen, auf diejenigen Stücke zu beschränken, welche unverpackt sind oder Mängel in der Verpackung zeigen.

Anlage 3a.

Allgemeine Erklärung.

Die Güter-Expedition der .... Eisenbahn zu .... übernimmt auf mein (unser) Ersuchen alle nachbezeichneten Güter, welche vom heutigen Tage ab von mir (uns) zur Eisenbahn-Beförderung aufgegeben werden, nämlich:

....

....

Ich (Wir) erkenne(n) hierbei ausdrücklich an, daß diese Güter

unverpackt
———————————————————— *)
in nachbeschriebener mangelhafter Verpackung

....

....

....

....

aufgegeben sind, sofern in dem betreffenden Frachtbriefe auf diese Erklärung Bezug genommen ist.

.... den .... 19....

---

*) Je nach der Beschaffenheit der Sendungen sind entweder das Wort „unverpackt" oder die Worte „in nachbeschriebener mangelhafter Verpackung" zu streichen.

Anlage 4.

Nachträgliche Anweisung.

.... den .... 19.....

Die Güter-Expedition der .... Eisenbahn in .... ersuche(n) ich (wir), die mittelst Frachtbrief d. d. .... den .... 19 ..... zur Beförderung an .... in .... aufgelieferte, nachstehend bezeichnete Sendung

Zeichen u. Nummer	Anzahl	Art der Verpackung	Inhalt	Gewicht kg

1. auf der Versandstation an .... zurückzugeben;
2. unterwegs anzuhalten und an .... in .... Station der .... Eisenbahn abzuliefern;
3. an .... in .... Station der .... Eisenbahn abzuliefern;

4. nur gegen Bezahlung des Nachnahmebetrages von .... (mit Worten) abzuliefern;

5. nicht gegen Bezahlung des im Frachtbrief angegebenen, sondern des Nachnahmebetrages von .... (mit Worten) abzuliefern;

6. ohne Erhebung einer Nachnahme abzuliefern;

7. frachtfrei abzuliefern.

(Unterschrift.)

Anmerkung. Diejenigen Teile des Formulars, welche auf den einzelnen Fall nicht passen, sind zu durchstreichen.

C. Anlage, Ausrüstung und Betrieb der Eisenbahnen.

8. Bekanntmachung des Reichskanzlers, betr. die Eisenbahn-Bau- und Betriebsordnung. (BO.)

Vom 4. November 1904, gültig vom 1. Mai 1905 (RGBl. 1904 S. 387).

Abänderungen durch Bekanntm. vom 24./6. 1907 (RGBl. S. 394), vom 18./11. 12 (RGBl. S. 555), im Texte berücksichtigt.

I. Quellen: Erläuterungen des Reichs-Eisenbahnamts zum Entwurfe der BO. in der vom Amte durchgesehenen Ausgabe der BO. (Berlin 1905). Soweit von allgemeinem Interesse, sind sie nachstehend in den Anmerkungen wiedergegeben.

II. Literatur: Birk, Entwicklung des modernen EBaues, 1911. — Blum, Verschiebebahnhöfe, 1901. — Cauer, Betrieb u. Verkehr der preußischen Staatsbahnen, Teil I, 1897. — Haarmann, Das EGleis, 1891, 1902. — Schaper, Eiserne Brücken, 1911. — v. Stockert, Handbuch des EMaschinenwesens, 1908. — Struck, Grundzüge des Betriebsdienstes, 1907. — EWerkstätteninspektion Cannstadt, Das Wichtigste über Bau u. Einrichtung der EWagen, 1911. — Zimmermann, Bedingungen einer dauerhaften Schienenstoßverbindung, 1892. — Derselbe, Berechnung des EOberbaues, 1888 — Ferner Abhandlungen in: „Das deutsche EWesen der Gegenwart", ETechnik der Gegenwart, Handbuch der Ingenieurwissenschaften, Lueger, Lexikon der gesamten Technik, Röll, Enzyklopädie des EWesens.

Zeitschriften: Organ für die Fortschritte des EWesens. — Zentralblatt der Bauverwaltung. — Annalen für Gewerbe und Bauwesen. — Zeitung des Vereins Deutscher EVerwaltungen.

III. Frühere Ordnungen: 1. Betriebsordnungen: Bahnpolizei-Reglement für die Eisenbahnen im Norddeutschen Bunde v. 3./6. 1870, gültig v. 1./1. 1871 (BGBl. 1870 S. 461), mit einigen Abänderungen als „Bahnpolizei-Reglement für die Eisenbahnen Deutschlands" a. 1./1. 1872 b. Bekanntm. des Reichskanzlers v. 29/12. 1871 (RGBl. 1872 S. 34) auch in Württemberg, Baden u. Südhessen, sowie in Elsaß-Lothringen eingeführt. Ersetzt durch das Bahnpolizei-Reglement für die Eisenbahnen Deutschlands v. 4./1. 1875, gültig v. 1./4. 1875 (RZBl. S. 57), neuer Text durch Bekanntm. v. 30./11. 1885, gültig v. 1./4. 1886 (RGBl. 1885 S. 289, RZBl. S. 541), ersetzt durch die Betriebsordnung für die Haupteisenbahnen Deutschlands v. 5./7. 1892, gültig v. 1./1. 1893 (RGBl. 1892 S. 691). An deren Stelle ist die nachfolgende BO. getreten.

2. Bahnordnung für die Nebeneisenbahnen Deutschlands v. 5./7. 1892, gültig v. 1./1. 1893 (RGBl. 1892 S. 764). Ersetzt durch die nachfolgende BO.

3. Normen: Normen für die Konstruktion und Ausrüstung der Eisenbahnen Deutschlands v. 12./6. 1878, gültig v. 1./10. 1878 (RZBl. S. 332), neuer Text v. 30./11. 1885, gültig v. 1./4. 1886 (RZBl. 1885 S. 570). Ersetzt durch die Normen für den Bau und die Ausrüstung der Haupteisenbahnen Deutschlands v. 5./7. 1892, gültig v. 1./1. 1893 (RGBl. 1892 S. 747). Die Vorschriften sind in die nachfolgende BO. übergegangen.

IV. Ergänzende Vorschriften zu den vom Bundesrate für die Regelung und Sicherung des Betriebes erlassenen Bestimmungen bilden die „Fahrdienstvorschriften", vereinbart zwischen sämtlichen deutschen Staats- und den wichtigsten Privatbahnen. Sie enthalten die wesentlichsten Vorschriften über die mit der Beförderung der Züge zusammenhängenden Dienstverrichtungen.

V. Gleichartige Vorschriften. Der Verein deutscher EVerwaltungen hat für sein Gebiet unter der Bezeichnung „Technische Vereinbarungen über den Bau und die Betriebseinrichtungen der Haupt- u. Nebenbahnen (TV.)" und „Grundzüge für den Bau u. die Betriebseinrichtungen der Lokalbahnen (Grz.)" besondere Bestimmungen eingeführt. Sie haben auf den deutschen E. nur insoweit Geltung, als sie mit den vom Bundesrat erlassenen Ordnungen übereinstimmen. Die zur Durchführung eines internationalen Verkehrs erforderliche Übereinstimmung in den technischen Einrichtungen des Bahnbaus und der Fahrzeuge regeln die „Bestimmungen über die technische Einheit im EWesen", denen (bis auf Rußland und die Türkei) alle größeren europäischen Länder beigetreten sind.

Gemäß dem vom Bundesrat in der Sitzung vom 3. November 1904 auf Grund der Artikel 42 und 43 der Reichsverfassung gefaßten Beschlusse tritt mit dem 1. Mai 1905 an die Stelle

der Normen für den Bau und die Ausrüstung der Haupteisenbahnen Deutschlands vom 5. Juli 1892,

der Betriebsordnung für die Haupteisenbahnen Deutschlands vom 5. Juli 1892,

der Bahnordnung für die Nebeneisenbahnen Deutschlands vom 5. Juli 1892

und der zu diesen Ordnungen ergangenen Nachträge

die nachstehende Eisenbahn-Bau- und Betriebsordnung.

Berlin, den 4. November 1904.

Der Reichskanzler.
Graf von Bülow.

Eisenbahn-Bau- und Betriebsordnung.

Hauptbahnen. | **Nebenbahnen.**

I. Allgemeines.

§ 1. Geltungsbereich.

(1) Die Eisenbahn-Bau- und Betriebsordnung (abgekürzte Bezeichnung: Betriebsordnung; BO.) findet

Hauptbahnen.	Nebenbahnen.

auf die Haupt- und Nebeneisenbahnen Anwendung. Die in der vollen Breite einer Seite gedruckten Bestimmungen gelten für Haupt- und Nebenbahnen,

die auf der linken Hälfte einer Seite nur für Hauptbahnen.

die auf der rechten Hälfte einer Seite nur für Nebenbahnen.

(2) Für Schmalspurbahnen gelten die auf die Nebenbahnen anzuwendenden Bestimmungen der Abschnitte II und III nur soweit dies besonders bemerkt ist. Im übrigen sind die allgemeinen Vorschriften über Bahnanlagen und Fahrzeuge der Schmalspurbahnen von der Landesaufsichtsbehörde zu erlassen.

(3) Die Bestimmungen für Neubauten gelten auch für umfassendere Umbauten bestehender Bahnanlagen.

(4) Zur Einreihung einer Eisenbahn unter die Nebenbahnen ist die Genehmigung der Landesaufsichtsbehörde und die Zustimmung des Reichs-Eisenbahnamts erforderlich.

§ 2. Befristungen.

(1) Fehlen auf einer Bahn einzelne der im folgenden vorgesehenen Einrichtungen, so können für ihre Aus- oder Durchführung von der Landesaufsichts-

Hauptbahnen.	Nebenbahnen.

behörde mit Zustimmung des Reichs-Eisenbahnamts Fristen bewilligt werden.

(2) Befristungen, die auf Grund der bisherigen Vorschriften bewilligt sind, behalten ihre Gültigkeit.

§ 3. Ausnahmen.

(1) Für die an der Grenze gelegenen, von ausländischen Bahnverwaltungen betriebenen Strecken können Ausnahmen von der Landesaufsichtsbehörde mit Zustimmung des Reichs-Eisenbahnamts bewilligt werden.

Hauptbahnen.	Nebenbahnen.
	(2) Für Fahrzeuge, die nur in Nebenbahnzügen laufen, kann, auch wenn diese Züge streckenweise Hauptbahnen benutzen, die Landesaufsichtsbehörde Ausnahmen von den Bestimmungen des Abschnitts III zulassen.

(3) Im übrigen ist das Reichs-Eisenbahnamt ermächtigt, in Berücksichtigung besonderer Verhältnisse für einzelne Bahnstrecken, Stationen, Fahrzeuge, Züge oder Zuggattungen auf Antrag der Landesaufsichtsbehörde Abweichungen zuzulassen.

§ 4. Aufsichtsbehörden.

(1) Welche Behörden in jedem Bundesstaat unter der Bezeichnung Landesaufsichtsbehörde und Aufsichtsbehörde zu verstehen sind, wird von der zuständigen obersten Landesbehörde bestimmt und dem Reichs-Eisenbahnamte mitgeteilt.

Hauptbahnen. | Nebenbahnen.

(2) Für die Reichseisenbahnen in Elsaß-Lothringen erfolgt diese Festsetzung und Mitteilung durch die zuständige oberste Reichsbehörde.

§ 5. Ausführungsbestimmungen.

Ausführungsbestimmungen sind dem Reichs-Eisenbahnamte mitzuteilen.

II. Bahnanlagen.

§ 6. Begriffserklärungen.

(1) Zu den Bahnanlagen gehören alle beim Bau einer Bahn vorkommenden Anlagen, einschließlich der Betriebseinrichtungen, aber ausschließlich der Fahrzeuge. Unterschieden werden die Bahnanlagen der freien Strecke und der Stationen.[1]

(2) Stationen sind die Betriebsstellen, auf denen Züge des öffentlichen Verkehrs (§ 54 (1)) regelmäßig anhalten. Stationen mit mindestens einer Weiche für den öffentlichen Verkehr werden betriebstechnisch als Bahnhöfe, Stationen ohne solche Weichen als Haltepunkte bezeichnet.[2]

(3) Zugfolgestellen sind alle Betriebsstellen, die einen Streckenabschnitt begrenzen, in den ein Zug nicht einfahren darf, bevor ihn der vorausgefahrene Zug verlassen hat. Zugfolgestellen, die nicht zu den Bahnhöfen gehören, heißen Blockstellen. Eine Blockstelle kann zugleich Haltepunkt sein.

(4) Hauptgleise sind die Gleise, die von geschlossenen Zügen (§ 54 (1)) im regelmäßigen Betriebe befahren werden mit Ausnahme der nur von einzeln fahrenden

Hauptbahnen.	Nebenbahnen.

Lokomotiven benutzten Gleise. Die Hauptgleise der freien Strecke und ihre Fortsetzung durch die Bahnhöfe sind durchgehende Hauptgleise. Die durchgehenden Hauptgleise gelten auch im Bereiche der Haltepunkte als Gleise der freien Strecke. Alle nicht zu den Hauptgleisen zählenden Gleise sind Nebengleise.

[1] Im allgemeinen gelten als Grenzen die Einfahrsignale und, wo solche fehlen, aber Einfahrtweichen vorhanden sind, die letzteren. Neben den durchgehenden Hauptgleisen gelegene Bahnhofgleise u. dergl., die über diese Grenzen hinausreichen, gelten trotzdem als Stationsanlagen. Zu diesen zählen auch die Einrichtungen der Haltepunkte, obgleich die durchgehenden Hauptgleise in deren Bereich nach (4) als Gleise der freien Strecke zu betrachten sind.

[2] Die Bezeichnung „Weiche für den öffentlichen Verkehr" steht im Gegensatze zu „Privatanschlußweiche", es zählen also auch Betriebsstellen, wie Rangierstationen, Lokomotivstationen u. dergl., die dem Publikum nicht zugänglich sind, zu den Stationen im Sinne der BO.

§ 7. Richtungs- und Neigungsverhältnisse bei Neubauten.

(1) In durchgehenden Hauptgleisen sind

Hauptbahnen	Nebenbahnen
	wenn Fahrzeuge der Hauptbahnen übergehen sollen

Krümmungen von weniger als 180 m Halbmesser

	im übrigen von weniger als 100 m Halbmesser

nicht zulässig.

Hauptbahnen.	Nebenbahnen.
(2) Die Anwendung eines Halbmessers unter 300 m auf freier Strecke bedarf der Genehmigung der Landesaufsichtsbehörde und der Zustimmung des Reichs-Eisenbahnamts.	

(3) In den durchgehenden Hauptgleisen sind zwischen geraden und gekrümmten Strecken Übergangsbogen einzulegen.

(4) Entgegengesetzte Krümmungen der durchgehenden Hauptgleise sind durch eine Gerade zu verbinden, die zwischen den Endpunkten der Überhöhungsrampen (§ 10 (2))

Hauptbahnen	Nebenbahnen
mindestens 30 m	mindestens 10 m

lang sein muß.

(5) Die Längsneigung auf freier Strecke darf in der Regel

Hauptbahnen	Nebenbahnen
25 ‰ (1:40)	40 ‰ (1:25)

nicht überschreiten.

(6) Die Anwendung einer stärkeren Neigung als

Hauptbahnen	Nebenbahnen
12,5 ‰ (1:80)	40 ‰ (1:25)

bedarf der Genehmigung der Landesaufsichtsbehörde und der Zustimmung des Reichs-Eisenbahnamts.

(7) Das Neigungsverhältnis von Bahnhofgleisen darf, abgesehen von Rangiergleisen, nicht mehr als 2,5 ‰ (1:400) betragen, jedoch dürfen Ausweichgleise in die stärkere Neigung der freien Strecke eingreifen.

Hauptbahnen.	Nebenbahnen.
	Ausnahmen können von der Landesaufsichtsbehörde zugelassen werden.
(8) Steigt von zwei in entgegengesetztem Sinne und stärker als 5°/₀₀ (1:200) geneigten, aneinanderstoßenden Strecken die eine mehr als 10 m an, so ist eine mindestens 500 m lange, höchstens 3°/₀₀ geneigte Zwischenstrecke einzuschalten. In die Länge von 500 m dürfen die Tangenten der Ausrundungsbogen (§ 10 (3)) eingerechnet werden.	

§ 8. Breite des Bahnkörpers und Höhenlage der Bahnkrone.

(1) Der Bahnkörper muß so breit sein, daß der Schnitt der Böschung mit einer durch Schienenunterkante des nächsten Gleises gelegten Geraden mindestens 2 m von Gleismitte entfernt ist.

(2) Bei Neubauten ist, abgesehen von eingedeichten Strecken, die Schienen-

Hauptbahnen.	Nebenbahnen.
unterkante mindestens 0,6m über den höchsten Wasserstand zu legen.	

§ 9. Spurweite.

(1) Die Spurweite

	der Vollspurbahnen

beträgt im geraden Gleis 1,435 m.

	(2) Die Spurweite der Schmalspurbahnen beträgt im geraden Gleis 1,00 oder 0,75 m.

(3) In Krümmungen mit einem Halbmesser von weniger als 500 m ist die Spurweite zu vergrößern. Die Vergrößerung darf

30 mm	35 mm

nicht übersteigen.

(4) Als Folge des Betriebs sind Verengerungen der vorgeschriebenen Spurweiten bis zu 3 mm, Erweiterungen bis zu 10 mm zulässig, niemals aber darf das Maß von

1,465 m	1,470 m

überschritten werden.

§ 10. Gleislage.

(1) Die winkelrecht gegenüberliegenden Punkte der Schienenoberkanten müssen in geraden Strecken, mit Ausnahme der Überhöhungsrampen (2), gleich hoch liegen.

(2) Die Überhöhung des äußeren Stranges gekrümmter Gleise muß auf eine möglichst große Länge,

Hauptbahnen.	Nebenbahnen.

mindestens aber auf das 300fache ihres Betrags auslaufen.

(3) Neigungswechsel in durchgehenden Hauptgleisen sind nach einem Kreisbogen von mindestens

Hauptbahnen	Nebenbahnen
5000 m Halbmesser	2000 m Halbmesser

auszurunden.

Hauptbahnen	Nebenbahnen
Bei Neigungswechseln in und vor Stationen kann bis auf 2000 m herabgegangen werden.	

§ 11. Umgrenzung des lichten Raumes.

(1) An den durchgehenden Hauptgleisen und den sonstigen Ein- und Ausfahrgleisen von Personenzügen (§ 54 (2)) ist ein lichter Raum mindestens nach der in Anlage A links, an allen übrigen Gleisen nach der in Anlage A rechts mit ausgezogenen Linien gezeichneten Umgrenzung offen zu halten. Dabei ist in Krümmungen auf die Spurerweiterung und die Gleisüberhöhung Rücksicht zu nehmen. Anl. A.

(2) Außerhalb der Umgrenzung des lichten Raumes (1) sind

Hauptbahnen	Nebenbahnen
bei Neubauten	beim Neubau von Bahnen, die für die Beförderung von Militärzügen in Betracht kommen,

an den durchgehenden Hauptgleisen und den sonstigen Ein- und Ausfahrgleisen von Personenzügen in einer Höhe von 1,00 bis 3,05 m, an allen übrigen Gleisen in einer Höhe von 1,12 bis 3,05 m über Schienenoberkante noch seitliche, in Anlage A mit gestrichelten Linien

Hauptbahnen.	Nebenbahnen.

angegebene Spielräume freizuhalten. Ihre Breite beträgt:

a) auf der freien Strecke:
  bei Kunstbauten mindestens 0,2 m,
  im übrigen mindestens 0,5 m;

b) innerhalb der Stationen:
  mindestens 0,2 m.

(3) Für Zahnstangenbahnen wird die Umgrenzung nach (1) zwischen den Schienen nach der in Anlage A punktiert gezeichneten Linie in einer Breite von 0,5 m und einer Höhe von 50 mm eingeschränkt.

(4) Der Abstand von 150 mm (Anlage A) zwischen Schieneninnenkante und festen Gegenständen, die außerhalb des Gleises bis zu 50 mm über Schienenoberkante hervorragen, kann auf 135 mm eingeschränkt werden, wenn der Gegenstand mit der Fahrschiene fest verbunden ist.

(5) Der Abstand von 67 mm (Anlage A) zwischen Schieneninnenkante und festen Gegenständen innerhalb des Gleises kann gegen die Mitte von Zwangschienen
mit Genehmigung der Landesaufsichtsbehörde bis
auf 45 mm, bei Weichen und Kreuzungen bis auf 41 mm
eingeschränkt werden. In gekrümmten Gleisen ist auf die Spurerweiterung soweit erforderlich Rücksicht zu nehmen.

(6) Die Tiefe von 38 mm des freien Raumes neben der Schieneninnenkante (Anlage A) muß bei stärkster Abnutzung der Schienen voll vorhanden sein.

(7) Tore von Lokomotiv- und Wagenschuppen müssen mindestens 3,35 m im lichten weit sein. Bei

Hauptbahnen.	Nebenbahnen.

Neubauten ist die Lichtweite mit mindestens 3,80 m zu bemessen.

(8) Ausnahmen kann zulassen:
die Landesaufsichtsbehörde
von den Bestimmungen in (2),
die Aufsichtsbehörde
für Ladegleise von den Bestimmungen in (1) und (2).

§ 12. Gleisabstand.

(1) Auf der freien Strecke muß der Abstand von Doppelgleisen mindestens 3,5 m, der Abstand zwischen Gleispaaren oder einem Gleispaar und einem dritten Gleise mindestens 4,0 m von Gleismitte zu Gleismitte betragen.

(2) Auf Bahnhöfen muß der Abstand der Gleise, abgesehen von Überladegleisen, mindestens 4,5 m betragen.[1] Die Landesaufsichtsbehörde kann Ausnahmen von dieser Bestimmung

Hauptbahnen.	Nebenbahnen.
für durchgehende Hauptgleise, zwischen denen ein Bahnsteig nicht anzulegen ist, und für bestehende Gleise	

zulassen.

Hauptbahnen.	Nebenbahnen.
(3) Bei Neubauten müssen Gleise, zwischen denen ein Bahnsteig anzulegen ist, mindestens 6 m Abstand erhalten. Beim Umbaue von Stationen	

Hauptbahnen.	Nebenbahnen.
mit geringem Personenverkehre kann die Landesaufsichtsbehörde kleinere Abstände zulassen.	

[1] Durch diese Bestimmung wird nicht ausgeschlossen, daß an den Enden von Stationen zweigleisiger Bahnen eine Weichenverbindung zwischen die durchlaufenden Hauptgleise dort eingelegt wird, wo diese noch den Abstand der freien Strecke haben.

§ 13. Bahnkreuzungen.

Kreuzungen von Hauptbahnen mit anderen Bahnen dürfen in Schienenhöhe außerhalb der Einfahrsignale der Bahnhöfe nicht angelegt werden.

Hauptbahnen.	Nebenbahnen.
Für die Kreuzung einer Hauptbahn mit einer dieser Ordnung nicht unterstellten Bahn kann die Landesaufsichtsbehörde Ausnahmen zulassen.[1]	

[1] Vorhandene Bahnkreuzungen und Kreuzungen mit neuen, vorübergehend anzulegenden Bahnen, wie Arbeitsgleisen, Baugleisen u. dergl. fallen nicht unter diese Bestimmung.

§ 14. Entfernung der Zugfolgestellen und Länge der Kreuzungsstationen.

Hauptbahnen.	Nebenbahnen.
(1) Die zulässige größte Entfernung der Zugfolgestellen und die Länge der Kreuzungsstationen neuer oder umzubauender, für die Beförderung von Mili-	Inwieweit die für die Hauptbahnen getroffenen Vorschriften aus Rücksichten der Landesverteidigung auf die Nebenbahnen anzuwenden sind, bestimmt die

Hauptbahnen.	Nebenbahnen.
tärzügen in Betracht kommender Bahnen werden von dem Reichs-Eisenbahnamte festgesetzt. Entfernungen von weniger als 8 km und nutzbare Gleislängen von mehr als 550 m können jedoch nicht vorgeschrieben werden. Bemerkung. Die Länge von 550 m entspricht einem ganzen Militärzuge; für einen halben Zug sind 290 m Gleislänge zu rechnen. (2) Können die nach (1) geforderten Kreuzungsstationen für den öffentlichen Verkehr nicht nutzbar gemacht werden, so genügt es, Bahnkörper und Bettung für die Ausweichgleise anzulegen, die Oberbau- und Signalmaterialien aber an Ort und Stelle bereit zu halten.	Landesaufsichtsbehörde im Einvernehmen mit dem Reichs-Eisenbahnamte.

§ 15. Wasserstationen und Wasserkrane.

(1) Wasserstationen sind in solchen Abständen und von solcher Leistungsfähigkeit anzulegen, daß der von der Landesaufsichtsbehörde festzustellende Bedarf an

Hauptbahnen.	Nebenbahnen.

Speisewasser jederzeit reichlich gedeckt werden kann.

Hauptbahnen: (2) Wasserkrane zur Speisung der Lokomotiven fahrplanmäßiger Züge müssen in der Minute mindestens 1 cbm Wasser liefern können.

(3) Die Ausgüsse der Wasserkrane müssen mindestens 2,85 m über Schienenoberkante liegen.

(4) Wasserkrane mit drehbarem Ausleger müssen mit einem Signale versehen sein, das die Querstellung des Auslegers bei Dunkelheit anzeigt. Für wenig benutzte Krane können von der Aufsichtsbehörde Ausnahmen zugelassen werden.

§ 16. Tragfähigkeit des Oberbaues und der Brücken.

Hauptbahnen: (1) Gleise und Brücken, die von Lokomotiven befahren werden, müssen Fahrzeuge von 7,5 t Raddruck (im Stillstande gemessen) mit Sicherheit aufnehmen können.

(2) Der Oberbau der Hauptgleise muß beim Neubaue, wie bei der in zusammenhängenden Strecken erfolgenden Erneuerung eine Tragfähigkeit.

Nebenbahnen: Inwieweit die in (1) und (3) für die Hauptbahnen getroffenen Vorschriften aus Rücksichten der Landesverteidigung auf die Nebenbahnen anzuwenden sind, bestimmt die Landesaufsichtsbehörde im Einvernehmen mit dem Reichs-Eisenbahnamte.

Hauptbahnen.	Nebenbahnen.
a) im allgemeinen für mindestens 8 t, b) auf besonders stark beanspruchten Strecken für mindestens 9 t Raddruck (im Stillstande gemessen) erhalten. (3) Die Tragfähigkeit neuer und zu erneuernder Brücken ist mindestens für die in Anlage B dargestellte Verkehrslast zu bemessen.	

Anl. B.

§ 17. Abteilungszeichen. Neigungszeiger.

(1) Die Bahn ist in Abschnitten

Hauptbahnen	Nebenbahnen
von 100 m	von 1000 m

mit Abteilungszeichen zu versehen.

(2) Das Verhältnis der Neigungen

Hauptbahnen	Nebenbahnen
und ihre Länge ist an den Neigungswechseln	ist an den Enden der Strecken, wo die Verbindungslinie zweier 500 m voneinander entfernter Punkte der Bahn stärker als 6,66 °/₀₀ (1:150) geneigt ist,

ersichtlich zu machen.

§ 18. Einfriedigungen. Schranken. Warnungstafeln.

(1) Einfriedigungen zwischen der Bahn und

Hauptbahnen.	Nebenbahnen.
ihrer Umgebung sind anzulegen, wo die Gestaltung der Bahn oder die gewöhnliche Bahnbewachung (§ 46 (5)) nicht hinreichend erscheint, vom Betreten der Bahn abzuhalten.	
(2) An Wegen, die unmittelbar neben der Bahn und gleich hoch oder höher liegen, sind Schutzwehren anzulegen.	Ob und in welchem Umfang an Wegen Schutzwehren anzulegen sind, bestimmt die Aufsichtsbehörde.
(3) Die Wegübergänge sind mit Schranken zu versehen.[1]	Inwieweit die Wegübergänge mit Schranken zu versehen sind, bestimmt die Aufsichtsbehörde.

Die Schranken müssen bei jeder Stellung mindestens 0,5 m von der Umgrenzung des lichten Raumes abstehen

Hauptbahnen.	Nebenbahnen.
(4) Zugschranken müssen vom Standorte des bedienenden Wärters aus übersehen werden können. Wenn der Standort mehr als 50 m entfernt ist, sind sie nur bei Übergängen mit schwächerem Verkehre zulässig.	

(5) Zugschranken müssen von Hand geöffnet und geschlossen werden können und mit einer Glocke ver-

Hauptbahnen.	Nebenbahnen.

sehen sein, die vom Standorte des Wärters aus bedient werden kann (§ 46 (7)).

Hauptbahnen:

(6) Schranken an Wegen, die mit Genehmigung der Landespolizeibehörde geschlossen gehalten werden (§ 46 (8)), sind mit einem zum Wärterstandorte führenden Glockenzuge zu versehen.[2]

(7) Schranken an unbedienten Übergängen von Privatwegen müssen verschließbar sein (§ 46 (9)).

(8) Für Fußwege kann die Aufsichtsbehörde Drehkreuze oder ähnlich wirkende Abschlüsse zulassen.

(9) Die Wegübergänge | Verkehrsreiche Wegübergänge

müssen mit Warnungstafeln versehen sein. Die Tafeln sind da aufzustellen, wo Fuhrwerke und Tiere angehalten werden müssen (§ 79 (4)), wenn die Schranken geschlossen sind oder ein Zug sich nähert.

Nebenbahnen:

(10) Vor Wegübergängen ohne Schranken sind Kennzeichen für den Lokomotivführer anzubringen (§ 58 (2)).

[1] Unter Wegübergang ist im Gegensatze zu Weg-Über- oder Unterführung die in Schienenhöhe gelegene Kreuzung eines von

Hauptbahnen.	Nebenbahnen.

außen über die Bahn führenden Weges mit dieser verstanden. Die innerhalb der Stationen gelegenen, nur dem Verkehr innerhalb des Bahngebietes dienenden Übergänge fallen demnach, auch wenn sie dem Publikum geöffnet sind, nicht unter diese Bestimmung.

[3] Der Glockenzug ist der Natur der Sache nach so einzurichten, daß von beiden Seiten der Bahn geläutet werden kann.

§ 19. Telegraph Fernsprecher. Läutewerke.

(1) Die Zugfolgestellen

Hauptbahnen	Nebenbahnen
	der Strecken, die mit mehr als 40 km Geschwindigkeit befahren werden,

sind durch Telegraph,

Hauptbahnen	Nebenbahnen
	die Zugfolgestellen der sonstigen Strecken durch Telegraph oder Fernsprecher

zu verbinden.

Hauptbahnen	Nebenbahnen
	Ausnahmen können von der Aufsichtsbehörde zugelassen werden.
(2) Auf Linien mit Streckenblockung (§ 22) kann der Telegraph bei den Blockstellen durch Fernsprecher ersetzt werden.	
(3) Die Bahnen	Bahnstrecken, die mit mehr als 40 km Geschwindigkeit befahren werden,

sind mit Läutewerken oder anderen Einrichtungen zu

Hauptbahnen.	Nebenbahnen.

versehen, wodurch die Schrankenwärter von dem Abgange der Züge benachrichtigt werden können.

Hauptbahnen.	Nebenbahnen.
(4) Wenn nicht die Züge mit Vorrichtungen zum Herbeirufen von Hilfe ausgerüstet sind, müssen solche auf der freien Strecke in Entfernungen von höchstens 4 km vorhanden sein.	

§ 20. Drehscheiben. Schiebebühnen.

Hauptbahnen.	Nebenbahnen.
(1) Wo nicht ausschließlich Tenderlokomotiven verwendet werden, müssen die Lokomotivstationen mit einer Drehscheibe ausgerüstet sein, auf der die Lokomotiven samt Tender gedreht werden können.	
(2) Neue Lokomotivdrehscheiben, die bei der Beförderung von Militärzügen benutzt werden müssen, dürfen nicht unter 16m Durchmesser erhalten.	Inwieweit diese Vorschrift aus Rücksichten der Landesverteidigung auf die Nebenbahnen anzuwenden ist, bestimmt die Landesaufsichtsbehörde im Einvernehmen mit dem Reichs-Eisenbahnamte.

(3) Schiebebühnen mit versenkten Gleisen und Drehscheiben sind in Hauptgleisen nur an stumpfen Enden zulässig.

Hauptbahnen.	Nebenbahnen.

§ 21. Signale und Signalsicherung.

(1) Die Form der Signale muß, soweit es sich um Signale der Eisenbahn-Signalordnung handelt, deren Vorschriften entsprechen. Zur Erteilung von Signalen, die in der Signalordnung nicht vorgesehen sind, dürfen die Formen der Signalordnung nicht benutzt werden.

Hauptbahnen.	Nebenbahnen.
(2) Die Bahnhöfe	Die Kreuzungsstationen von Bahnstrecken, die mit mehr als 40 km Geschwindigkeit befahren werden,

sind mit Einfahrsignalen zu versehen.

Hauptbahnen.	Nebenbahnen.
	Inwieweit die Kreuzungsstationen anderer Strecken aus Rücksichten der Landesverteidigung mit Einfahrsignalen zu versehen sind, bestimmt die Landesaufsichtsbehörde im Einvernehmen mit dem Reichs-Eisenbahnamte.
(3) Gabelt sich eine Fahrrichtung in zwei oder mehrere Einfahrstraßen, so sind die Einfahrsignale so einzurichten, daß sie entweder von dem Fahrdienstleiter (Bemerkung zu § 51 (1)) selbst bedient oder aber nur unter dessen Mitwir-	

Hauptbahnen.	Nebenbahnen.
kung auf Fahrt gestellt werden können.	
(4) Bahnhöfe mit Ausweichgleisen sind mit Ausfahrsignalen zu versehen.	

(5) Bewegliche Brücken sind durch Hauptsignale zu decken und mit ihnen derart in Abhängigkeit zu bringen, daß das Signal erst auf Fahrt gestellt werden kann, wenn die Brücke verriegelt ist, und daß die Brücke nicht entriegelt werden kann, solange das Signal auf Fahrt steht.

(6) Die in Schienenhöhe gelegenen Kreuzungen der dieser Ordnung unterstellten Bahnen sind durch Hauptsignale zu decken, die in gegenseitiger Abhängigkeit stehen (zu vergleichen indes § 13). Über die Sicherung der Kreuzung einer solchen Bahn mit einer dieser Ordnung nicht unterstellten Bahn hat die Landesaufsichtsbehörde Bestimmung zu treffen.

Hauptbahnen.	Nebenbahnen.
(7) Außerhalb der Bahnhöfe liegende, unverschlossene Weichen sind durch Hauptsignale zu decken. Für Weichen, die gewöhnlich verschlossen gehalten werden, genügen Signale, die deren Stellung kenntlich machen.[1]	
(8) Außerhalb der Bahnhöfe liegende, unverschlossene Weichen (7) müssen	

Hauptbahnen.	Nebenbahnen.
mit ihren Deckungssignalen, die Weichen innerhalb der Bahnhöfe, die im regelmäßigen Betriebe von ein- oder durchfahrenden Personenzügen gegen die Spitze befahren werden, mit den für die Fahrt gültigen Signalen derart in Abhängigkeit gebracht sein, daß die Signale erst auf Fahrt gestellt werden können, wenn die Weichen richtig stehen, und daß diese verschlossen sind, solange die Signale auf Fahrt stehen (§ 65 (2)). (9) Mit den Einfahrsignalen (2), den Blocksignalen, den Deckungssignalen der beweglichen Brücken (5), der außerhalb der Bahnhöfe gelegenen Bahnkreuzungen (6) und unverschlossenen Weichen (7) sind Vorsignale zu verbinden. Inwieweit die Ausfahrsignale mit Vorsignalen zu verbinden sind, hat die Landesaufsichtsbehörde zu bestimmen.	

Hauptbahnen.	Nebenbahnen.

(10) Hauptsignale sind womöglich auf der rechten Seite oder über der Mitte, Vorsignale stets auf der rechten Seite der zugehörigen Gleise aufzustellen. Die Signale benachbarter Gleise sind so aufzustellen, daß sie von den Zügen aus nicht miteinander verwechselt werden können.

Hauptbahnen.	Nebenbahnen.
(11) Die Weichen in den Hauptgleisen	Die Einfahrweichen

müssen mit Weichensignalen versehen sein, wenn sie nicht mit den Fahrsignalen in gegenseitiger Abhängigkeit stehen (8)

Hauptbahnen.	Nebenbahnen.
	oder für gewöhnlich verschlossen gehalten werden.

(12) Zwischen zusammenlaufenden Gleisen muß ein Merkzeichen angebracht sein, das angibt, bis wohin ein Gleis besetzt werden kann, ohne daß die Bewegungen auf dem anderen gefährdet würden. Der Abstand der Gleise muß am Merkzeichen mindestens 3,5 m betragen.

§ 22. Streckenblockung.

Hauptbahnen.	Nebenbahnen.
Auf Bahnen mit besonders dichter Zugfolge muß das Signal für die Einfahrt in einen Streckenabschnitt unter Verschluß der nächsten Zugfolgestelle liegen.	

Hauptbahnen.	Nebenbahnen.

§ 23. Bahnsteige.

(1) Die Kanten der Personenbahnsteige sind in der Regel 0,76 oder 0,38 m über Schienenoberkante zu legen, jedoch sind Bahnsteige von weniger als 0,38 m Höhe zulässig.[1] In Krümmungen ist auf die Gleisüberhöhung Rücksicht zu nehmen.

(2) Die festen Gegenstände auf den Personenbahnsteigen (Säulen und dergleichen) müssen bis zu einer Höhe von 3,05 m über Schienenoberkante mindestens 3 m von Gleismitte entfernt sein.

[1] Die Vorschrift schließt nicht aus, daß zum Übergang von niederen Bahnsteigen zu solchen von 0,76 m Höhe eine Rampe angelegt wird.

§ 24. Rampen.

Hauptbahnen.	Nebenbahnen.
(1) Bahnhöfe, wo Tiere oder Fahrzeuge in größerem Umfange zu verladen sind, müssen mit festen Rampen ausgerüstet werden. Für geringen Verkehr genügen bewegliche Rampen.	
(2) Bei Neubauten sind Seitenrampen, an denen geschlossene Militärzüge beladen oder entladen werden sollen, so zu legen, daß halbe Züge (Bemerkung zu § 14 (1)) ohne Rückbewegung und ohne	Inwieweit diese Vorschrift aus Rücksichten der Landesverteidigung auf die Nebenbahnen anzuwenden ist, bestimmt die Landesaufsichtsbehörde im Einvernehmen mit dem Reichs-Eisenbahnamte.

Hauptbahnen.	Nebenbahnen.
Sperrung der durchgehenden Hauptgleise und der Kreuzungsgleise daran vorbeigeführt werden können. Ist eine Gleisanlage, die dies gestattet, für den allgemeinen Verkehr nicht erforderlich, so genügt es, Vorsorge zu treffen, daß die Anlage jederzeit in kürzester Frist dieser Anforderung entsprechend eingerichtet werden kann.	
(3) Seitenrampen dürfen nicht höher als 1,1 m und, wenn sie auch zur Verladung von Mannschaften benutzt werden müssen, nicht höher als 1,0 m über Schienenoberkante sein.	

§ 25. Güterschuppen. Ladebühnen. Lademaße. Brückenwagen.

(1) Der Fußboden der Güterschuppen und Ladebühnen an den von Zügen zu befahrenden Gleisen darf nicht höher als 1,1 m über Schienenoberkante liegen.

(2) Größere Güterbahnhöfe sind mit Lademaßen und Brückenwagen auszurüsten

Hauptbahnen.	Nebenbahnen.

§ 26. Stationsnamen. Uhren.

(1) Auf den dem Personenverkehre dienenden Stationen ist der Name in einer den Reisenden ins Auge fallenden Weise anzubringen.

Hauptbahnen.	Nebenbahnen.
(2) Jeder Bahnhof ist mit einer für die Reisenden sichtbaren Uhr auszustatten. Auf größeren Bahnhöfen muß die Zeitangabe sowohl von der Zugang- als von der Bahnseite zu erkennen sein.	

III. Fahrzeuge.

§ 27. Beschaffenheit der Fahrzeuge.

Die Fahrzeuge müssen so beschaffen und unterhalten sein, daß sie mit der größten dafür zugelassenen Geschwindigkeit ohne Gefahr bewegt werden können.

§ 28. Umgrenzung der Fahrzeuge.

(1) Die festen Teile der Fahrzeuge dürfen bei Mittelstellung im geraden Gleise höchstens die in Anlage C mit ausgezogenen Linien gezeichneten Umgrenzungen erreichen. Anl. C.

(2) Lokomotivschornsteine dürfen über die obersten Linien der Umgrenzungen nach (1) bis zu der in Anlage C mit gestrichelten Linien gezeichneten Umgrenzung

Hauptbahnen.	Nebenbahnen.

hinausragen, sie müssen dann aber so eingerichtet sein, daß sie auf die Umgrenzung nach (1) eingeschränkt werden können.

(3) Die an den Fahrzeugen anzubringenden losen Teile müssen im allgemeinen innerhalb der Umgrenzung nach (1), Signalscheiben, Signallaternen und Leinenhaspel innerhalb der Umgrenzung nach (2) verbleiben. Signalscheiben und -laternen dürfen diese Umgrenzung in der Höhe von 1300 bis 3400 mm über Schienenoberkante seitlich um 50 mm überragen.

(4) Die nach (1) und (3) zulässigen Breitenmaße sind so weit einzuschränken, daß Krümmungen von 180 m Halbmesser anstandslos durchfahren werden können.

(5) Die in der durchgehenden Flucht der Langwände von Personen-, Post- und Gepäckwagen liegenden Türen dürfen bei Mittelstellung der Fahrzeuge im geraden Gleise die Umgrenzung des lichten Raumes seitlich (senkrecht zur Mittellinie gemessen) äußerstenfalls um 50 mm überschreiten. Andere Türen solcher Wagen müssen bei Mittelstellung der Fahrzeuge im geraden Gleise noch innerhalb der Umgrenzung des lichten Raumes verbleiben.

(6) Unter die bei Lokomotiven 100 und bei Wagen 130 mm über Schienenoberkante liegenden Grenzlinien (Anlage C) dürfen bis 75 mm über Schienenoberkante reichen:

a) bei allen Fahrzeugen:
die Kuppelungen und Sicherheitsketten (§ 33 (4)d),

Hauptbahnen.	Nebenbahnen.

b) bei Lokomotiven außerdem:

die dem Federspiele nicht folgenden beweglichen Teile.

Dieser Abstand muß auch bei tiefstem Pufferstande des Fahrzeugs vorhanden sein.

(7) Die durch die Radreifen gedeckten Teile, wie Bahnräumer, Bremsklötze, Sandstreuer, müssen bei tiefstem Pufferstande des Fahrzeugs noch 50 mm von Schienenoberkante abstehen; soweit sie bei Wagen sich an den Außenseiten der Endachsen befinden, müssen sie bei tiefstem Pufferstande mindestens 150 mm von Schienenoberkante abstehen (vgl. § 52a).

(8) Für Fahrzeuge, die auf Zahnstangenbahnen übergehen sollen, wird die Umgrenzung nach (1) und (6) zwischen den Schienen nach den in Anlage C unten angegebenen Linien in einer Breite von 600 mm und einer Höhe von 50 mm eingeschränkt.

§ 29. Raddruck.

(1) Der Raddruck stillstehender Fahrzeuge darf bei der größten Belastung im allgemeinen nicht mehr als 7 t betragen.

(2) Auf Strecken, wo der Oberbau und die Brücken eine genügende Tragfähigkeit haben, darf der Raddruck stillstehender Fahrzeuge 8 t erreichen.

§ 30. Radstand. Verschiebbarkeit der Achsen.

(1) Der feste Radstand muß, abgesehen von Drehgestellen,

mindestens 2500 mm

betragen und darf bei neuen Fahrzeugen

Hauptbahnen.	Nebenbahnen.

4500 mm

nicht übersteigen.

(2) Sind mehr als zwei Wagenachsen in einem gemeinsamen Rahmen gelagert, so müssen, wenn der Radstand über 4000 mm beträgt, die Mittelachsen derart verschiebbar sein, daß Krümmungen von 180 m Halbmesser anstandslos durchfahren werden können. Achsen mit Rädern ohne Spurkranz (§ 31 (4)) dürfen jedoch nicht verschiebbar sein.

§ 31. Räder.

(Anlage D.)

Anl. D.

(1) Die Räder müssen unverrückbar auf der Achse befestigt sein.

(2) Der lichte Abstand der Räder einer Achse beträgt zwischen den Radreifen 1360 mm. Abweichungen sind nur bis zu 3 mm über oder unter dieses Maß zulässig.

(3) Die Räder der Tender und Wagen müssen im Laufkreis einen Durchmesser von mindestens 850 mm haben.

Bemerkung. Der Laufkreis ist der Schnitt einer zur Achse senkrechten, 750 mm von der Achsmitte entfernten Ebene mit der Außenfläche des Radreifens.

(4) Die Räder müssen Spurkränze haben. Sind aber drei oder mehr Achsen in demselben Rahmen gelagert, so können die Spurkränze unverschiebbarer Mittelräder weggelassen werden, wenn diese unter allen Umständen eine genügende Auflage auf den Schienen finden (§ 30 (2)).

Hauptbahnen.	Nebenbahnen.

(5) An den Rädern sind folgende Abmessungen einzuhalten:

a) Breite der Radreifen
mindestens 130 mm,
höchstens 150 mm;

b) Stärke der Radreifen in der Ebene des Laufkreises gemessen
mindestens 25 mm;

c) Höhe des Spurkranzes über dem Laufkreise
mindestens 25 mm,
höchstens 36 mm;

d) Stärke des Spurkranzes, gemessen 10 mm außerhalb des Laufkreises,
mindestens 20 mm;

e) Spielraum der Spurkränze im Gleise von 1,435 m Spurweite, gemessen nach Verschiebung der Achse bis zum Anlauf an der einen Schiene (Gesamtverschiebung) und 10 mm außerhalb der Laufkreise
mindestens 10 mm,
höchstens 25 mm,
und bei den Mittelrädern von drei oder mehr in demselben Rahmen gelagerten Achsen, wenn sie überhaupt mit Spurkränzen versehen sind (4),
höchstens 40 mm,
und daher die Entfernung zwischen den Anlaufstellen der Spurkränze
höchstens 1425 mm,
mindestens 1410 mm,
und bei den Mittelrädern von drei oder

Hauptbahnen.	Nebenbahnen.
	mehr in demselben Rahmen gelagerten Achsen mindestens 1395 mm.

§ 32. Achsen.

Die größte zulässige Inanspruchnahme durch ruhende Belastung beträgt

a) für Achsen aus Flußstahl

bei Güterwagen:
im Schenkel 700 kg/qcm,
in der Nabe 560 „ ;
bei Personen-, Gepäck- und Postwagen und bei Tendern:
im Schenkel 560 kg/qcm,
in der Nabe 450 „ ;

b) für Achsen aus Schweißeisen

bei Güterwagen:
im Schenkel 590 kg/qcm,
in der Nabe 470 „ ;
bei Personen-, Gepäck- und Postwagen und bei Tendern:
im Schenkel 470 kg/qcm,
in der Nabe 380 „

§ 33. Zug- und Stoßvorrichtungen.

(1) Die Lokomotiven mit Schlepptender müssen vorn, die Tender hinten, alle übrigen Fahrzeuge an beiden Enden mit federnden Zug- und Stoßvorrichtungen versehen sein. Zwei Wagen, die im Betriebe dauernd verbunden bleiben, gelten als ein Fahrzeug.

Hauptbahnen. | **Nebenbahnen.**

Sonstige Ausnahmen sind nur bei Triebwagen zulässig.

(2) Die Wagen müssen mit durchgehender Zugstange versehen sein. Ausnahmen sind zulässig bei den für besondere Zwecke gebauten Wagen.

(3) Die Fahrzeuge müssen mit Schraubenkuppelung versehen sein und sich in doppelter Weise so miteinander verbinden lassen, daß die zweite Kuppelung in Wirksamkeit tritt, wenn die Hauptkuppelung bricht.

(4) An den Zug- und Stoßvorrichtungen sind die folgenden Maße einzuhalten:

a) Höhe der Mittelebene für Schienenoberkante
mindestens 940 mm (bei vollbelasteten Fahrzeugen),
höchstens 1065 mm (bei unbelasteten Fahrzeugen);

b) Abstand von Mitte zu Mitte der Puffer
als Regel 1750 mm,
mindestens 1740 mm,
höchstens 1770 mm;

c) Länge der Kuppelung von der Stirne der nicht eingedrückten Puffer bis zur Angriffsfläche des Einhängbügels bei ganz ausgeschraubter und gestreckter Kuppelung
mindestens 450 mm,
höchstens 550 mm;

d) Abstand über Schienenoberkante, auf den herabhängende Kuppelungsteile beim tiefsten Pufferstande müssen eingeschraubt werden können (§ 28 (6) a)

Hauptbahnen. | Nebenbahnen.

mindestens 75 mm, wenn die Teile aufgehängt werden können,

mindestens 130 mm, wenn sie nicht aufgehängt werden können;

e) Länge, um die die Zugvorrichtung aus der Kopfschwelle herausgezogen werden kann,

mindestens 50 mm,

höchstens 150 mm,

und bei Wagen mit Übergangsbrücken für die Reisenden

höchstens 65 mm;

f) Abstand des Zughakens von den Puffern, gemessen von der Angriffsfläche des nicht angezogenen Hakens bis zur Ebene der nicht eingedrückten Puffer

mindestens 345 mm,

höchstens 395 mm;

g) Abstand der Pufferscheiben von der Kopfschwelle bei völlig eingedrückten Puffern

mindestens 425 mm;

h) Durchmesser der Zugstangen

mindestens 42 mm;

i) Durchmesser des Kuppelungsbügels am Berührungspunkte mit dem Zughaken

als Regel 35 mm,

mindestens 30 mm;

k) Durchmesser der Pufferscheiben

mindestens 340 mm,

bei Wagen mit Drehgestellen

mindestens 400 mm,

Hauptbahnen.	Nebenbahnen.

bei Wagen mit Übergangsbrücken
höchstens 450 mm.

(5) Die Stoßfläche des linken Puffers, vom Fahrzeug aus gesehen, muß eben, die des rechten gewölbt sein. Die Höhe der Wölbung muß bei neuen Puffern 25 mm betragen.

§ 34. Freie Räume an den Stirnseiten.

(1) Zu beiden Seiten der Zugvorrichtung muß je ein freier Raum von folgenden Abmessungen verbleiben:

Breite zwischen den Kuppelungsteilen und dem Innenrande der Pufferscheibe
mindestens 400 mm,

Tiefe zwischen den vor der Kopfschwelle vortretenden Teilen und der völlig eingedrückten Pufferscheibe
mindestens 300 mm,

Höhe über Schienenoberkante
mindestens 2000 mm.

(2) Außerhalb dieser Räume vorspringende Teile müssen hinter der völlig eingedrückten Pufferscheibe
mindestens 40 mm
zurückstehen.

(3) Die Laufbretter an den Langseiten der Wagen müssen von der Stirne der nicht eingedrückten Puffer
mindestens 300 mm
abstehen.

§ 35. Bremsen.

(1) Bremskurbeln müssen so eingerichtet sein, daß die Bremsen durch Drehen der Kurbel nach rechts angezogen werden.

Hauptbahnen.	Nebenbahnen.

(2) Bremsersitze neuer Wagen sind zu überdecken und mindestens an der Vorder- und Rückseite mit Schutzwänden zu versehen. Bei Arbeitswagen sind offene Sitze zulässig.

(3) Tenderlokomotiven, Tender und Triebwagen müssen mit einer Handbremse versehen sein, auch wenn sie andere Bremsvorrichtungen haben.

(4) An Lokomotiven, die zur Beförderung von Personenzügen mit mehr als

60 km Geschwindigkeit	40 km Geschwindigkeit

dienen, muß eine Triebradbremse vorhanden sein, die mit der durchgehenden Bremse in Tätigkeit gesetzt werden kann.

(5) Die durchgehende Bremse eines Zuges, der eine Geschwindigkeit von mehr als

60 km	40 km

erreicht, muß so eingerichtet sein, daß sie

a) von der Lokomotive,
b) von den einzelnen Abteilungen der Personenwagen,[1]
c) von den Post- und Gepäckwagen,
d) von den mit Handbremse versehenen Güterwagen aus in Tätigkeit gesetzt werden kann und
e) selbsttätig wirkt, sobald die Bremsleitung unterbrochen wird.

(6) Die mit durchgehender Bremse versehenen Wagen müssen in einer den Vorschriften des § 55 entsprechenden Anzahl auch für die Bedienung der Bremsen von Hand eingerichtet sein.

[1] Hierzu gehören auch die Gänge der D-Zugwagen.

Hauptbahnen. | Nebenbahnen.

§ 36. Ausrüstung der Lokomotiven, Tender und Triebwagen.

(1) Dampfkessel[1] müssen folgende Ausrüstung erhalten:

a) ein Speiseventil, das bei Abstellung der Speisevorrichtung durch den Druck des Kesselwassers geschlossen wird,

b) zwei voneinander unabhängige Vorrichtungen zur Speisung, wovon jede für sich imstande ist, dem Kessel während der Fahrt die erforderliche Wassermenge zuzuführen und wovon eine auch beim Stillstande der Lokomotive arbeiten kann,

c) ein Wasserstandsglas und eine zweite, mit dem Kessel in gesonderter Verbindung stehende Vorrichtung zur Erkennung des Wasserstandes,

d) Marken des festgesetzten niedersten Wasserstandes am Wasserstandsglas und an der Kesselwandung, die mindestens 100 mm über dem höchsten, wasserbenetzten Punkte der Feuerbuchse liegen müssen,

e) zwei Sicherheitsventile, wovon mindestens das eine so eingerichtet ist, daß seine Belastung nicht über das bestimmte Maß gesteigert werden kann,

f) ein Manometer, das den Dampfdruck fortwährend anzeigt und auf dessen Zifferblatt die festgesetzte höchste Dampfspannung durch eine unverstellbare, in die Augen fallende Marke bezeichnet ist,

g) eine Vorrichtung zum Anschluß eines Prüfungsmanometers,

Hauptbahnen.	Nebenbahnen.

h) ein metallenes Fabrikschild, worauf die festgesetzte höchste Dampfspannung, der Name des Fabrikanten, die Fabriknummer und das Jahr der Anfertigung angegeben und das so am Kessel zu befestigen ist, daß es auch nach der Ummantelung sichtbar bleibt.

(2) An den Lokomotiven ist die Eigentumsverwaltung, der Name oder die Ordnungsnummer, der Name des Fabrikanten, die Fabriknummer, das Jahr der Anfertigung und die größte, nach Maßgabe der Bauart zulässige Geschwindigkeit anzugeben.

(3) Lokomotiven und Triebwagen müssen mit einer Dampfpfeife oder einer anderen, zur Erteilung hörbarer Signale geeigneten Vorrichtung von ähnlicher Wirksamkeit versehen sein.

(4) An den Lokomotiven müssen vorn, an den Tendern hinten, an den Tenderlokomotiven und Triebwagen vorn und hinten Bahnräumer angebracht sein.

(5) Dampflokomotiven und Dampftriebwagen müssen mit einem verschließbaren Aschenkasten ausgerüstet sein.

(6) Wenn die Beschaffenheit des Heizstoffs es erfordert, müssen die Lokomotiven mit Funkenfängern versehen werden.

(7) Der Wassereinlauf an vollspurigen Tendern und Tenderlokomotiven darf nicht höher als 2750 mm über Schienenoberkante liegen.

Hauptbahnen.	Nebenbahnen.
	(8) Die Lokomotiven und Triebwagen einer Bahn, auf der Wegübergänge ohne Schranken vor-

Hauptbahnen.	Nebenbahnen.
	kommen, sind mit einer Läutevorrichtung auszurüsten (§ 58 (2)). (9) Die Bestimmungen dieses Paragraphen gelten auch für Schmalspurbahnen.

[1] Vgl. Allgemeine polizeiliche Bestimmungen über die Anlegung von Landdampfkesseln v. 17./12. 1908 (RGBl. 1909, S. 3).

§ 37. Tragfedern der Wagen.

Die Wagen müssen mit Tragfedern versehen sein.

§ 38. Wagenausrüstung für militärische Zwecke.

Die Wagen sind mit den für Militärbeförderung notwendigen, in der Militär-Eisenbahn-Ordnung vorgeschriebenen festen Einrichtungen auszurüsten.

§ 39. Verschluß, Beleuchtungs- und Heizeinrichtung der Personenwagen.

(1) Die Türen an den Langseiten der Personenwagen müssen mit doppelter Verschlußvorrichtung versehen sein, deren einer Teil aus einem Vorreiber oder Einreiber besteht.

(2) Die Türöffnungen sind im Innern der Personenwagen mit Schutzvorrichtungen gegen das Einklemmen der Finger zu versehen.

(3) An den zum Öffnen eingerichteten Fenstern der Personenwagen von mehr als 2900 mm äußerer Kastenbreite muß eine Warnung vor dem Hinauslehnen angeschrieben sein.

(4) Die Personenwagen müssen mit Einrichtung

Hauptbahnen.	Nebenbahnen.

zur Beleuchtung, die im Winter zu benutzenden auch mit Einrichtung zur Heizung versehen sein.

§ 40. Bodenhöhe der Güterwagen.

Der Fußboden der Güterwagen muß
mindestens 170 mm
über Puffermitte liegen.

Ausnahmen sind bei den für besondere Zwecke gebauten Wagen zulässig.

§ 41. Signalstützen und Laternenkasten.

(1) Mindestens an einer Stirnseite aller dafür geeigneten Wagen sind Stützen zur Aufnahme der Schlußsignale (Scheiben und Laternen) so anzubringen, daß die Signale entweder über die Seite oder die Decke des Wagens hervorragen (vergl. auch § 28 (3)).

(2) Die Stützen erhalten die Form einer abgestumpften Pyramide mit quadratischem Querschnitte von 46 mm oberer und 35 mm unterer lichter Seitenlänge und 76 mm Höhe. Ihre Seiten sind unter 45 Grad zur Wagenachse zu stellen.

(3) Die Oberkante der Signalstützen darf

a) wenn die Signale seitlich vorragen sollen
höchstens 3100 mm,

b) wenn sie über die Decke ragen sollen
höchstens 3600 mm

über Schienenoberkante liegen.

Der Abstand der Mittelachse der Stützen von der Wagenmitte beträgt

zu a) wenigstens 1400 mm,
höchstens 1500 mm,

zu b) höchstens 1200 mm.

Hauptbahnen.	Nebenbahnen.

Bemerkung. Die Maße von 3600 mm Höhe und 1200 mm Abstand von der Wagenmitte schließen einander aus. Bei einer Höhe von 3600 mm darf der Abstand höchstens 1160 mm, bei einem Abstande von 1200 mm die Höhe höchstens 3550 mm betragen (vergleiche § 28 (3)).

(4) Die Seitenflächen der Signallaternen sind gleichlaufend zur Wagenachse zu stellen.

Die Höhe des Laternenkastens darf
höchstens 280 mm,
die Breite
höchstens 250 mm,
die Höhe des Laternenaufsatzes (Schornsteins)
höchstens 120 mm,
die Breite
höchstens 140 mm
betragen.

(5) An jedem mit Signalstützen versehenen Wagen müssen Aufsteigtritte angebracht werden.

§ 42. Anschriften an den Wagen.

(1) An beiden Langseiten der Wagen sind folgende Anschriften anzubringen:

a) eine Kennzeichnung der Eigentumsverwaltung,
b) die Ordnungsnummer,
c) das Eigengewicht einschließlich der Achsen, Räder und der dauernd im Wagen mitgeführten Ausrüstungsgegenstände; bei Wagen jedoch, die auf Strecken von verschiedener Spurweite verkehren und beim Übergange die Radsätze wechseln, ist es zulässig, das Gewicht des gefederten Teiles

Hauptbahnen. | Nebenbahnen.

am Wagenkasten, das Gewicht der Radsätze und Achsbüchsen aber an den Achsbüchsen anzuschreiben,

d) bei Güter- und Gepäckwagen das Ladegewicht und die Tragfähigkeit,

e) das auf 1 m Wagenlänge einschließlich der Puffer entfallende Gesamtgewicht (Eigengewicht und Ladegewicht), wenn es 3,1 t/m übersteigt,

f) der Radstand; bei Drehgestellwagen der Abstand der Drehzapfen und der Radstand der Drehgestelle,

g) das Vorhandensein von Lenkachsen und verschiebbaren Mittelachsen; bei Wagen mit mehr als 4500 mm Radstand das Zeichen ←⊖→, wenn die Achsen eine solche Verschiebbarkeit besitzen, daß die Wagen Krümmungen von 150 m Halbmesser anstandslos durchfahren können,

h) die Art und Wirkungsweise der durchgehenden Bremse,

i) der Inhalt der Gasbehälter,

k) der Zeitpunkt der letzten Untersuchung (§ 44),

l) bei Wagen, die für Zeitschmierung eingerichtet sind, die Schmierfrist und der Zeitpunkt der letzten Schmierung,

m) bei Personen- und bedeckten Güterwagen die Anzahl der für Truppenbeförderung benutzbaren Sitzplätze, bei letzteren Wagen auch die Anzahl der unterzubringenden Pferde,

n) bei den zur Viehbeförderung geeigneten Wagen der Inhalt der Bodenfläche,

Hauptbahnen.	Nebenbahnen.

o) bei den für Militärbeförderung nicht geeigneten offenen Wagen der Buchstabe (u),

p) bei Privatwagen hinter der Ordnungsnummer das Zeichen [P]

(2) Die Personenwagen sind mit Merkmalen zu versehen, die den Reisenden das Auffinden der Wagenklasse und der benutzten Abteilung erleichtern.

§ 43. Abnahme und Untersuchung der Lokomotiven und Triebwagen.

(1) Neue oder mit neuen Dampfkesseln versehene Lokomotiven und Triebwagen dürfen erst in Betrieb genommen werden, nachdem sie amtlich geprüft und sicher befunden worden sind.

(2) Lokomotiven und Triebwagen sind mindestens alle drei Jahre gründlich zu untersuchen. Diese Zeitabschnitte sind vom Tage der Inbetriebnahme nach beendeter Untersuchung bis zum Tage der Außerdienststellung zum Zwecke der nächsten Untersuchung zu rechnen.

(3) Die Untersuchung (2) muß sich auf alle Teile erstrecken. Dabei sind die Kesselverkleidung, die Lager und die Federn abzunehmen und die Radsätze herauszunehmen.

(4) Dampfkessel sind außer bei den Untersuchungen nach (2) auch nach jeder umfangreicheren Ausbesserung zu untersuchen.

(5) Bei der Abnahmeprüfung (1) und den wiederkehrenden Untersuchungen (2) und (4) ist der vom Mantel entblößte Kessel durch Wasserdruck zu prüfen. Der Probedruck muß den höchsten zulässigen Dampf-

Hauptbahnen.	Nebenbahnen.

überdruck um 5 Atmosphären übersteigen. Er ist mit einem Prüfungsmanometer zu messen, das von Zeit zu Zeit auf seine Richtigkeit untersucht werden muß.

(6) Kessel, die bei der Wasserdruckprobe (5) ihre Form bleibend ändern, dürfen in diesem Zustande nicht in Dienst genommen werden.

(7) Bei der Wasserdruckprobe (5) sind auch die Manometer und Ventilbelastungen zu prüfen.

(8) Der bei der Untersuchung als zulässig erkannte höchste Dampfüberdruck ist am Stande des Lokomotivführers zu verzeichnen (§ 36 (1)f).

(9) Spätestens acht Jahre nach der Inbetriebnahme müssen Lokomotivkessel im Innern untersucht werden, wobei die Heizröhren zu entfernen sind. Nach spätestens je sechs Jahren ist diese Untersuchung zu wiederholen.

(10) Über das Ergebnis der Untersuchungen ist Buch zu führen.

Nebenbahnen: (11) Die Bestimmungen dieses Paragraphen gelten auch für Schmalspurbahnen.

§ 44. Abnahme und Untersuchung der Tender und Wagen.

(1) Neue Tender und Wagen dürfen erst in Betrieb genommen werden, nachdem sie untersucht und sicher befunden worden sind.

(2) Tender und Wagen sind von Zeit zu Zeit gründlich zu untersuchen. Die Untersuchung muß sich auf alle Teile erstrecken. Dabei sind die Achslager

Hauptbahnen.	Nebenbahnen.

und die Federn abzunehmen und die Radsätze herauszunehmen.

Hauptbahnen.

(3) Die Untersuchung hat bei den vorzugsweise in Schnellzügen laufenden Personen-, Gepäck-, Post- und Güterwagen spätestens sechs Monate, bei den übrigen Personen-, Gepäck- und Postwagen spätestens ein Jahr, bei den übrigen Güterwagen und bei den Tendern spätestens drei Jahre nach der Inbetriebnahme oder nach der letzten Untersuchung zu erfolgen. Die Fristen von sechs Monaten und einem Jahre können bis zur Dauer von drei Jahren überschritten werden, solange ein Wagen nicht 30.000 km durchlaufen hat.

Nebenbahnen.

Die Untersuchung hat spätestens drei Jahre nach der Inbetriebnahme oder nach der letzten Untersuchung zu erfolgen.

(4) Die Bestimmungen dieses Paragraphen gelten auch für Schmalspurbahnen.

Hauptbahnen. | Nebenbahnen.

IV. Bahnbetrieb.

§ 45. Eisenbahnbetriebsbeamte.

(1) Eisenbahnbetriebsbeamte[1] sind die nachstehend aufgeführten Beamten, Bediensteten und Arbeiter und ihre Vertreter:

1. die die Unterhaltung und den Betrieb der Bahn leitenden und beaufsichtigenden Beamten,
2. die Bahnkontrolleure, die Betriebskontrolleure,
3. die Vorsteher und Aufseher sowie die sonstigen Fahrdienstleiter und Aufsichtsbeamten der Stationen,
4. die Bahnmeister, die Telegraphenmeister,
5. die Rottenführer,
6. die Weichensteller,
7. die Block-, Bahn- und Schrankenwärter,
8. die Zugbegleitbeamten,
9. die Betriebswerkmeister,
10. die Lokomotivführer und Heizer,
11. die Rangiermeister und Wagenmeister.

(2) Die Betriebsbeamten müssen mindestens einundzwanzig Jahre alt und unbescholten sein, auch die Eigenschaften und die Befähigung besitzen, die ihr Dienst erfordert.

(3) Die Betriebsbeamten sind in der zur gesicherten Durchführung des Betriebs erforderlichen Anzahl anzustellen.

(4) Den Betriebsbeamten sind schriftliche oder gedruckte Anweisungen über ihre dienstlichen Pflichten einzuhändigen.

Hauptbahnen.	Nebenbahnen.

(5) Über jeden Betriebsbeamten sind Personalakten zu führen.

(6) Die Stationsbeamten, Bahnmeister, Zugführer, Lokomotivführer, Weichensteller, Rottenführer, Block-, Bahn- und Schrankenwärter haben im Dienste eine richtig gehende Uhr zu tragen. Inwieweit diese Verpflichtung auch anderen Betriebsbeamten aufzuerlegen ist, bestimmt die Aufsichtsbehörde.

(7) Auf die Offiziere, Beamten und Mannschaften der militärischen Formationen für Eisenbahnzwecke und auf die als Heizer fahrenden, fachwissenschaftlich gebildeten Maschinentechniker findet die Vorschrift über das Alter (2) keine Anwendung.

[1] Für die Einreihung unter die Betriebsbeamten ist nicht die Bezeichnung, sondern die Dienstverrichtung maßgebend.

§ 46. Unterhaltung, Untersuchung und Bewachung der Bahn. Schrankendienst.

(1) Die Bahn ist so zu unterhalten, daß jede Strecke ohne Gefahr mit der größten für sie zugelassenen Geschwindigkeit befahren werden kann. (Kennzeichnung mangelhafter oder unfahrbarer Gleisstrecken siehe § 48 (2)).

(2) Die Bahn muß innerhalb 24 Stunden mindestens

Hauptbahnen	Nebenbahnen
dreimal	einmal

auf ihren ordnungsmäßigen Zustand untersucht werden,

Hauptbahnen	Nebenbahnen
	wenn die zulässige Geschwindigkeit mehr als 20 km beträgt.

Hauptbahnen.

Für Strecken mit geringem Verkehre kann die Aufsichtsbehörde eine zweimalige Untersuchung zulassen.

Nebenbahnen.

(3) Zur Untersuchung der Bahn (2) dürfen Frauen nicht verwendet werden.

(4) Gefahrdrohende Stellen sind während

der Dauer des Betriebs | des Verkehrens der Züge

zu beaufsichtigen.

(5) Während der Vorüberfahrt der Züge (§ 54 (1)) müssen

Hauptbahnen: die mit Handschranken versehenen Wegübergänge bewacht werden, wenn die Schranken nicht nach (8) geschlossen gehalten werden.

Nebenbahnen: bewacht werden

a) die verkehrsreichen Wegübergänge und sonstigen Stellen, wo besondere Vorsicht geboten ist, wenn die Züge daselbst mit mehr als 15 km Geschwindigkeit fahren,

b) außerdem alle unübersichtlichen, nicht mit Schranken versehenen Wegübergänge der Bahnstrecken, die mit mehr als 40 km Geschwindigkeit befahren werden bei den Zügen, die eine solche Geschwindigkeit erreichen.

Hauptbahnen.	Nebenbahnen.
(6) Wegübergänge innerhalb der Bahnhöfe[1] sind zu überwachen, solange sie von Zug- und Rangierbewegungen berührt werden.	

(7) Die Wegschranken sind vor Ankunft der Züge zu schließen. Vor dem Schließen von Zugschranken ist zu läuten (§ 18 (5)).

Hauptbahnen.	Nebenbahnen.
(8) Schranken an Übergängen mit geringem Verkehre dürfen mit Genehmigung der Landespolizeibehörde geschlossen gehalten werden (§ 18 (6)). Sie müssen auf Verlangen geöffnet werden, wenn es ohne Gefahr geschehen kann.	
(9) Schranken an unbedienten Übergängen von Privatwegen (§ 18 (7)) sind verschlossen zu halten.	

(10) Bahn- und Schrankenwärter müssen mit den Mitteln zur Erteilung von Langsamfahr- und Haltsignalen an die Züge ausgerüstet sein.

[1] Hierzu gehören auch die inneren, nur dem Verkehr innerhalb der Stationen dienenden Übergänge, soweit sie dem Publikum geöffnet sind, aber nicht Übergänge, die nur von Beamten benutzt werden.

Hauptbahnen. | Nebenbahnen.

§ 47. Freihalten des Bahnkörpers.

Die Gleise der Vollspurbahnen, auf denen Fahrzeuge durch Lokomotiven oder Triebwagen bewegt werden, sind von lagernden Gegenständen mindestens bis zu der Umgrenzung des lichten Raumes und den im § 11 (2) vorgeschriebenen Spielraumgrenzen frei zu halten.

§ 48. Kennzeichnung mangelhafter oder unfahrbarer Bahnstrecken.

(1) Bahnstrecken, wo die für gewöhnlich zugelassene Fahrgeschwindigkeit ermäßigt werden muß, sind durch Signale kenntlich zu machen.

(2) Unfahrbare Strecken sind, auch wenn kein Zug erwartet wird, durch Signale abzuschließen.

§ 49. Beleuchtung der Bahnanlagen.

(1) Die Übergänge der verkehrsreicheren, mit Handschranken versehenen und aller mit Zugschranken versehenen öffentlichen Wege sind bei Dunkelheit zu beleuchten, solange die Schranken geschlossen sind.

(2) Die Anfahrten der Stationen sind bei Dunkelheit mindestens eine halbe Stunde vor der Ankunft oder der Abfahrt eines Personenzugs zu beleuchten.

(3) Die Uhren (§ 26 (2)) größerer Bahnhöfe sind bei Dunkelheit zu beleuchten.

(4) Die Lampen der Haupt- und Vorsignale müssen bei unsichtigem Wetter auch am Tage brennen.

Hauptbahnen. | Nebenbahnen.

§ 50. Grundstellung der Fahrsignale und Weichen. Sicherung der Weichen.

(1) Die Grundstellung für Einfahr-, Ausfahr- und Blocksignale ist die Stellung auf „Halt". Ausnahmen sind mit Genehmigung der Landesaufsichtsbehörde zulässig für Blockstellen ohne Weichen, die ihrer Eigenschaft als Zugfolgestellen entkleidet sind.

(2) Für alle Weichen in den Hauptgleisen und für die Weichen in den Nebengleisen, durch die Fahrten auf den Hauptgleisen gefährdet werden könnten, ist eine bestimmte Grundstellung vorzuschreiben.

(3) Weichen, die mit den für die Fahrt gültigen Signalen nicht in Abhängigkeit stehen (§ 21(8)), oder deren Abhängigkeit vorübergehend aufgehoben ist, müssen, wenn ein Zug (§ 54 (1)) gegen ihre Spitze fährt, durch Verschluß oder Bewachung gegen fremden Eingriff gesichert werden.

§ 51. Rangieren auf und neben den Hauptgleisen.

(1) Das Rangieren auf dem Einfahrgleis über Einfahrsignale hinaus ist der Regel nach verboten. Läßt es sich im einzelnen Falle nicht vermeiden, so ist dazu die ausdrückliche Erlaubnis des Fahrdienstleiters einzuholen.

Hauptbahnen.	Nebenbahnen.

Bemerkung. Der Fahrdienstleiter ist der Beamte, der die Zugfolge innerhalb eines Bezirkes unter eigener Verantwortung regelt.

Hauptbahnen.	Nebenbahnen.
(2) Solange das Signal für die Ein- oder Ausfahrt eines Zuges auf Fahrt steht, darf auf den der Fahrstraße benachbarten Gleisen nur rangiert werden, wenn die Fahrstraße gegen die Rangierbewegungen gesichert ist.	

§ 52. Stillstehende Fahrzeuge.

(1) Stillstehende Fahrzeuge sind gegen unbeabsichtigte Bewegung zu sichern.

(2) Lokomotiven und Triebwagen müssen, solange sie durch eigenen Kraftantrieb bewegungsfähig sind, beaufsichtigt werden.

§ 52a. Aufhalten von Wagen im Rangierdienst mit Bremsschuhen.

Die Höhe der Bremsschuhe darf das Maß von 130 mm über Schienenoberkante nicht übersteigen (vgl. § 28 (7)).

§ 53. Fahrordnung.

(1) Auf zweigleisigen Bahnen ist rechts zu fahren.

(2) Ausnahmen sind zulässig

a) in Bahnhöfen,

Hauptbahnen.	Nebenbahnen.

b) bei Gleissperrungen,

c) für Arbeitszüge, Arbeitswagen und Kleinwagen,

d) für Hilfszüge und Hilfslokomotiven,

e) für zurückkehrende Schiebelokomotiven,

f) zwischen einem Bahnhof und der auf freier Strecke liegenden Weiche eines Anschlußgleises.

(3) Über die Benutzung der Gleise zur Ein-, Aus- oder Durchfahrt der Züge sind für Bahnhöfe, wo in einer Richtung mehrere Fahrstraßen vorkommen, bestimmte Vorschriften (Bahnhoffahrordnung) zu erlassen, von denen nur in Ausnahmefällen unter Verantwortlichkeit des Fahrdienstleiters abgewichen werden darf.

(4) Die Personenzüge (§ 54 (2)) der Vollspurbahnen dürfen in der Regel nur auf Gleise verwiesen werden, deren lichter Raum der in Anlage A links gezeichneten Linie entspricht. Für Militärzüge gilt diese Beschränkung nicht.

§ 54. Begriff, Gattung und Stärke der Züge.

(1) Züge im Sinne dieser Ordnung (geschlossene Züge) sind die auf die freie Strecke übergehenden, aus mehreren Fahrzeugen bestehenden Züge, einzeln fahrenden Triebwagen und Lokomotiven.

(2) Die vorwiegend der Personenbeförderung dienenden Züge gelten als Personenzüge, die vorwiegend der Güterbeförderung dienenden als Güterzüge, auch wenn jene zur Güterbeförderung, diese zur Personen-

Hauptbahnen.	Nebenbahnen.

beförderung mitbenutzt werden. In den Dienstfahrplänen ist ersichtlich zu machen, zu welcher Gattung ein Zug gerechnet wird.

(3) Die Stärke der Züge richtet sich nach der größten, der Berechnung der regelmäßigen Fahrzeit zugrunde gelegten Geschwindigkeit.

(4) Personenzüge dürfen bei Geschwindigkeiten

Hauptbahnen	Nebenbahnen
bis zu 50 km nicht über 80 Wagenachsen,	bis zu 30 km nicht über 80 Wagenachsen,
von 51 bis 60 km nicht über 60 Wagenachsen,	von 31 bis 40 km nicht über 40 Wagenachsen,
von 61 bis 80 km nicht über 52 Wagenachsen,	von mehr als 40 km nicht über 26 Wagenachsen
von mehr als 80 km nicht über 44 Wagenachsen	

stark sein.

Diese Zahlen dürfen bei den Zügen mit Geschwindigkeiten

Hauptbahnen	Nebenbahnen
von 61 bis 80 km bis zu 60 Wagenachsen,	von 31 bis 40 km bis zu 48 Wagenachsen,
von mehr als 80 km bis zu 52 Wagenachsen	von mehr als 40 km bis zu 30 Wagenachsen

für jeden sechsachsigen Wagen um zwei Achsen überschritten werden.

(5) Güterzüge dürfen bei Geschwindigkeiten

Hauptbahnen	Nebenbahnen
bis zu 45 km nicht über 120 Wagenachsen,	bis zu 30 km nicht über 120 Wagenachsen
von 46 bis 50 km nicht über 100 Wagenachsen,	

Hauptbahnen.	Nebenbahnen.
von 51 bis 55 km nicht über 80 Wagenachsen, von 56 bis 60 km nicht über 60 Wagenachsen	

stark sein.

Auf Bahnen mit günstigen Neigungs- und Krümmungsverhältnissen und ausreichenden Bahnhofanlagen kann die Landesaufsichtsbehörde für Güterzüge mit Geschwindigkeiten bis zu 45 km 150 Wagenachsen zulassen.	

(6) Militärzüge und solche Güterzüge, die regelmäßig zur Personenbeförderung mitbenutzt werden, dürfen, wenn ihre Geschwindigkeit

45 km	30 km

nicht übersteigt, bis zu 110 Wagenachsen stark sein.

Die Bedingungen, unter denen für Militärzüge ausnahmsweise mehr Achsen zugelassen werden können, bestimmt die Militär-Eisenbahn-Ordnung.

§ 55. Ausrüstung der Züge mit Bremsen.

(1) Außer den Bremsen der arbeitenden Lokomotiven und ihrer Tender müssen in den Zügen so viele bediente Bremsen vorhanden sein, daß mindestens die nach den folgenden Tafeln zu berechnende Anzahl Wagenachsen gebremst werden kann.

Bremstafel A.[1] (s. S. 271.)

Für die Handbremsen auf Hauptbahnen.

Auf Neigungen		Bei einer Fahrgeschwindigkeit von									
		15	20	25	30	35	40	45	50	55	60
von ‰	vom Verhältnis	Kilometer in der Stunde müssen von je 100 Wagenachsen gebremst werden können									
0	1: ∞	6	6	6	6	6	7	10	13	17	21
1	1:1000	6	6	6	6	6	8	11	15	19	23
2	1: 500	6	6	6	6	7	10	13	16	20	24
3	1: 333	6	6	6	6	9	11	15	18	22	26
4	1: 250	6	6	6	7	10	13	16	20	24	28
5	1: 200	6	6	6	9	11	14	18	22	26	30
6	1: 166	7	7	7	10	13	16	19	23	28	—
7	1: 143	8	8	8	11	14	17	21	25	30	—
8	1: 125	9	9	9	12	15	19	23	27	32	—
10	1: 100	10	10	12	14	18	22	26	31	—	—
12	1: 83	12	12	14	17	20	25	29	34	—	—
14	1: 71	14	14	16	19	23	28	32	38	—	—
16	1: 62	16	16	18	22	26	30	35	41	—	—
18	1: 55	18	18	20	24	28	33	39	—	—	—
20	1: 50	20	20	22	26	31	36	42	—	—	—
22	1: 45	22	22	24	29	34	39	—	—	—	—
25	1: 40	25	25	27	32	38	44	—	—	—	—

Bremstafel B.[1] (s. S. 271.)

Für durchgehende Bremsen auf Hauptbahnen.

Auf Neigungen		Bei einer Fahrgeschwindigkeit von																				
von	vom Verhältnis	15	20	25	30	35	40	45	50	55	60	65	70	75	80	85	90	95	100	105	110	115
‰		Kilometer in der Stunde müssen von je 100 Wagenachsen gebremst werden können																				
0	1: ∞	6	6	6	6	6	7	10	13	17	21	26	31	37	43	50	57	65	73	82	91	100
1	1:1000	6	6	6	6	6	8	12	15	19	23	28	33	39	46	53	60	68	76	86	97	—
2	1: 500	6	6	6	6	7	9	13	16	20	24	30	35	41	48	55	63	71	79	89	100	—
3	1: 333	6	6	6	6	8	10	14	17	22	26	32	37	43	50	58	65	74	82	93	—	—
4	1: 250	6	6	6	7	9	11	15	18	23	28	34	39	45	52	60	68	77	85	97	—	—
5	1: 200	6	6	6	7	9	12	16	19	24	29	35	40	47	54	62	70	79	88	100	—	—
6	1: 166	7	7	7	9	11	13	17	21	26	31	37	42	49	56	65	73	83	94	—	—	—
7	1: 143	8	8	8	10	12	15	18	22	27	33	39	44	51	58	67	76	86	97	—	—	—
8	1: 125	9	9	9	11	13	16	19	24	28	34	40	46	53	60	69	79	89	—	—	—	—
10	1: 100	10	10	11	13	15	18	21	25	30	36	42	49	56	63	73	84	—	—	—	—	—
12	1: 83	12	12	13	15	17	20	24	28	33	39	46	53	60	68	79	—	—	—	—	—	—
14	1: 71	14	14	14	17	20	23	27	31	36	42	49	57	64	73	—	—	—	—	—	—	—
16	1: 62	16	16	16	19	22	25	29	34	39	45	52	60	68	—	—	—	—	—	—	—	—
18	1: 55	18	18	18	21	24	28	32	37	42	48	55	63	—	—	—	—	—	—	—	—	—
20	1: 50	20	20	20	23	27	31	35	39	44	50	58	—	—	—	—	—	—	—	—	—	—
22	1: 45	22	22	22	26	30	34	38	43	48	54	—	—	—	—	—	—	—	—	—	—	—
25	1: 40	25	25	25	29	33	37	42	47	52	—	—	—	—	—	—	—	—	—	—	—	—

Bremstafel C.[1] (s. S. 272.)

Für die Bremsen der Nebenbahnen.

Auf Neigungen		Bei einer Fahrgeschwindigkeit von							
		15	20	25	30	35	40	45	50
von ‰	vom Verhältnis	Kilometer in der Stunde müssen von je 100 Wagenachsen gebremst werden können							
0	1:∞	6	6	6	8	11	15	20	26
1	1:1000	6	6	6	9	12	16	21	27
2	1: 500	6	6	7	10	13	17	22	28
3	1: 333	6	6	8	11	14	18	23	29
4	1: 250	6	6	9	12	15	19	24	30
5	1: 200	6	7	10	13	16	20	25	31
6	1: 166	7	8	11	14	17	21	26	32
7	1: 143	8	9	12	15	18	22	27	33
8	1: 125	9	10	13	16	19	23	28	34
10	1: 100	11	13	16	19	22	25	30	36
12	1: 83	13	15	18	21	24	28	33	39
14	1: 71	15	17	20	23	27	31	36	42
16	1: 62	17	19	22	26	30	34	39	45
18	1: 55	19	22	25	29	33	37	42	48
20	1: 50	21	24	27	31	36	40	45	52
22	1: 45	23	26	30	34	39	44	49	56
25	1: 40	26	29	33	38	43	48	54	61
30	1: 33	30	34	38	43	48	54	—	—
35	1: 28	34	39	44	49	56	—	—	—
40	1: 25	39	44	50	56	—	—	—	—

Bemerkung. Als bedient gilt eine Bremse, wenn sie von einem zugbegleitenden Beamten oder (bei durchgehenden Bremsen) von dem Lokomotivführer in Tätigkeit gesetzt werden kann.

Die Bremsprozente in den Tafeln A und B sind unter der Voraussetzung eines größten Bremswegs von 700 m auf wagerechter oder fallender Strecke berechnet.

Hauptbahnen.	Nebenbahnen.

(2) Für Geschwindigkeiten und Neigungen zwischen den in den Tafeln aufgeführten sind die Bremswerte durch Zwischenschaltung zu ermitteln.

(3) Bei Zählung der Wagenachsen und bei Feststellung der Bremsachsen ist eine unbeladene Güterwagenachse als halbe Achse zu rechnen. Als unbeladen gilt eine Güterwagenachse nur dann, wenn der Wagen keinerlei Ladung trägt. Die Achsen von Personen-, Post- und Gepäckwagen, von kalt laufenden Lokomotiven und leer laufenden Tendern sind voll in Ansatz zu bringen.

(4) Für Güterzüge, die ganz oder teilweise mit durchgehender Bremse gefahren werden, kann die Landesaufsichtsbehörde besondere, von (1) abweichende Bestimmungen treffen.

(5) Ein bei der Berechnung der Bremsachsen sich ergebender Bruchteil ist voll zu rechnen.

(6) Für Nebenbahnen, wo die im § 19 (3) vorgeschriebenen Einrichtungen vorhanden, die Kreuzungsstationen mit Einfahrsignalen versehen und alle nicht abgeschrankten unübersichtlichen Wegübergänge während der Vorüberfahrt der Züge bewacht werden, kann die Landesaufsichtsbehörde die Anwendung der Bremstafeln A und B zulassen.

(7) Die Landesaufsichtsbehörde kann zulassen, daß die Bremsachsen von Schiebelokomotiven bei der Bergfahrt teilweise oder ganz auf die nach (1) erforderlichen Bremsachsen angerechnet werden.

Hauptbahnen.	Nebenbahnen.

(8) Die Anzahl der Bremsachsen muß in jeder Neigung (Steigung oder Gefälle) der Geschwindigkeit entsprechen, die ein Zug dort bei Einhaltung der kürzesten Fahrzeit (§ 66 (11)) erreichen darf. Für eine Strecke, die ohne Wechsel in der Bremsbesetzung durchfahren wird, ist die die meisten Bremsachsen erfordernde Neigung maßgebend. Erreicht diese aber nirgends die Länge von 1000 m, so kann statt ihrer die Neigung der Verbindungslinie derjenigen beiden 1000 m voneinander entfernten Punkte der Bahn genommen werden, für die sich die größte Anzahl Bremsachsen ergibt.

(9) Wagengruppen von mehr als 6 Achsen, die gemäß § 56 (6) an Personenzüge mit durchgehender Bremse angehängt, an die Bremse aber nicht angeschlossen werden, müssen in sich die nach (1) und (2) erforderlichen bedienten Bremsen enthalten, wenn sie mit Reisenden besetzt werden (§ 56 (7)). Bleiben sie unbesetzt, so darf der letzte durchgehend gebremste Wagen bei Bemessung der Bremsachsen für diese Gruppe angerechnet werden.

(10) Kommt auf einer Strecke eine stärkere Neigung (Steigung oder Gefälle) als 5‰ (1:200) von 1000 m Länge und darüber vor oder ist die Verbindungslinie der beiden Punkte der Bahn, die bei 1000 m Entfernung den größten Höhenunterschied zeigen, stärker als 5‰ (1:200) geneigt, so muß der letzte Wagen eine bediente Bremse haben. Dahinter darf

Hauptbahnen	Nebenbahnen
bei Güterzügen	bei Zügen, die nicht mehr als 40 km Geschwindigkeit erreichen,

Hauptbahnen.	Nebenbahnen.

noch ein leerer, beschädigter aber lauffähiger Wagen, der inmitten des Zuges nicht eingestellt werden kann, angehängt werden.

(11) Wo eine bediente Schlußbremse (10) nicht erforderlich ist, dürfen dem letzten Bremswagen nur halb soviel ungebremste Achsen folgen, als nach den vorstehenden Bestimmungen auf dessen Bremsachsen entfallen würden. Bis zu 6 ungebremste Achsen dürfen ihm jedoch in diesem Falle bei den Zügen mit Geschwindigkeiten bis zu

Hauptbahnen	Nebenbahnen
80 km	40 km

(§ 56 (6)) stets angehängt werden.

(12) Über das Bremsen auf Bahnstrecken mit einer Neigung von

Hauptbahnen	Nebenbahnen
mehr als 25‰ (1:40)	mehr als 40‰ (1:25), auf Strecken von außergewöhnlicher Bauart und auf Strecken, wo die Züge durch die Schwerkraft oder durch stehende Maschinen bewegt werden,

hat die Landesaufsichtsbehörde besondere Vorschriften zu erlassen.

(13) Personenzüge, die

Hauptbahnen	Nebenbahnen
bei Einhaltung der kürzesten Fahrzeit (§ 66 (11))	

Hauptbahnen.	**Nebenbahnen.**
eine größere Geschwindigkeit erreichen	
als 60 km	als 30 km

müssen mit durchgehender Bremse ausgerüstet sein (§ 66 (2)).

[1]) Bis zum 1. Mai 1915 kann noch mit Zustimmung des Reichs-Eisenbahnamts für die Bremsbesetzung auf Hauptbahnen die folgende Tafel angewendet werden:

Auf Neigungen		Bei einer Fahrgeschwindigkeit von										
von ...‰	vom Verhältnis	25	30	35	40	45	50	60	70	80	90	100
		Kilometer in der Stunde müssen von je 100 Wagenachsen zu bremsen sein										
0	1 : ∞	6	6	6	6	8	10	17	25	36	48	60
2,5	1 : 400	6	6	7	9	11	14	21	30	41	54	67
5,0	1 : 200	6	7	9	12	14	18	25	35	46	59	73
7,5	1 : 133	8	10	12	15	18	21	29	39	51	64	—
10,0	1 : 100	10	13	15	18	21	25	33	44	56	—	—
12,5	1 : 80	13	15	18	21	25	29	38	48	59	—	—
15,0	1 : 66	15	18	21	24	28	32	42	53	—	—	—
17,5	1 : 57	18	21	24	27	32	36	46	57	—	—	—
20,0	1 : 50	20	23	27	31	35	39	50	—	—	—	—
22,5	1 : 44	22	26	30	34	38	43	54	—	—	—	—
25,0	1 : 40	25	29	33	37	42	47	—	—	—	—	—

Hauptbahnen. | **Nebenbahnen.**

[1]) Bis zum 1. Mai 1915 kann noch mit Zustimmung des Reichs-Eisenbahnamts für die Bremsbesetzung auf Nebenbahnen die folgende Tafel angewendet werden:

Auf Neigungen		Bei einer Fahrgeschwindigkeit von			
		15	20	30	40
von .... ‰	vom Verhältnis	Kilometer in der Stunde müssen von je 100 Wagenachsen zu bremsen sein			
0	1:∞	6	6	6	10
2,5	1:400	6	6	9	14
5,0	1:200	6	7	12	18
7,5	1:133	8	10	15	21
10,0	1:100	10	13	18	25
12,5	1: 80	13	15	21	29
15,0	1: 66	15	18	24	32
17,5	1: 57	18	21	27	36
20,0	1: 50	20	23	31	39
22,5	1: 44	22	26	34	43
25,0	1: 40	25	29	37	47
30,0	1: 33	30	34	43	54
35,0	1: 28	34	39	49	62
40,0	1: 25	39	45	56	70

§ 56. Zusammenstellung der Züge.

(1) Schemelwagen, die durch Steifkuppelung oder durch die Ladung selbst verbunden werden, sind in den hinteren Teil des Zuges einzustellen.

Hauptbahnen.	Nebenbahnen.
(2) Wagenpaare, über die dieselbe Ladung reicht, und Wagen mit ungewöhnlicher Kuppelung dürfen nicht unmittelbar vor oder hinter besetzte Personenwagen gestellt werden.	

(3) Wagen mit leicht feuerfangenden Gegenständen dürfen nicht in unmittelbare Nähe der Lokomotiven oder der Wagen mit Ofenheizung gestellt werden. Offene Wagen mit solcher Ladung müssen mit einer Decke versehen sein. (S. Eisenbahn-Verkehrsordnung.)

(4) Für die Stellung der Wagen mit Sprengstoffen gelten die Bestimmungen der Verkehrsordnung.

(5) Bei der Stellung des Postwagens ist auf die Bedürfnisse des Postdienstes Rücksicht zu nehmen, soweit es der Bahnbetrieb gestattet.

Hauptbahnen.	Nebenbahnen.
Auch ist soweit tunlich zu vermeiden, ihn als Schutzwagen (§ 57) zu verwenden.	

(6) Am Schlusse eines mit durchgehender Bremse gefahrenen Personenzugs dürfen innerhalb der zugelassenen Zugstärke (§ 54 (4)) einzelne an die Bremse nicht angeschlossene Wagen mitgeführt werden, und zwar:

a) bei Zügen bis 30 km Geschwindigkeit bis zu 30 Achsen,
b) bei Zügen von 31 bis 40 km Geschwindigkeit bis zu 20 Achsen,

Hauptbahnen.	Nebenbahnen.
c) bei Zügen von 41 bis 50 km Geschwindigkeit bis zu 16 Achsen,	
d) bei Zügen von 51 bis 60 km Geschwindigkeit bis zu 12 Achsen,	
e) bei Zügen von 61 bis 80 km Geschwindigkeit bis zu 6 Achsen.	

An Züge, die mit mehr als

80 km Geschwindigkeit	40 km Geschwindigkeit

fahren, dürfen solche Wagen nicht angehängt werden.

(7) Mit Reisenden dürfen die in (6) erwähnten Wagen

nur bei den Zügen zu a) und d) und	

nur dann besetzt werden, wenn sie die nach § 55 (9) erforderlichen bedienten Bremsen enthalten.

(8) Die zu bedienenden Bremswagen sind tunlichst gleichmäßig im Zuge zu verteilen.

(9) An den Schluß der Züge dürfen nur Wagen gestellt werden, woran die Schlußsignale angebracht werden können.

(10) Wagen außerdeutscher Eisenbahnverwaltungen dürfen in Züge nur eingestellt werden, wenn sie den Bestimmungen über die technische Einheit im Eisenbahnwesen entsprechen. Andernfalls bedarf ihre Einstellung der Zustimmung aller an der Beförderung beteiligten Verwaltungen.

Hauptbahnen.	Nebenbahnen.
§ 57. Schutzabteil, Schutzwagen.	
(1) In den zur Personenbeförderung bestimmten, von einer Lokomotive geführten Zügen ist von Reisenden frei zu halten:	
a) die vorderste Abteilung des ersten Wagens	
1. bei den Zügen, die mit mehr als 40 km, aber höchstens mit 50 km Geschwindigkeit fahren, 2. bei den Zügen, die mit mehr als 50 km, aber höchstens mit 60 km Geschwindigkeit fahren, mit durchgehender Bremse ausgerüstet sind, nicht mehr als 40 Wagenachsen führen und auf zweigleisigen Strecken verkehren, wo alle Züge einander mit derselben Geschwindigkeit folgen;	bei den Zügen, die mit mehr als 40 km Geschwindigkeit fahren.
b) der erste Wagen bei den übrigen mit mehr als 50 km Geschwindigkeit fahrenden Zügen.	

Hauptbahnen.	Nebenbahnen.

Im Dienste befindliche Eisenbahn-, Post- und Zollbeamte[1] sowie Begleiter von Leichen und Tieren gelten nicht als Reisende im Sinne dieser Bestimmung.

(2) Ein bei dem Schutzabteil oder im Schutzwagen befindlicher Abort kann von den Reisenden benutzt werden.

(3) Bei dienstlichen Sonderzügen ist weder Schutzabteil noch Schutzwagen erforderlich.

[1] Hierzu gehören auch Beamte, die dienstlich zur Übernahme ihrer Obliegenheiten von ihrem Wohnort nach einer anderen Station oder umgekehrt zum Wohnorte zurückbefördert werden.

§ 58. Zugsignale.

(1) Die Züge müssen Signale führen, die bei Tage den Schluß, bei Dunkelheit die Spitze und den Schluß erkennen lassen.

Der Schluß eines aus mehreren Fahrzeugen bestehenden Zuges ist auch nach vorn kenntlich zu machen; für Übergabezüge können von der Aufsichtsbehörde Ausnahmen zugelassen werden.

Hauptbahnen.	Nebenbahnen.
	(2) Vor Wegübergängen ohne Schranken ist die Läutevorrichtung (§ 36 (8)) von der nach § 18 (10) gekennzeichneten Stelle ab in Tätigkeit zu setzen. Wird ein Zug ohne führende Lokomotive geschoben, so hat der auf dem vordersten Wagen befind-

Hauptbahnen.	Nebenbahnen.
	liche Beamte (§ 67 (1)) zu läuten.
(3) An den Zügen,	An den Militärzügen,

die ohne durchgehende Bremse gefahren werden, ist eine Zugleine oder eine andere Einrichtung anzubringen, die es gestattet, vom Platze des Zugführers oder eines anderen, an der Aufsicht über den Zug beteiligten Beamten aus ein hörbares Signal auf der Lokomotive ertönen zu lassen. Ausnahmen können von der Aufsichtsbehörde zugelassen werden für Züge ohne Personenbeförderung, die zur Überführung von Wagen zwischen benachbarten Bahnhöfen, nach Werkstätten und gewerblichen Anlagen dienen.

§ 59. Ausstattung der Züge.

(1) In den Zügen sind mitzuführen:

a) Hilfsmittel, wodurch Zugteile, die sich während der Fahrt getrennt haben, wieder miteinander verbunden werden können,

b) Gerätschaften zur Beseitigung der während der Fahrt etwa vorkommenden geringfügigeren Beschädigungen,

c) die bei Unfällen zunächst erforderlichen Werkzeuge,

Hauptbahnen.	Nebenbahnen.
d) Signalmittel zur Deckung der Züge in außerordentlichen Fällen.	

(2) In den zur Personenbeförderung dienenden Zügen sind die Mittel zur ersten Hilfeleistung bei Verletzungen mitzuführen.

Hauptbahnen.	Nebenbahnen.

(3) Unter einfachen Verhältnissen kann die Aufsichtsbehörde Ausnahmen von den Bestimmungen dieses Paragraphen zulassen.

§ 60. Beleuchtung und Heizung der Personenwagen.

(1) Die zur Beförderung von Personen benutzten Wagen sind bei Dunkelheit und in Tunneln, zu deren Durchfahrung mehr als zwei Minuten gebraucht werden, zu beleuchten.

(2) Die Personenwagen sind bei kalter Witterung zu heizen.

Hauptbahnen.	Nebenbahnen.
	Ausnahmen können von der Landesaufsichtsbehörde zugelassen werden.

§ 61. Kuppeln und Verschließen der Wagen. Bremsprobe.

(1) In den Zügen, die eine Geschwindigkeit von mehr als 45 km erreichen, sind die Fahrzeuge so fest zu kuppeln, daß die Pufferfedern etwas angespannt sind.

(2) Die nicht im Gebrauche befindlichen Kuppelungen und Notketten müssen während der Fahrt der Züge aufgehängt sein.

(3) Personenwagen dürfen nur so verschlossen werden, daß sie von den Insassen geöffnet werden können.

(4) Bevor ein mit Luftdruck- oder Luftsaugebremse gefahrener Zug die Anfangsstation verläßt, ist eine Bremsprobe vorzunehmen. Die Probe ist zu wiederholen, so oft der Zug getrennt oder ergänzt worden

Hauptbahnen.	Nebenbahnen.

ist, es sei denn, daß nur Wagen am Schlusse abgehängt worden wären.

§ 62. Beförderung von Gütern mit Personenzügen.

Hauptbahnen	Nebenbahnen
(1) Güter dürfen mit Personenzügen nur befördert werden, wenn dadurch die Erreichung der Anschlüsse nicht in Frage gestellt wird.	
(2) Inwieweit Tiere und Eilgut mit Personenzügen befördert werden dürfen, die eine Geschwindigkeit von mehr als 60 km erreichen, bestimmt die Aufsichtsbehörde.	

§ 63. Zugpersonal.

(1) Das Zugpersonal besteht aus dem Lokomotiv- und dem Zugbegleitpersonale.

(2) Dampflokomotiven müssen während der Fahrt [Nebenbahnen: in der Regel] mit einem Führer und einem Heizer besetzt sein.

Hauptbahnen	Nebenbahnen
	Ausnahmen können von der Landesaufsichtsbehörde zugelassen werden, wenn Einrichtung getroffen ist, daß ein Zugbegleitbeamter während

Hauptbahnen.	Nebenbahnen.
	der Fahrt leicht zum Führerstande gelangen kann.

Über die Besetzung von anderen Lokomotiven und von Triebwagen bestimmt die Landesaufsichtsbehörde.

(3) Die Züge, mit Ausnahme von Revisionszügen und einzeln fahrenden Lokomotiven, sind mit mindestens einem begleitenden Beamten zu besetzen.

(4) Das Zugpersonal ist während der Fahrt einem Beamten (Zugführer) zu unterstellen.

(5) Das Zugbegleitpersonal ist im Zuge angemessen zu verteilen (zu vergleichen § 55 (9), § 56 (8) und die einschlägigen Bestimmungen der Verkehrsordnung).

Hauptbahnen.	Nebenbahnen.
Bei den Zügen mit durchgehender Bremse hat der Zugführer oder in seiner Vertretung ein anderer Zugbegleitbeamter seinen Platz so einzunehmen, daß er die Bremse in Tätigkeit setzen kann.	

(6) Der Zugführer hat einen Fahrbericht zu führen, worin Abgangs- und Ankunftszeiten auf den Stationen, die Anzahl der beladenen und der unbeladenen Wagenachsen und etwaige außergewöhnliche Vorkommnisse zu verzeichnen sind.

(7) Bei einzeln fahrenden Lokomotiven gilt der Lokomotivführer als Zugführer.

§ 64. Mitfahren auf der Lokomotive.

Ohne Erlaubnis der zuständigen Beamten darf außer den dienstlich dazu berechtigten Personen niemand auf der Lokomotive mitfahren.

Hauptbahnen.	Nebenbahnen.

§ 65. Ein- und Ausfahrt der Züge. Zugfolge.

(1) Das Signal für die Ein- oder Ausfahrt eines Zuges darf nur durch den Fahrdienstleiter selbst, oder in dessen ausdrücklichem, in jedem einzelnen Falle zu erteilenden Auftrage durch einen anderen Betriebsbeamten auf Fahrt gestellt oder freigegeben werden.

(2) Bevor ein Ein- oder Ausfahrsignal für einen Zug auf Fahrt gestellt wird, ist zu prüfen, ob die Fahrstraße frei ist und ihre Weichen richtig stehen. Über das Ergebnis der Prüfung muß der für das Stellen des Signals verantwortliche Beamte unterrichtet sein. Von der Prüfung der Stellung darf bei den Weichen abgesehen werden, die mit dem Signal in der im § 21 (8) vorgeschriebenen Abhängigkeit stehen.

(3) Die Prüfung der Fahrstraße und der Weichenstellung (2) hat außerdem zu erfolgen:

a) wenn Ausfahrsignale fehlen, vor dem Ablassen eines Zuges

Hauptbahnen.	Nebenbahnen.
	b) wenn Einfahrsignale fehlen, vor der bevorstehenden Einfahrt eines Zuges. Steht der Einfahrt ein Hindernis entgegen, so ist der Zug durch Wärtersignale zum Halten zu bringen.

(4) Steht der Ausfahrt eines Zuges aus einem Bahnhofe, den er planmäßig durchfahren soll, ein

Hauptbahnen.	Nebenbahnen.

Hindernis entgegen, so darf ein Einfahrsignal erst auf Fahrt gestellt werden, nachdem der Zug davor zum Halten gekommen ist. Hiervon kann abgesehen werden, wenn ein Ausfahrvorsignal vorhanden ist oder wenn feststeht, daß das Zugpersonal mit der Anweisung, den Zug ausnahmsweise anzuhalten, versehen ist. Sonstige Ausnahmen können in Berücksichtigung besonderer Verhältnisse von der Aufsichtsbehörde zugelassen werden.

(5) Haltsignale dürfen von den Zügen, für die sie gelten, ohne besonderen Auftrag nicht überfahren werden.

(6) Kein Zug darf ohne Auftrag des zuständigen Beamten von einer Station abfahren.

(7) Kein zur Beförderung von Personen bestimmter Zug darf vor der im Fahrplan angegebenen Zeit abfahren.

(8) Kein Zug darf, abgesehen von Störungen (10), von einer Zugfolgestelle ab- oder durchgelassen werden, bevor festgestellt ist, daß der vorausgegangene Zug sich unter der Deckung der nächsten Zugfolgestelle befindet,

Hauptbahnen.	Nebenbahnen.
	wenn auf der Bahn mit mehr als 15 km Geschwindigkeit gefahren wird.

Außerdem darf bei eingleisigem Betriebe kein Zug abgelassen werden, wenn nicht feststeht, daß das Gleis bis zur nächsten zur Kreuzung geeigneten Station durch einen Gegenzug nicht beansprucht ist.

(9) Die Verständigung über die Zugfolge hat, soweit sie nicht durch die Bedienung der Streckenblockeinrichtung ersetzt wird,

Hauptbahnen.	Nebenbahnen.
	auf den Strecken, die mit mehr als 40 km Geschwindigkeit befahren werden,
durch den Telegraphen,	
	auf den sonstigen Strecken durch den Telegraphen oder den Fernsprecher
zu erfolgen.	Inwieweit auf den ersterwähnten Strecken

bei Störungen des Telegraphen oder der Blockeinrichtungen Fernsprecher benutzt werden dürfen, bestimmt die Landesaufsichtsbehörde.

(10) Ist die Verständigung zwischen den Zugfolgestellen gestört, so darf ein Zug abgelassen werden, wenn angenommen werden kann, daß der vorausgegangene Zug auf der nächsten Zugfolgestelle eingetroffen und ein Gegenzug auf demselben Gleise nicht zu erwarten ist.

(11) Vor der Ab- oder Durchfahrt der Züge ist auf den hierzu eingerichteten Strecken das Signal für die Schrankenwärter (§ 19 (3)) zu geben. Bei Zügen, die die Strecke zwischen zwei Bahnhöfen nicht vollständig durchfahren, kann hiervon abgesehen werden.

§ 66. Fahrgeschwindigkeit.

(1) Die Geschwindigkeit darf die Grenzen nicht übersteigen, die

a) für die einzelnen Lokomotiven festgesetzt sind (§ 36 (2)),

b) der Stärke der Züge (§ 54, vergleiche jedoch Ziffer (12)) und

Hauptbahnen. | **Nebenbahnen.**

c) der Anzahl der bedienten Bremsachsen (§ 55) entsprechen,

d) durch die besonderen Verhältnisse der einzelnen Bahnstrecken geboten sind.

(2) Abgesehen von den vorstehenden und den aus (3) bis (10) sich ergebenden Einschränkungen ist die größte zulässige Geschwindigkeit in der Stunde:

Hauptbahnen:

a) für Personenzüge:
1. ohne durchgehende Bremse . . 60 km,
2. mit durchgehender Bremse . . 100 km.

Unter besonders günstigen Verhältnissen[1] kann die Landesaufsichtsbehörde höhere Geschwindigkeiten zulassen;

b) für Güterzüge . 45 km, unter besonders günstigen Verhältnissen mit Genehmigung der Aufsichtsbehörde . . 60 km;

c) für Arbeitszüge 45 km;

d) für einzelne Lokomotiven . . . . . . 50 km, jedoch können von der Aufsichtsbehörde größere Geschwindigkeiten bis zu der für die Lokomotive überhaupt zu-

Nebenbahnen:

a) im allgemeinen 30 km,

b) auf vollspurigen Bahnen mit eigenem Bahnkörper für Personenzüge mit durchgehender Bremse . . 40 km, und mit Genehmigung der Landesaufsichtsbehörde . . . . . 50 km.

Hauptbahnen.	Nebenbahnen.
lässigen Grenze (§ 36 (2)) gestattet werden;	
e) für Probefahrten unbegrenzt.	
Für solche Fahrten gelten auch die Beschränkungen unter (3) bis (6) nicht.	

(3) Die größte zulässige Geschwindigkeit ist in Gefällen

Hauptbahnen	Nebenbahnen
von 1 ‰ (1:1000) 110 km,	
„ 2 „ (1: 500) 110 „ ,	
„ 3 „ (1: 333) 105 „ ,	
„ 4 „ (1: 250) 105 „ ,	
„ 5 „ (1: 200) 105 „ ,	
„ 6 „ (1: 166) 100 „ ,	
„ 7 „ (1: 143) 100 „ ,	
„ 8 „ (1: 125) 95 „ ,	
„ 10 „ (1: 100) 90 „ ,	
„ 12 „ (1: 83) 85 „ ,	
„ 14 „ (1: 71) 80 „ ,	
„ 16 „ (1: 62) 75 „ ,	
„ 18 „ (1: 55) 70 „ ,	
„ 20 „ (1: 50) 65 „ ,	
„ 22 „ (1: 45) 60 „ ,	
„ 25 „ (1: 40) 55 „ ,	
	von 25 ‰ (1:40) 50 km,
	„ 30 „ (1:33) 40 „ ,
	„ 35 „ (1:28) 35 „ ,
	„ 40 „ (1:25) 30 „ .

Hauptbahnen. | **Nebenbahnen.**

Für Zwischengefälle ergibt sich die größte Geschwindigkeit durch Zwischenschaltung.

(4) Die größte zulässige Geschwindigkeit ist in Krümmungen

Hauptbahnen	Nebenbahnen
v. Halbm. 1200 m 115 km,	
„ „ 1100 „ 110 „ ,	
„ „ 1000 „ 105 „ ,	
„ „ 900 „ 100 „ ,	
„ „ 800 „ 95 „ ,	
„ „ 700 „ 90 „ ,	
„ „ 600 „ 85 „ ,	
„ „ 500 „ 80 „ ,	
„ „ 400 „ 75 „ ,	
„ „ 300 „ 65 „ ,	
„ „ 250 „ 60 „ ,	
„ „ 200 „ 50 „ ,	v. Halbm. 200 m 50 km,
„ „ 180 „ 45 „ ,	„ „ 180 „ 45 „ ,
	„ „ 150 „ 40 „ ,
	„ „ 120 „ 30 „ ,
	„ „ 100 „ 25 „ .

Für Krümmungen zwischen den vorstehenden ergibt sich die größte Geschwindigkeit durch Zwischenschaltung.

(5) Für fallende und zugleich gekrümmte Bahnstrecken gilt die kleinere der aus (3) und (4) sich ergebenden Geschwindigkeiten.

(6) Die größte zulässige Geschwindigkeit der Züge, deren führende Lokomotive mit dem Tender voranfährt, ist . . . . 45 km.

(7) Die größte zulässige Geschwindigkeit der Züge,

die geschoben werden, ohne daß sich eine Lokomotive an der Spitze befände (§ 67 (1)), ist

Hauptbahnen.	Nebenbahnen.
25 km.	auf Strecken, wo alle Wegübergänge mit Schranken versehen sind . . . 25 km, auf Strecken, wo Wegübergänge ohne Schranken vorkommen. . . . . . 15 km.

(8) Für das Fahren

Hauptbahnen.	Nebenbahnen.
durch den krummen Strang einer Weiche, gegen die Spitze einer nicht verriegelten oder verschlossenen Weiche, durch Gegenkrümmungen, in denen die Gleise ohne Überhöhung verlegt sind,	

über Drehbrücken und durch Strecken, die aus einem sonstigen Grunde regelmäßig langsamer befahren werden müssen, ist die für die einzelne Zuggattung zulässige größte Geschwindigkeit von der Aufsichtsbehörde besonders zu bestimmen.

(9) Sonderzüge, die den Schrankenwärtern nicht nach § 69 (4) angekündigt werden konnten, dürfen nur dann mit mehr als 30 km Geschwindigkeit fahren, wenn

Hauptbahnen.	Nebenbahnen.
	alle Wegübergänge mit Schranken versehen, die im § 19 (3) vorgeschriebenen Einrichtungen vorhanden sind und

angenommen werden kann, daß die Wegschranken auf

Hauptbahnen.	Nebenbahnen.

das Signal nach § 65 (11) rechtzeitig geschlossen werden.

(10) Sonderzüge, die nach § 69 (6) abgelassen werden, dürfen höchstens mit 30 km Geschwindigkeit fahren.

(11) Für jeden Zug ist neben der regelmäßigen eine kürzeste Fahrzeit zu bestimmen, die bei Verspätungen womöglich einzuhalten ist, aber nie unterschritten werden darf.

(12) Auch bei Anwendung der kürzesten Fahrzeit (11) dürfen die in (1) bis (10) gegebenen Geschwindigkeitsgrenzen nicht überschritten werden mit Ausnahme der nach § 54 von der Zugstärke abhängigen regelmäßigen Höchstgeschwindigkeit, die, wenn es die sonstigen Verhältnisse zulassen, um zehn Prozent gesteigert werden darf.

(13) Wird die durchgehende Bremse eines Zuges unterwegs unbrauchbar, so darf die Fahrt mit unverminderter Geschwindigkeit fortgesetzt werden, wenn die Bremsen in der nach § 55 erforderlichen Anzahl von Hand bedient werden. Die im § 58 (3) vorgeschriebene

Hauptbahnen.	Nebenbahnen.

Signaleinrichtung braucht in solchen Fällen nicht angebracht zu werden.

[1] Dazu gehört u. a. auch das Vorhandensein außergewöhnlich kräftig wirkender Bremsen

§ 67. Schieben der Züge.

(1) Züge ohne führende Lokomotive dürfen,

Hauptbahnen	Nebenbahnen
wenn die Landesaufsichtsbehörde keine weiteren Einschränkungen trifft, geschoben werden: a) bei langsamer Rückwärtsbewegung der Züge, b) bei Arbeitszügen und dienstlichen Sonderzügen, c) bei Zügen nach und von Gruben, gewerblichen Anlagen und dergleichen.	nur geschoben werden, wenn sie nicht mehr als 50 Wagenachsen stark sind.

Der vorderste Wagen der Züge unter b und c ist mit einem Betriebsbeamten zu besetzen,

Hauptbahnen	Nebenbahnen
	der auf Strecken, wo Wegübergänge ohne Schranken vorkommen, eine weithin tönende Glocke bei sich zu führen hat (§ 58 (2)).

Wegen der Geschwindigkeit der Züge vergleiche § 66 (7)).

Hauptbahnen.	Nebenbahnen.

(2) Züge mit einer führenden Lokomotive dürfen nachgeschoben werden:

a) bei der Anfahrt in den Stationen,

b) auf stark steigenden Bahnstrecken einschließlich der etwa dazwischen liegenden, schwächer steigenden oder wagerechten Strecken,

c) in Notfällen überall.

(3) Mit mehr als zwei Lokomotiven darf nicht nachgeschoben werden.

(4) Züge mit Schemelwagen, die durch Steifkuppelung oder durch die Ladung selbst verbunden sind, dürfen auf freier Strecke nicht nachgeschoben werden.

(5) Die Verwendung einer Schiebelokomotive ist vorzumelden.

(6) Für Zahnstangenbahnen können durch die Landesaufsichtsbehörde Ausnahmen von den Bestimmungen über das Nachschieben der Züge zugelassen werden.

§ 68. Befahren von Bahnkreuzungen.

(1) Vor den außerhalb der Bahnhöfe gelegenen Bahnkreuzungen muß jeder Zug anhalten. Das Deckungssignal (§ 21 (6)) darf erst auf Fahrt gestellt werden, nachdem der Zug zum Stillstande gekommen ist.

(2) Bei der Kreuzung

einer Hauptbahn mit einer Nebenbahn oder einer dieser Ordnung nicht unterstellten Bahn	zweier Nebenbahnen oder einer Nebenbahn mit einer dieser Ordnung nicht unterstellten Bahn

kann die Landesaufsichtsbehörde

Hauptbahnen.	Nebenbahnen.
die Züge der Hauptbahn	die Züge einer Bahn, ausnahmsweise auch die Züge beider Bahnen,

von der Verpflichtung zum Halten entbinden.

§ 69. Sonderzüge.

(1) Zu den Sonderzügen gehören auch die Bedarfszüge, die nicht regelmäßig verkehrenden Vor- und Nachzüge, Arbeitszüge, Lokomotivfahrten und Probefahrten.

Hauptbahnen.	Nebenbahnen.
(2) Sonderzüge dürfen nur befördert werden, solange die Schrankenwärter im Dienste sind (vergleiche indes (6)).	

(3) Für Sonderzüge ist ein Fahrplan aufzustellen. Der Fahrplan ist den von dem Zuge zu berührenden Stationen mitzuteilen. Durchfährt ein Zug die Strecke zwischen zwei Bahnhöfen nicht vollständig, so ist der Fahrplan beiden Stationen mitzuteilen. Hinsichtlich der Ankündigung von Sonderzügen mit Sprengstoffen sind die Bestimmungen der Verkehrsordnung zu beachten.

(4) Sonderzüge sind den Schrankenwärtern anzukündigen. Die Ankündigung hat, wenn tunlich schriftlich, andernfalls durch Fernsprecher oder durch ein Signal an dem — in der einen oder anderen Richtung — vorhergehenden Zuge[1] zu erfolgen.

(5) Ist eine Ankündigung nach (4) nicht möglich, so treten die in § 66 (9) enthaltenen Vorschriften in Kraft.

Hauptbahnen.	Nebenbahnen.

(6) Von den Bestimmungen in (2) und (3) kann unter Verantwortlichkeit des zuständigen Beamten abgesehen werden bei Hilfszügen und Hilfslokomotiven, die aus Anlaß von Eisenbahnunfällen, Feuersbrünsten oder sonstigen außerordentlichen Ereignissen einzulegen sind. Wegen der Geschwindigkeit solcher Züge vergleiche § 66 (10).

[1] Das Signal ist nach § 65 (11) zu geben.

§ 70. Rangordnung der Züge.

In Hinsicht auf pünktliche Beförderung haben in der Regel die Sonderzüge der Allerhöchsten und Höchsten Herrschaften den Vorrang vor den übrigen Zügen, die Schnellzüge vor den Personen- und Güterzügen, die Personenzüge vor den Güterzügen. Dringliche Hilfszüge gehen allen anderen Zügen vor.

§ 71. Schneepflüge.

(1) Schneepflüge auf eigenen Rädern oder Wagen zum Brechen des Glatteises dürfen bei Zügen, die mit mehr als 30 km Geschwindigkeit fahren, nicht vor die Zuglokomotive gestellt werden.

(2) Fest mit der Zuglokomotive verbundene Schneepflüge ohne eigene Räder sind bei jeder Geschwindigkeit zulässig.

§ 72. Von Hand bewegte Wagen. Kleinwagen.

(1) Eisenbahn- und Kleinwagen, die durch Menschen oder Tiere bewegt werden, und Trieb-

Hauptbahnen.	Nebenbahnen.
kleinwagen dürfen nur mit Vorwissen der benachbarten Bahnhöfe auf die freie Strecke gebracht werden.	

(2) Derartige Fahrzeuge müssen von einem verantwortlichen Betriebsbeamten begleitet sein und spätestens fünfzehn Minuten vor der mutmaßlichen Ankunft eines Zuges aus dem Gleise entfernt werden. Sie sind bei Dunkelheit mit Lichtsignalen zu versehen.

Von der Vorschrift über das Entfernen aus dem Gleise kann die Aufsichtsbehörde für die von höheren Beamten geführten Draisinen und für einsitzige Fahrräder Ausnahmen zulassen.

§ 73. Betriebstörende Ereignisse.

Ein Zug, der auf freier Strecke liegen bleibt, ist gegen Gefährdung durch andere Züge zu sichern. In welcher Weise dies zu geschehen hat, ist von der Landesaufsichtsbehörde zu bestimmen.

V. Bahnpolizei.

§ 74. Eisenbahnpolizeibeamte.

(1) Eisenbahnpolizeibeamte sind die im § 45 unter 1 bis 11 aufgeführten Eisenbahnbetriebsbeamten und

12. Pförtner,
13. Bahnsteigschaffner,
14. Wächter.

Hauptbahnen. | Nebenbahnen.

(2) Die Bahnpolizeibeamten sind zu vereidigen oder durch Handschlag an Eidesstatt zu verpflichten. Die Vereidigung oder eidliche Verpflichtung verleiht dem Bahnpolizeibeamten die Rechte des öffentlichen Polizeibeamten.

(3) Die Bestimmungen im § 45 (2), (4) und (5) finden auch auf die in (1) unter 12 bis 14 aufgeführten Bahnpolizeibeamten Anwendung.

(4) Beamten, die sich zur Ausübung polizeilicher Obliegenheiten ungeeignet zeigen, dürfen solche nicht übertragen werden.

(5) Auf die Offiziere, Beamten und Mannschaften der militärischen Formationen für Eisenbahnzwecke findet die Vorschrift über die Vereidigung oder eidliche Verpflichtung (2) keine Anwendung.

§ 75. Ausübung der Bahnpolizei.

(1) Der Amtsbereich der Bahnpolizeibeamten umfaßt örtlich — ohne Rücksicht auf den Wohnort oder Dienstbezirk — das gesamte Bahngebiet der Verwaltungen, bei denen sie beschäftigt werden, sachlich die Maßnahmen, die zur Handhabung der für den Eisenbahnbetrieb geltenden Polizeiverordnungen erforderlich sind.

(2) Bei Ausübung des Dienstes müssen die Bahnpolizeibeamten Uniform oder ein Dienstabzeichen tragen oder mit einem sonstigen Ausweis über ihre amtliche Eigenschaft versehen sein.

(3) Die Bahnpolizeibeamten haben sich dem Publikum gegenüber besonnen und rücksichtsvoll, aber bestimmt zu benehmen.

Hauptbahnen. | Nebenbahnen.

(4) Die Bahnpolizeibeamten sind befugt, jeden vorläufig festzunehmen, der auf der Übertretung der in den §§ 77 bis 81 enthaltenen Bestimmungen oder einer sonstigen strafbaren Handlung betroffen oder unmittelbar danach verfolgt wird, wenn er der Flucht verdächtig ist oder sich nicht auszuweisen vermag. Eine Festnahme wegen Übertretung der in den §§ 77 bis 81 enthaltenen Bestimmungen hat zu unterbleiben, wenn eine angemessene Sicherheit bestellt wird; diese Sicherheit darf den Betrag von einhundert Mark (§ 82) nicht übersteigen. Ist die vorläufige Festnahme notwendig, um die Fortsetzung der strafbaren Handlung zu verhindern, so darf sie nicht unterbleiben, auch wenn der Täter nicht der Flucht verdächtig ist, sich auszuweisen vermag und Sicherheitsleistung anbietet.

(5) Der Festgenommene ist, wenn er nicht wieder in Freiheit gesetzt wird, unverzüglich dem Amtsrichter oder der Polizeibehörde des Bezirkes, in dem die Festnahme erfolgte, vorzuführen.

(6) Erfolgt die Ablieferung nicht durch einen Bahnpolizeibeamten, so hat der sie anordnende Beamte eine mit seinem Namen und seiner Dienststellung versehene Karte, worauf der Grund der Festnahme vermerkt ist, mitzugeben.

§ 76. Gegenseitige Unterstützung der Polizeibeamten.

Die sonstigen Polizeibeamten sind verpflichtet, die Bahnpolizeibeamten auf Ersuchen bei Handhabung der Bahnpolizei zu unterstützen. Ebenso sind die Bahnpolizeibeamten verbunden, den sonstigen Polizei-

Hauptbahnen. | Nebenbahnen.

beamten bei der Ausübung ihres Dienstes innerhalb des Bahngebiets Beistand zu leisten, soweit es ihre bahndienstlichen Pflichten zulassen.

VI. Bestimmungen für das Publikum.

§ 77. Allgemeine Bestimmungen.

Die Reisenden und das sonstige Publikum haben den allgemeinen Anordnungen, die von der Bahnverwaltung zur Aufrechterhaltung der Ordnung innerhalb des Bahngebiets und im Bahnverkehre getroffen werden, nachzukommen und den dienstlichen Anordnungen der in Uniform befindlichen oder mit einem Dienstabzeichen oder einem sonstigen Ausweis über ihre amtliche Eigenschaft versehenen Bahnpolizeibeamten Folge zu leisten.[1]

[1] Wegen Bahnpolizei s. Fritsch (Gleim) in Stengels Wörterbuch des deutschen Staats-usw. Rechts Bd. 1 (S. 664) und in Conrads Handwörterbuch Bd. III S. 829, ferner Schunk, Grundzüge des Bahnpolizeirechts in Preußen, 1910. — Rechtsgültigkeit des § 77: Entsch. d. Kammergerichts v. 27./2. 1911 (Archiv f. EWesen 1911, S. 838).

§ 78. Betreten der Bahnanlagen.

(1) Das Betreten der Bahnanlagen der freien Strecke, soweit sie nicht zugleich zur Benutzung als Weg bestimmt sind, ist ohne Erlaubniskarte nur gestattet:

1. den Vertretern der Aufsichtsbehörden,
2. den Beamten der Staatsanwaltschaft, der Gerichte, des Forstschutzes und der Polizei,

Hauptbahnen.	Nebenbahnen.

wenn es zur Ausübung ihres Dienstes notwendig ist,

3. den Beamten des Telegraphen-, des Zoll- und des Steuerwesens, soweit es zur Wahrnehmung ihres Dienstes innerhalb des Bahngebiets notwendig ist,
4. den zur Besichtigung dienstlich entsandten deutschen Offizieren.

(2) Das Betreten der Stationsanlagen außerhalb der dem Publikum bestimmungsgemäß geöffneten Räume ist ohne Erlaubniskarte außer den unter (1) genannten Personen auch den Postbeamten gestattet, soweit sich der Postdienst[1] innerhalb des Stationsgebiets abwickelt.

(3) Den Offizieren und den in Uniform befindlichen Beamten der deutschen Festungsbehörden ist gestattet, die Bahnanlagen innerhalb des Festungsbereichs bis zur äußersten Grenze der Tragweite der Geschütze zu betreten.

(4) Die zum Betreten der Bahnanlagen ohne Erlaubniskarte berechtigten Personen haben sich, soweit sie nicht durch ihre Uniform kenntlich sind, auf Erfordern durch eine Bescheinigung ihrer vorgesetzten Behörde auszuweisen.

(5) Erlaubniskarten zum Betreten der Bahnanlagen dürfen nur mit Genehmigung der Aufsichtsbehörde ausgestellt werden.

(6) Die zum Betreten der Bahnanlagen Berechtigten haben es zu vermeiden, sich innerhalb der Gleise aufzuhalten.

Hauptbahnen.	Nebenbahnen.

(7) Die Überwachung der Ordnung auf den Vorplätzen der Stationen liegt den Bahnpolizeibeamten ob, soweit nicht besondere Vorschriften anderes bestimmen.

(8) Für das Betreten der Bahnanlagen durch Tiere ist der verantwortlich, dem die Aufsicht über die Tiere obliegt.

(9) Wo die Bahn zugleich als Weg dient, ist sie bei Annäherung eines Zuges zu räumen.

[1] Hierzu gehört die Brief- u. Paketbestellung nicht.

§ 79. Überschreiten der Bahn.

(1) Das Publikum darf die Bahn nur an den zu Übergängen bestimmten Stellen überschreiten, und zwar nur so lange, als diese nicht durch Schranken geschlossen sind oder ein Zug sich nicht nähert. Beim Überschreiten der Bahn ist jeder unnötige Aufenthalt zu vermeiden.

(2) Pflüge und Eggen, Baumstämme und andere schwere Gegenstände dürfen, wenn sie nicht getragen werden, nur auf Wagen oder untergelegten Schleifen über die Bahn geschafft werden.

(3) Privatübergänge dürfen nur von den Berechtigten und nur unter den von der Aufsichtsbehörde genehmigten Bedingungen benutzt werden.

(4) Es ist untersagt, die Schranken oder sonstigen Einfriedigungen eigenmächtig zu öffnen oder zu überschreiten, etwas darauf zu legen oder zu hängen. Solange die Übergänge geschlossen sind, wenn an den mit Zugschranken versehenen Übergängen die Glocke

Hauptbahnen.	Nebenbahnen.

ertönt oder wenn ein Zug sich nähert müssen Fuhrwerke und Tiere an den Warnungstafeln, und wo solche fehlen, in angemessener Entfernung von der Bahn angehalten werden. Fußgänger dürfen bis an die Schranken der damit versehenen Übergänge herantreten.

(5) Größere Viehherden dürfen innerhalb zehn Minuten vor dem mutmaßlichen Eintreffen eines Zuges nicht mehr über die Bahn getrieben werden.

§ 80. Bahnbeschädigungen und Betriebsstörungen.

Es ist verboten, die Bahnanlagen, die Betriebseinrichtungen oder die Fahrzeuge zu beschädigen, Gegenstände auf die Fahrbahn zu legen oder sonstige Fahrthindernisse anzubringen, Weichen umzustellen, falschen Alarm zu erregen, Signale nachzuahmen oder andere betriebstörende Handlungen vorzunehmen.

§ 81. Verhalten der Reisenden.

(1) Die Reisenden dürfen nur an den dazu bestimmten Stellen und nur an der dazu bestimmten Seite der Züge ein- und aussteigen.

(2) Solange ein Zug sich in Bewegung befindet, ist das Öffnen der Wagentüren, das Ein- und Aussteigen, der Versuch oder die Hilfeleistung dazu, das Betreten der Trittbretter und Plattformen, soweit der Aufenthalt hier nicht ausdrücklich gestattet ist, verboten.

Hauptbahnen.	Nebenbahnen.

(3) Es ist untersagt, Gegenstände aus dem Wagen zu werfen, durch die ein Mensch verletzt oder eine Sache beschädigt werden könnte.

§ 82. Bestrafung von Übertretungen.

(1) Wer den Bestimmungen der §§ 77 bis 81 zuwiderhandelt, wird mit Geldstrafe bis zu einhundert Mark bestraft, wenn nicht nach den allgemeinen Strafbestimmungen eine höhere Strafe verwirkt ist.

(2) Die gleiche Strafe trifft den, der den Bestimmungen der Verkehrsordnung über die von der Mitnahme in Personenwagen ausgeschlossenen Gegenstände zuwiderhandelt.

§ 83. Aushang von Vorschriften.

Ein Abdruck der §§ 75 und 77 bis 82 dieser Ordnung sowie der Bestimmungen der Verkehrsordnung über die von der Mitnahme in Personenwagen ausgeschlossenen Gegenstände ist in jedem Warteraum auszuhängen.

Anlage A.

Umgrenzung des lichten Raumes

für

die durchgehenden Hauptgleise und die sonstigen Ein- und Ausfahrgleise der Personenzüge. | die übrigen Gleise.

Maßstab 1 : 50

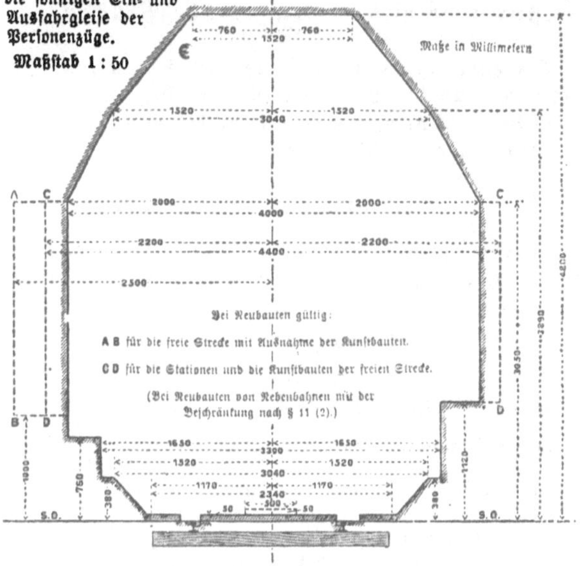

Unterer Teil der Umgrenzung.

Maßstab 1 : 20.

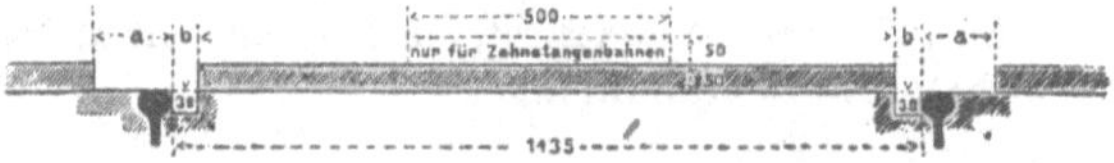

a = { 135 mm für unbewegliche, mit der Fahrschiene fest verbundene Gegenstände,
150 mm für alle übrigen unbeweglichen Gegenstände.

b = { 41 mm bei den Zwangschienen der Weichen und Kreuzungen,
45 mm bei anderen Zwangschienen mit Genehmigung der Landesaufsichtsbehörde,
67 mm für alle übrigen unbeweglichen Gegenstände

Anlage B.

Verkehrslast
für neue und zu erneuernde Brücken.

Ein Zug mit zwei Lokomotiven in ungünstigster Stellung und einer unbeschränkten Anzahl einseitig angehängter Wagen von den nachstehend angegebenen Achsbelastungen und Radständen.

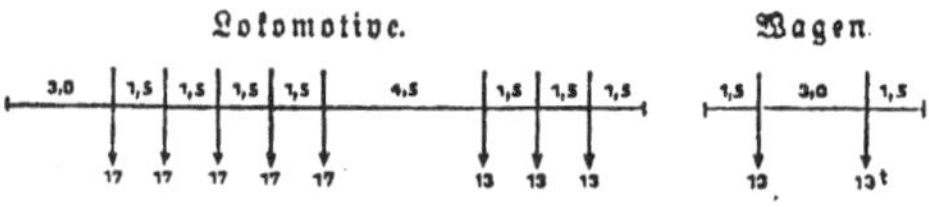

oder aber:

eine Achse von 20 t, oder

zwei Achsen von je 20 t, oder

drei Achsen von je 19 t, oder

vier Achsen von je 18 t

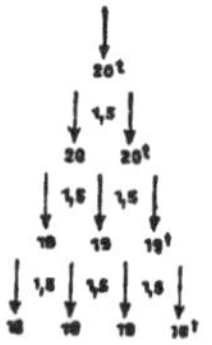

wenn durch diese Belastungen die Brücken oder Brückenteile stärker beansprucht werden, als durch die oben angegebene Lokomotive.

Anlage C,

Umgrenzung der Fahrzeuge.

Lokomotiven und Tender. Maßstab 1 : 50.

Wagen. Maße in Millimetern

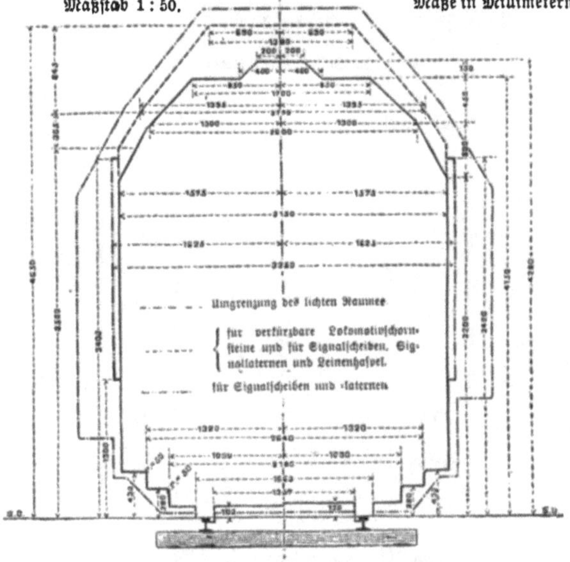

Einschränkung der Umgrenzung.

ür Lokomotiven und Tender, für Wagen, die auf Zahnstangenbahnen übergehen sollen.

Maßstab 1 : 20

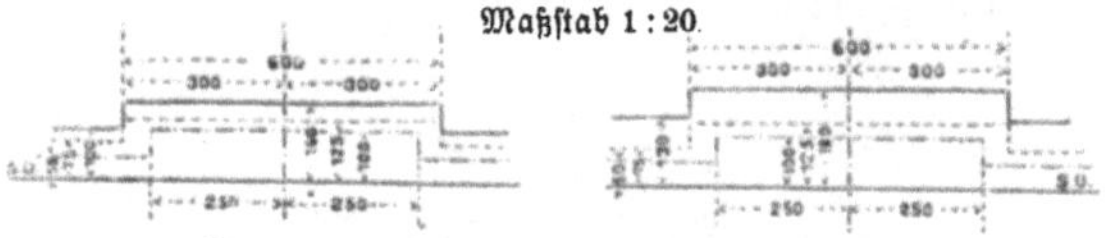

—·—·—·— Umgrenzung des lichten Raumes.

------- Umgrenzung für die dem Federspiele nicht folgenden beweglichen Teile der Lokomotiven und für die Kuppelungen aller Fahrzeuge

Anlage D.

Räder (§ 31).

Maßstab 1 : 10.

Maße in Millimetern.

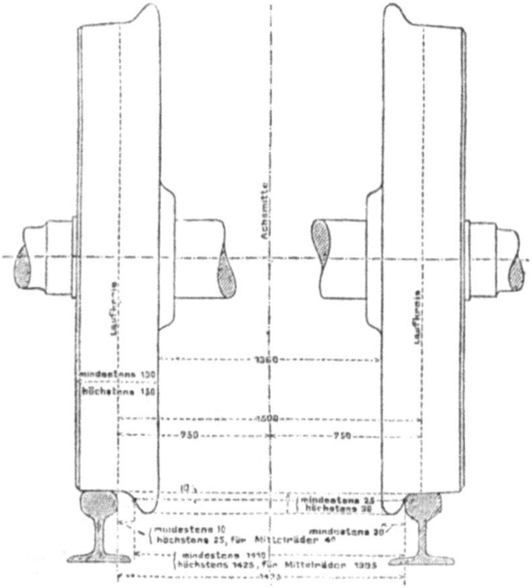

9. Bekanntmachung des Reichskanzlers, betr. die Eisenbahn-Signalordnung. (SO.)

Vom 24. Juni 1907. Gültig v. 1. August 1907.
(RGBl. 1907 S. 377.)

Abänderungen durch Bek. v. 12./3. 1910 RGBl. S. 515, im Texte berücksichtigt.

Ältere Ordnungen: Signalordnung für die E. Deutschlands v. 4./1. 1875 (RZBl. S. 73), neuer Text v. 30./11. 1885 (RZBl. S. 561), ersetzt durch Signalordnung für die E. Deutschlands v. 5./7. 1892 (RGBl. S. 733), aufgehoben durch nachstehende Ordnung.

Literatur: Cauer, Betrieb und Verkehr der Preußischen Staatsbahnen, Teil I, 1897. — Kohlfürst, Die selbsttätige Zugdeckung auf Straßen-, Leicht- u. Vollbahnen, 1903. — Derselbe, Neues auf dem Gebiete der elektrisch selbsttätigen Zugdeckung, 1906. — Martens, Grundlagen des E.Signalwesens für den Betrieb mit Hochgeschwindigkeiten unter Berücksichtigung der Bremswirkung, 1909. — Scheibner, Die mechanischen Sicherheitsstellwerke im Betriebe der vereinigten preußisch-hessischen Staats-E., 2 Bde., 1904, 06. — Ders., „Mittel zur Sicherung des Betriebes" in Handbuch der Ingenieurwissenschaften T. 5 Bd. 6, 1908—10. — Scholkmann, „Signal- u. Sicherungs-Anlagen" in E.Technik der Gegenwart Bd. II T. 4. 1904. — Schubert, Die Sicherungswerke im E.Betriebe, 1903. — Struck, Grundzüge des Betriebsdienstes auf den preußisch-hessischen Staatsbahnen, 1907. — Ferner „Das deutsche E.Wesen der Gegenwart", 1911. — Zeitschriften: Zeitschr. f. d. gesamte E.Sicherungswesen (das Stellwerk) u. die bei Nr. 8 erwähnten.

Ausführungsbestimmungen: Signalbuch für die preußisch-hessischen StaatsE., gültig v. 1./8. 1907, enth. SO. mit Ausf.-Best., eingeführt auch bei anderen deutschen EVerwaltungen.

Gemäß dem vom Bundesrat in der Sitzung vom 20. Juni 1907 auf Grund der Artikel 42 und 43 der Reichsverfassung gefaßten Beschlusse tritt am 1. August

1907 an die Stelle der Signalordnung für die Eisenbahnen Deutschlands vom 5. Juli 1892 die nachstehende Eisenbahn-Signalordnung (SO.).

Berlin, den 24. Juni 1907.

Der Reichskanzler.
Fürst von Bülow.

Inhalts-Übersicht.

Eisenbahn-Signalordnung (SO.).

A. Allgemeine Bestimmungen.

(1) Die Eisenbahn-Signalordnung gilt für Haupt- und Nebenbahnen. Ihre Signale müssen auf jeder Bahn mindestens in dem Umfang angewendet werden, den die Eisenbahn-Bau- und Betriebsordnung vorschreibt.

(2) Zur Erteilung der in der Signalordnung vorgesehenen Signale dürfen andere als die dort vorgeschriebenen Formen nicht verwendet werden. Zur

Erteilung von Signalen, die in der Signalordnung nicht vorgesehen sind, dürfen die Formen der Signalordnung nicht benutzt werden.

(3) Maßgebend ist die Beschreibung der Signale. Die bildlichen Darstellungen dienen zur Erläuterung Von ihnen kann abgewichen werden, soweit die Beschreibung nicht entgegensteht.

(4) Fehlen auf einer Bahn einzelne der nach dem folgenden erforderlichen Einrichtungen, so können für ihre Aus- oder Durchführung von der Landesaufsichtsbehörde mit Zustimmung des Reichs-Eisenbahnamts Fristen bewilligt werden.

(5) Für Schmalspurbahnen können Ausnahmen von der Landesaufsichtsbehörde zugelassen werden.

(6) Für die an der Grenze gelegenen, von ausländischen Bahnverwaltungen betriebenen vollspurigen Strecken können Ausnahmen von der Landesaufsichtsbehörde mit Zustimmung des Reichs-Eisenbahnamts bewilligt werden.

(7) Im übrigen ist das Reichs-Eisenbahnamt ermächtigt, in Berücksichtigung besonderer Verhältnisse für einzelne Bahnstrecken auf Antrag der Landesaufsichtsbehörde Abweichungen zuzulassen.

(8) Ausführungsbestimmungen sind dem Reichs-Eisenbahnamte mitzuteilen.

B. Die Signale.

I. Läutesignale.

Durch die Läutesignale werden die folgenden, den Lauf der Züge betreffenden Mitteilungen gemacht.

Signal 1 (Abläutesignal).

Ein Zug fährt in der Richtung von A nach B: Einmal eine bestimmte Anzahl von Glockenschlägen.

Signal 2 (Abläutesignal).

Ein Zug fährt in der Richtung von B nach A: Zweimal dieselbe Anzahl von Glockenschlägen wie bei 1.

Signal 3 (Ruhesignal).

Erste Bedeutung: Der Zugverkehr ruht.

Zweite Bedeutung: Ein Abläutesignal (Signal 1 oder 2) wird zurückgenommen:

Dreimal dieselbe Anzahl von Glockenschlägen wie bei 1.

Signal 4 (Gefahrsignal).

Es ist etwas Außerordentliches zu erwarten alle Züge sind aufzuhalten:

Sechsmal dieselbe Anzahl von Glockenschlägen wie bei 1.

II. Wärtersignale.

Durch die Wärtersignale wird der Auftrag zum Langsamfahren oder Halten der Züge erteilt. Sie werden gegeben als Handsignale, Scheibensignale, Knallsignale, Horn- oder Pfeifensignale.

Die Wärtersignale können auch gegenüber von Rangierabteilungen und einzelnen Fahrzeugen angewendet werden.

Signal 5 (Langsamfahrsignal).

Der Zug soll langsam fahren.

Langsamfahrscheibe.

bei Tage:

Dem Zuge entgegen eine runde gelbe, weißgeränderte, mit A bezeichnete Scheibe vor der langsam zu befahrenden Strecke (Anfangsignal) und eine runde grüne, weißgeränderte, mit E bezeichnete Scheibe hinter der langsam zu befahrenden Strecke (Endsignal).

bei Dunkelheit:

Dem Zuge entgegen an der Scheibe zwei gelbe Lichter in schräger Stellung (nach rechts steigend) vor der langsam zu befahrenden Strecke (Anfangsignal) und zwei grüne Lichter in schräger Stellung (nach rechts fallend) hinter der langsam zu befahrenden Strecke (Endsignal).

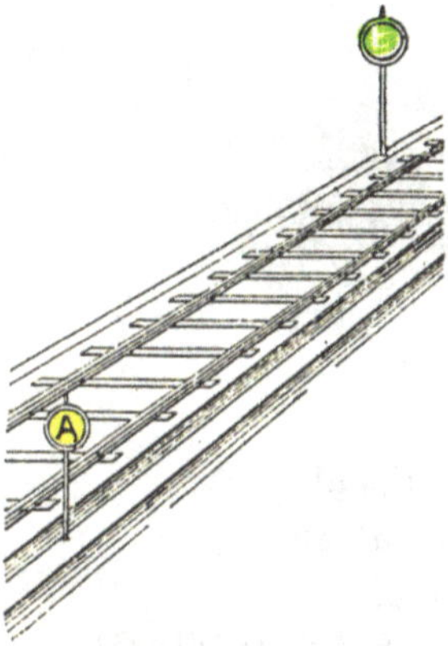

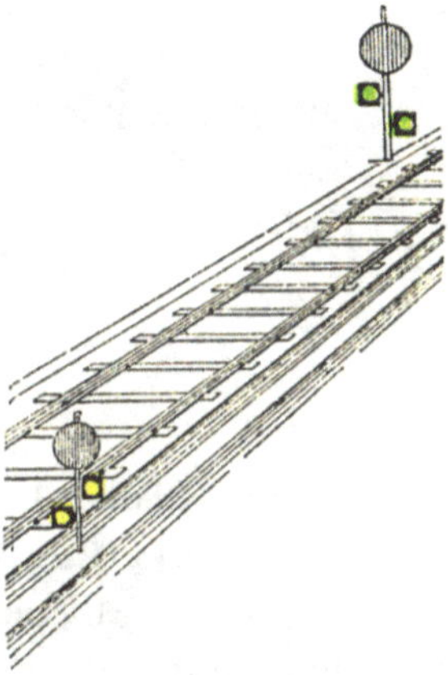

Diese Signalform ist bis zum Schlusse des Jahres 1919 einzuführen, bis dahin gilt noch folgendes Signal:

bei Tage:

Dem Zuge entgegen eine runde grüne, weißgeränderte, mit A bezeichnete Scheibe vor der langsam zu befahrenden Strecke (Anfangsignal) und eine runde weiße, mit E bezeichnete Scheibe hinter der langsam zu befahrenden Strecke (Endsignal).

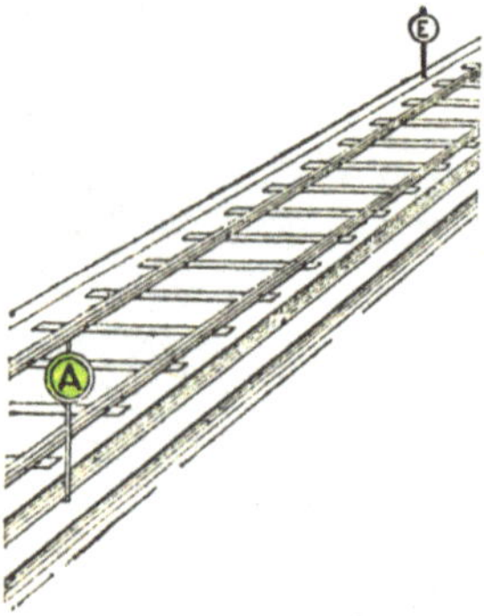

bei Dunkelheit:

Dem Zuge entgegen an der Scheibe eine grün geblendete Laterne vor der langsam zu befahrenden Strecke (Anfangsignal) und eine ungeblendete Laterne hinter der langsam zu befahrenden Strecke (Endsignal).

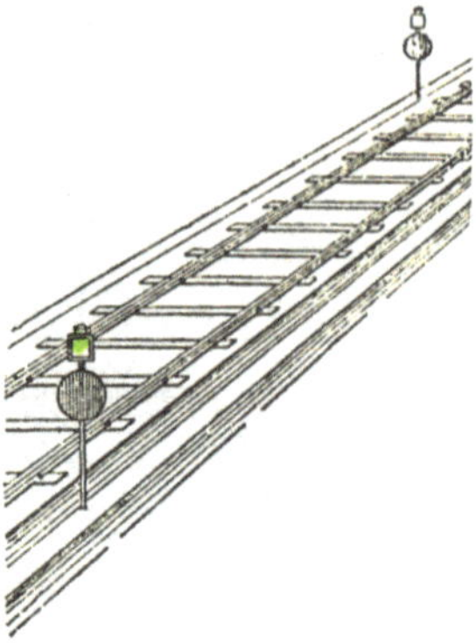

Signal 6 (Haltsignal).

Der Zug soll halten.

a) Handsignal:

bei Tage:

Eine rote Signalflagge oder irgend ein Gegen-

bei Dunkelheit:

Die Handlaterne, die, wenn die Zeit reicht, rot

stand oder der Arm allein wird dem Zuge entgegen im Kreise geschwungen.

zu blenden ist, wird dem Zuge entgegen im Kreise geschwungen.

b) **Haltscheibe:**

bei Tage:

Dem Zuge entgegen eine rechteckige rote, weißgeränderte Scheibe.

bei Dunkelheit:

Dem Zuge entgegen an der Scheibe eine rot geblendete Laterne.

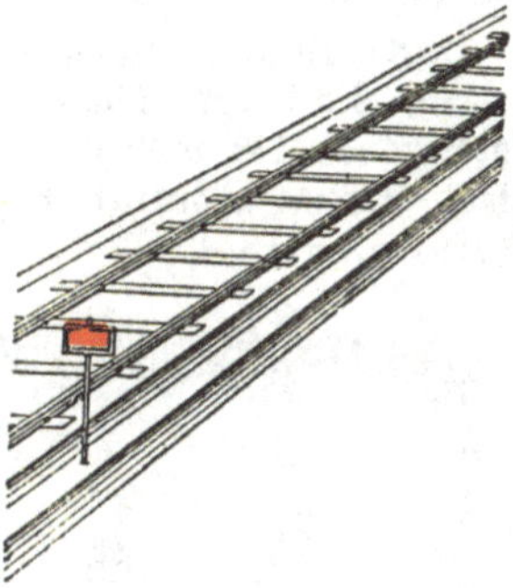

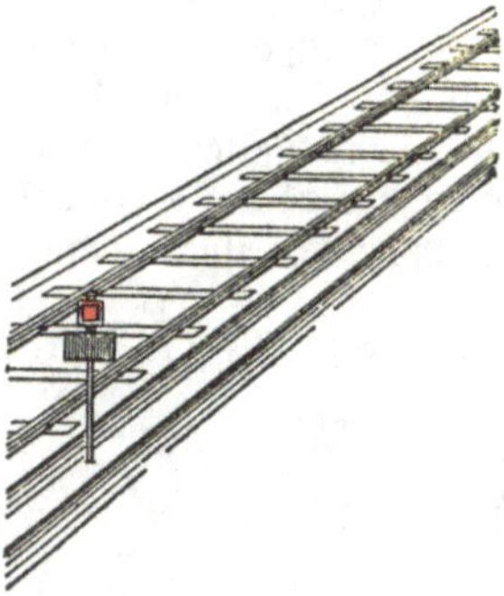

c) **Knallsignal:**

Drei Knallkapseln hintereinander auf demselben Schienenstrange.

d) **Horn- oder Pfeifensignal:**

Mehrmals drei kurze Töne:

◡ ◡ ◡

III. Hauptsignale.

Ein Hauptsignal zeigt an, ob der dahinterliegende Gleisabschnitt von einem Zuge befahren werden darf oder nicht. Es besteht aus einem Maste, woran als Tagsignal ein bis drei Flügel und für die Dunkelheit ebensoviele Laternen angebracht sind.

Die Ablenkung vom durchgehenden Hauptgleise wird durch zweiflüglige, in besonderen Fällen auch durch dreiflüglige Signale gekennzeichnet.

Signal 7.

Halt:

bei Tage:

Vom Zuge aus gesehen steht der Signalflügel — bei mehrflügligen Signalen der *oberste* Flügel — wagerecht nach rechts.

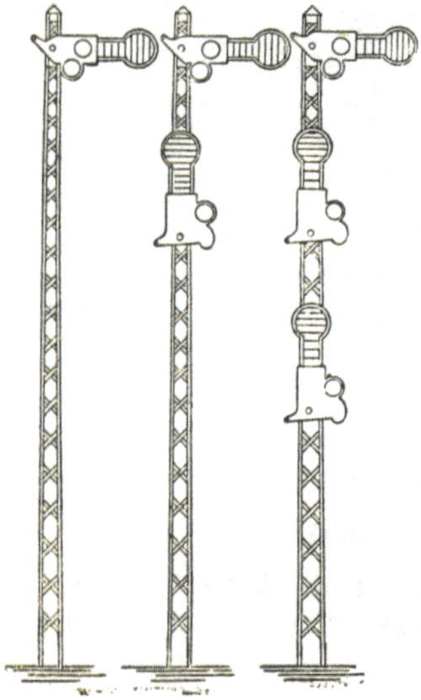

bei Dunkelheit:

Dem Zuge entgegen *rotes* Licht der Signallaterne — bei mehrflügligen Signalen der *obersten* Laterne —.

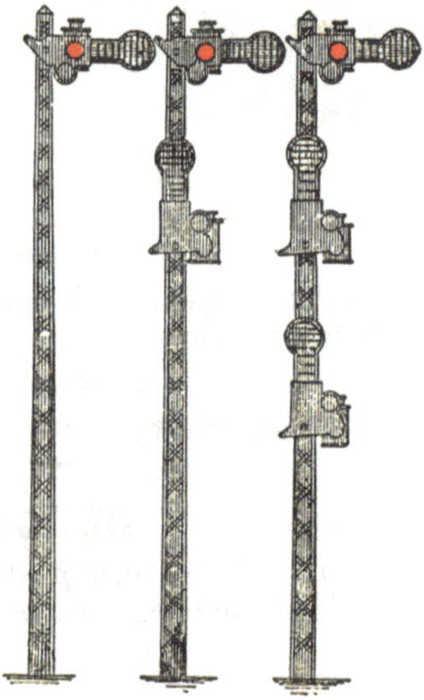

Signal 8.

Fahrt frei:

a) für das durchgehende Gleis:

bei Tage:

Vom Zuge aus gesehen steht der Flügel des einflügligen Signals oder der oberste Flügel der mehrflügligen Signale schräg aufwärts nach rechts (unter einem Winkel von etwa 45 Grad).

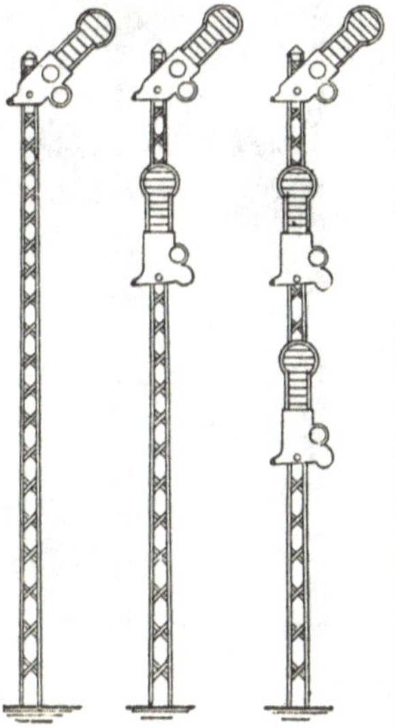

bei Dunkelheit:

Dem Zuge entgegen grünes Licht der Laterne des einflügligen Signals oder der obersten Laterne der mehrflügligen Signale.

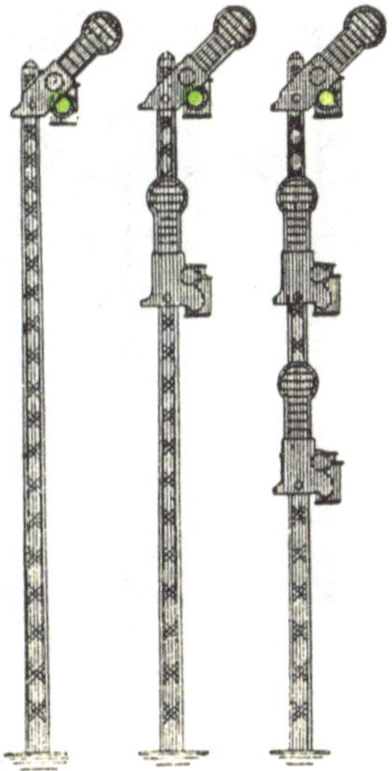

b) **für ein abzweigendes Gleis:**

bei Tage:

Vom Zuge aus gesehen stehen beide Flügel des zweiflügligen oder die beiden oberen Flügel des dreiflügligen Signals schräg aufwärts nach rechts (unter einem Winkel von etwa 45 Grad).

bei Dunkelheit:

Dem Zuge entgegen grünes Licht beider Laternen des zweiflügligen oder der beiden oberen Laternen des dreiflügligen Signals.

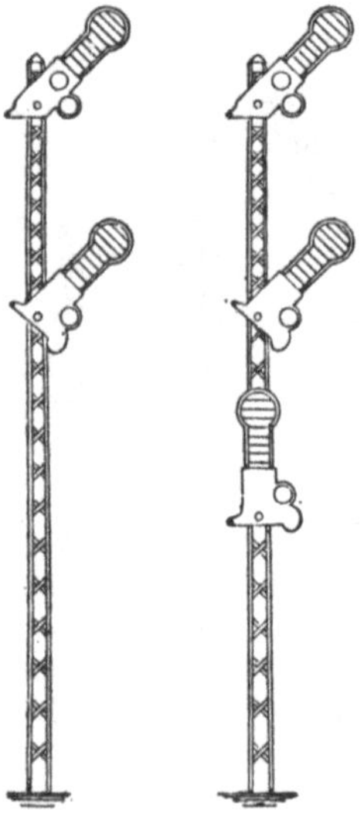

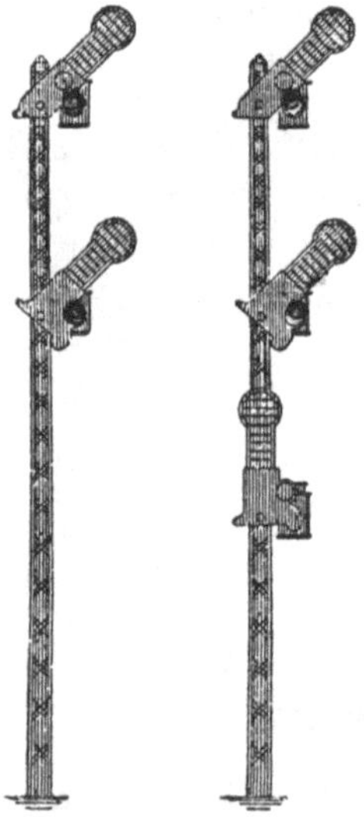

c) für ein anderes abzweigendes Gleis:

bei Tage:

Vom Zuge aus gesehen stehen die Flügel des dreiflügligen Signals schräg aufwärts nach rechts (unter einem Winkel von etwa 45 Grad).

bei Dunkelheit:

Dem Zuge entgegen grünes Licht der Laternen des dreiflügligen Signals.

IV. Vorsignale.

Durch ein Vorsignal wird in einer gewissen Entfernung vor dem Hauptsignal angezeigt, welche Stellung am Hauptsignal zu erwarten ist.

Signal 9.

Am Hauptsignal ist die Stellung „Halt" zu erwarten:

bei Tage:

Dem Zuge entgegen eine runde gelbe Scheibe mit schwarzem Ringe und weißem Rande.

bei Dunkelheit:

Dem Zuge entgegen zwei gelbe Lichter in schräger Stellung (nach rechts steigend).

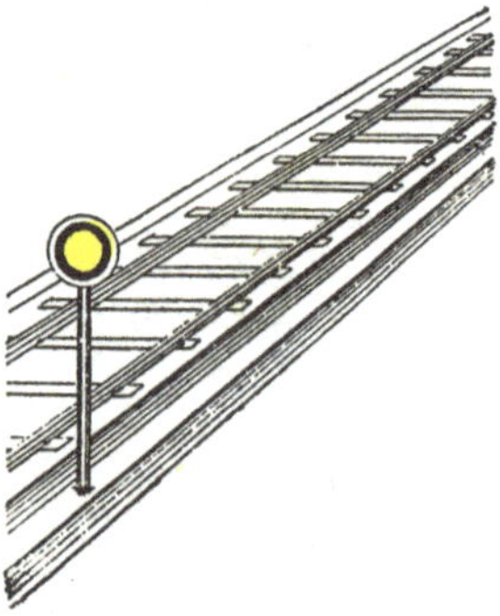

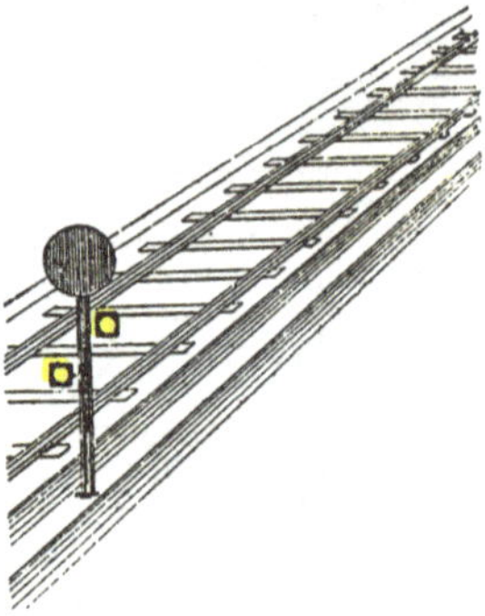

Diese Signalform ist bis zum Schlusse des Jahres 1919 einzuführen, bis dahin gilt noch folgendes Signal:

bei Tage:
Dem Zuge entgegen die volle Scheibe.

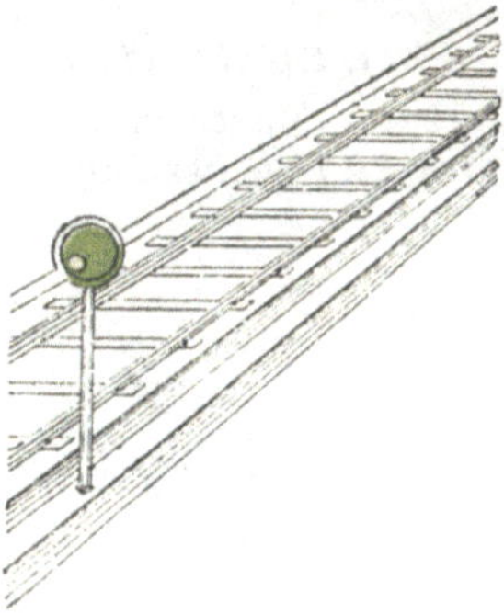

bei Dunkelheit:
Dem Zuge entgegen grünes Licht der Laterne.

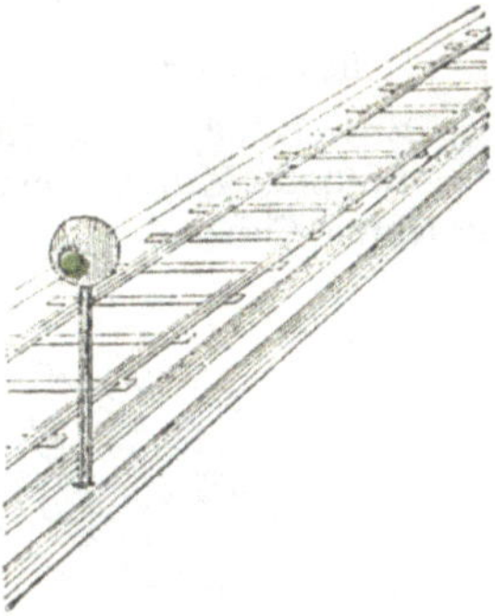

Signal 10.

Am Hauptsignal ist die Stellung „Fahrt frei" zu erwarten:

bei Tage:
Dem Zuge entgegen die schmale Ansicht der gedrehten Scheibe.

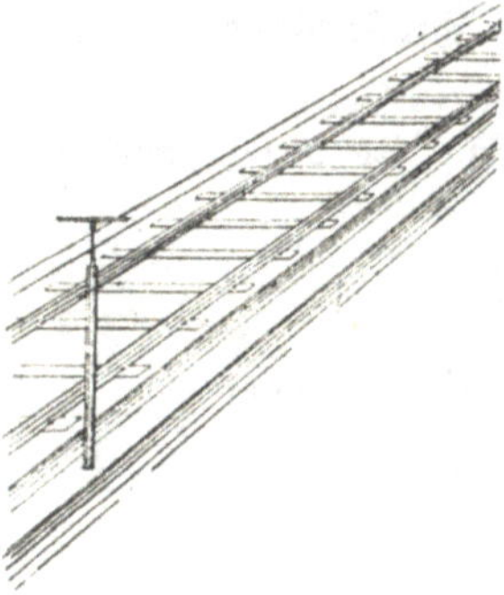

bei Dunkelheit:
Dem Zuge entgegen zwei grüne Lichter in schräger Stellung (nach rechts steigend).

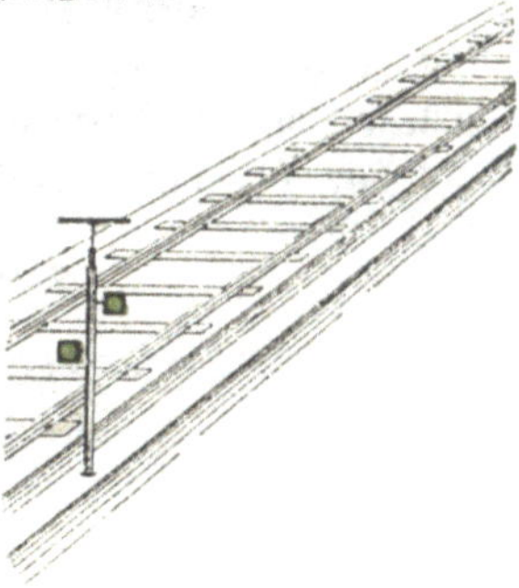

Die vorstehende Signalform ist bis zum Schlusse des Jahres 1919 einzuführen, bis dahin gilt noch folgendes Signal:

bei Tage:

Dem Zuge entgegen die schmale Ansicht der gedrehten Scheibe.

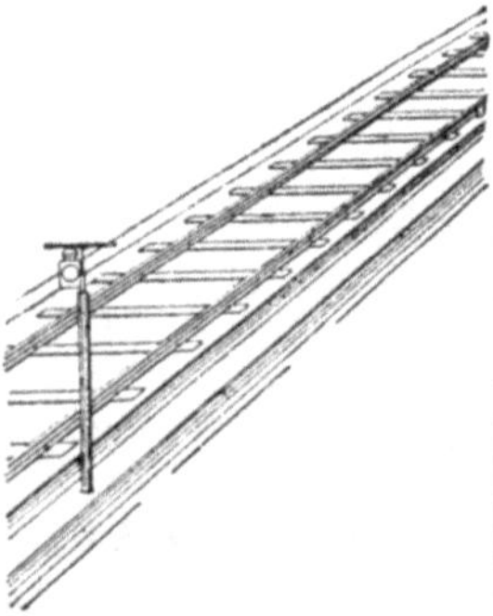

bei Dunkelheit:

Dem Zuge entgegen weißes Licht der Laterne.

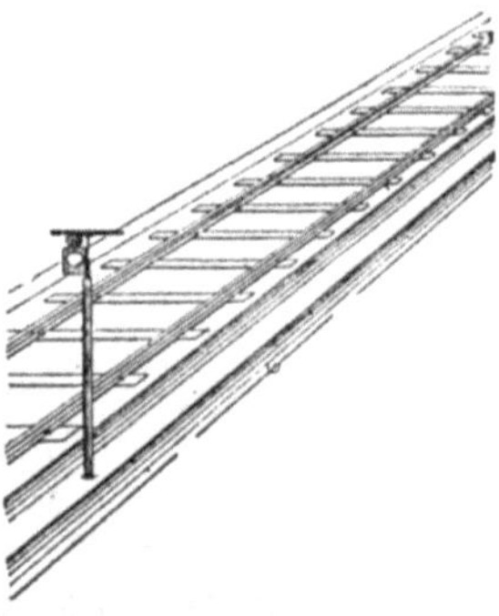

V. Signale am Wasserkran.

Das Signal zeigt die Querstellung der drehbaren Ausleger der Wasserkrane an. Es besteht aus einer über dem Ausgusse sitzenden Laterne.

Signal 11.

Die Durchfahrt ist gesperrt:

bei Tage:	bei Dunkelheit:
Kein besonderes Signal.	Rotes Licht der Laterne

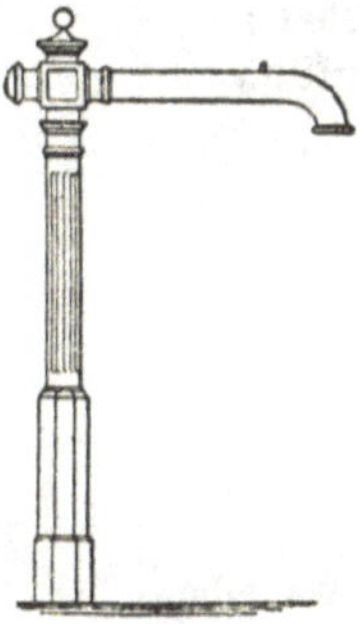

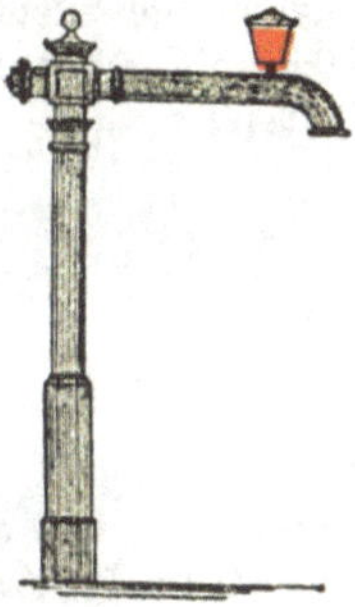

VI. Weichen- und Gleissperrsignale.

Die Weichensignale zeigen die Stellung der Weiche, die Gleissperrsignale die Sperrung des Gleises bei Tage wie bei Dunkelheit durch dasselbe Bild an.

Signal 12.

Die Weiche steht auf den geraden Strang (bei Bogenweichen auf den weniger gekrümmten):

Nach beiden Richtungen eine rechteckige weiße Scheibe.

Signal 13.

Die Weiche steht auf den krummen Strang (bei Bogenweichen auf den stärker gekrümmten):

a) gegen die Weichenspitze gesehen:
Ein die Richtung der Ablenkung anzeigender Pfeil;

b) vom Herzstück aus gesehen:
Eine kreisrunde weiße Scheibe.

Signal 14 (Gleissperrsignal).

Das Gleis ist gesperrt:

Ein wagerechter schwarzer Strich auf weißem Grunde.

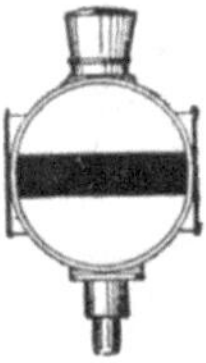

VII. Signale am Zuge.

Die Signale am Zuge dienen teils dazu, die Züge, einzeln fahrenden Triebwagen und Lokomotiven als geschlossene Züge im Sinne des § 54 (1) der BO. zu kennzeichnen, teils dazu, dem Strecken- und Stationspersonale gewisse Mitteilungen zu machen.

Signal 15.

Kennzeichnung der Spitze:

a) wenn der Zug auf eingleisiger Bahn oder auf dem für die Fahrrichtung bestimmten Gleise einer zweigleisigen Bahn fährt:

bei Tage:	bei Dunkelheit:
Kein besonderes Signal.	Zwei weiß leuchtende Laternen vorn am ersten Fahrzeuge.

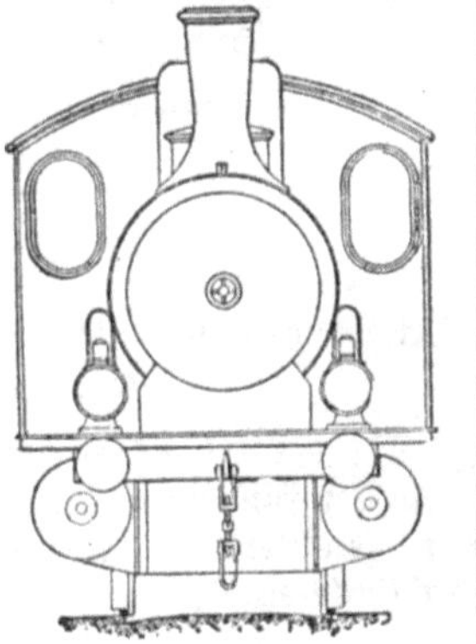

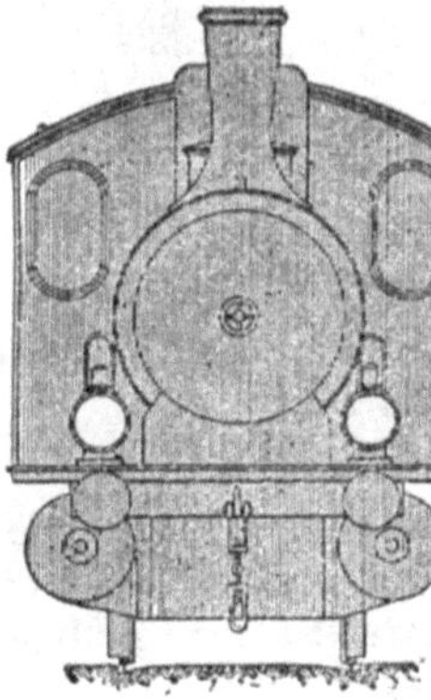

b) wenn der Zug auf zweigleisiger Bahn das falsche Gleis ausnahmsweise befährt:

bei Tage:

Eine runde rote, weiß geränderte Scheibe vorn am ersten Fahrzeuge.

bei Dunkelheit:

Rote Blendung einer der Laternen des Signals 15a.

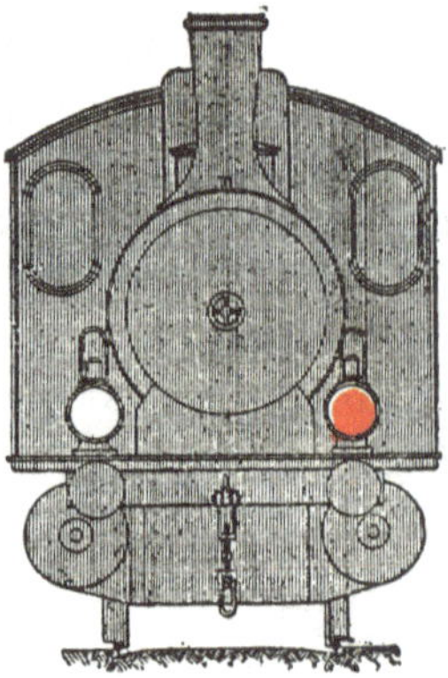

Signal 16.

Zugschlußsignal.

a) für einzeln fahrende Triebwagen und Lokomotiven:

bei Tage:

An der Hinterwand eine runde rote, weiß geränderte Scheibe (Schlußscheibe).

bei Dunkelheit:

An der Hinterwand eine rot leuchtende Laterne (Schlußlaterne).

bei Tage:	bei Dunkelheit:
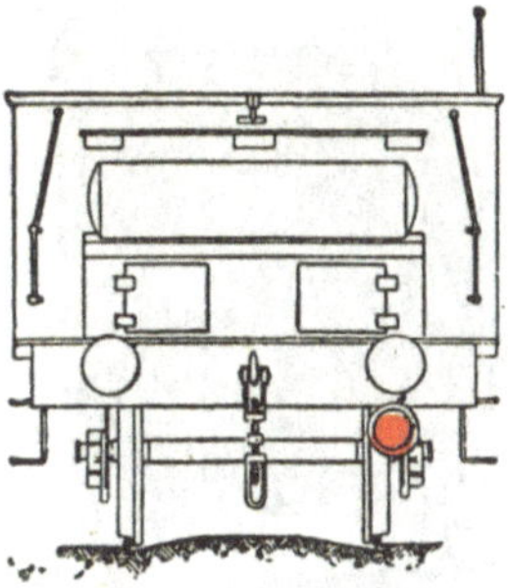	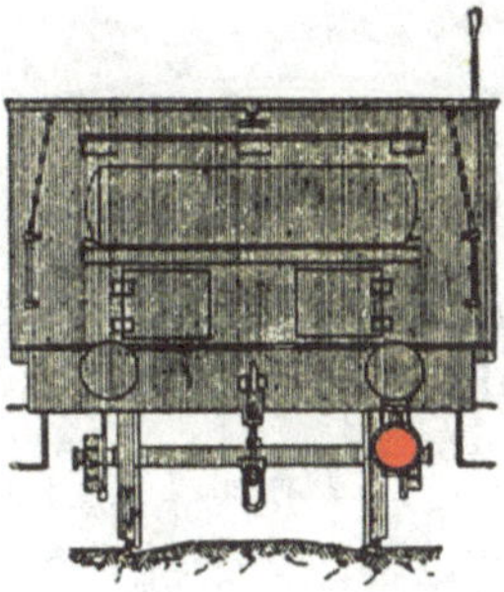

Statt des Signals 16a kann auch das Signal 16b geführt werden.

b) für andere Züge.

bei Tage:	bei Dunkelheit:
Am letzten Wagen die Schlußscheibe nach a) und außerdem: entweder zwei nach vorn und nach hinten sichtbare viereckige, rot und weiß gestrichene Scheiben (Oberwagenscheiben) oder die für die Dunkelheit erforderlichen Laternen.	Am letzten Wagen die Schlußlaterne nach a) und außerdem zwei nach vorn grün, nach hinten rot leuchtende Laternen (Oberwagenlaternen).

(Siehe umstehende Abbildungen.)

bei Tage:

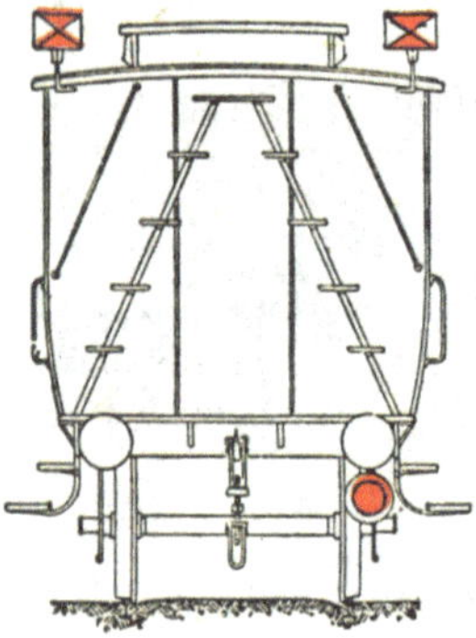

bei Dunkelheit:

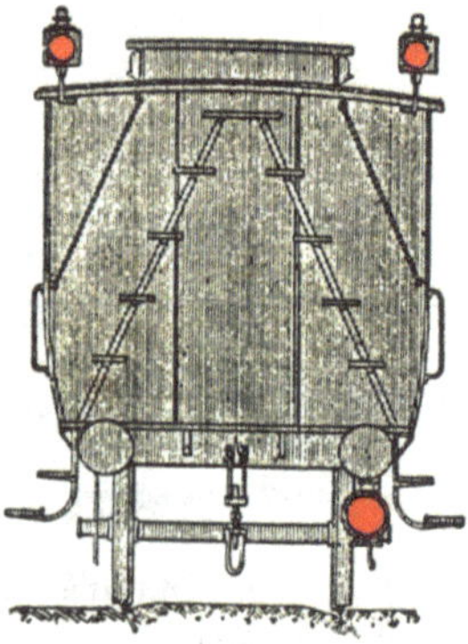

Signal 17.

Ein Sonderzug folgt nach:

a) für einzeln fahrende Triebwagen und Lokomotiven:

bei Tage:

An der Hinterwand außer der Schlußscheibe nach 16 eine runde weiße, schwarzgeränderte Scheibe.

bei Dunkelheit:

An der Hinterwand außer der Schlußlaterne nach 16 eine weiß leuchtende Laterne.

(Siehe nebenstehende Abbildung.)

bei Tage:

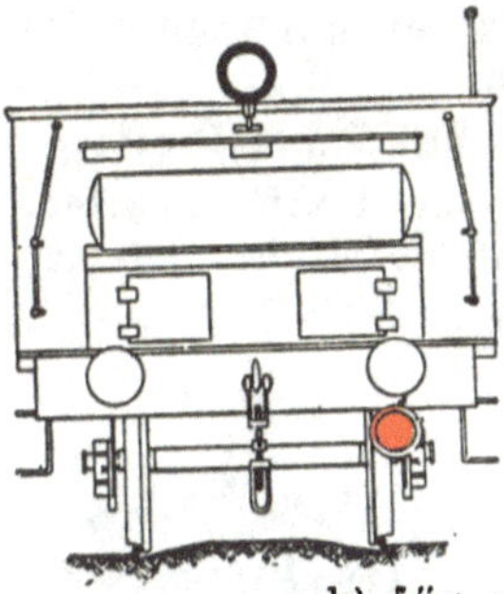

bei Dunkelheit:

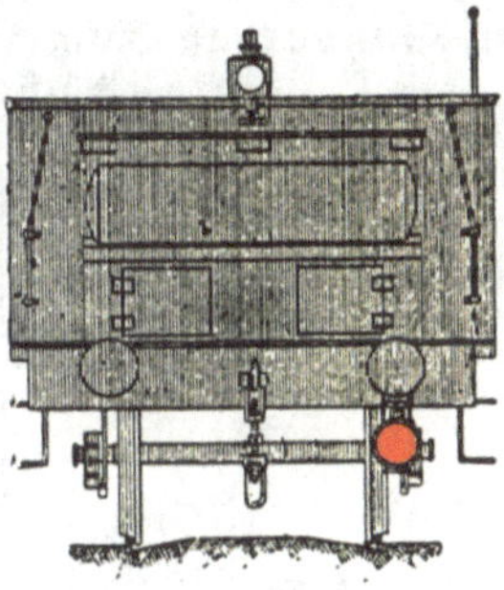

b) für andere Züge:

bei Tage:

Signal 16b mit der Abänderung, daß eine oder beide Oberwagenscheiben durch runde weiße, schwarz geränderte Scheiben ersetzt werden.

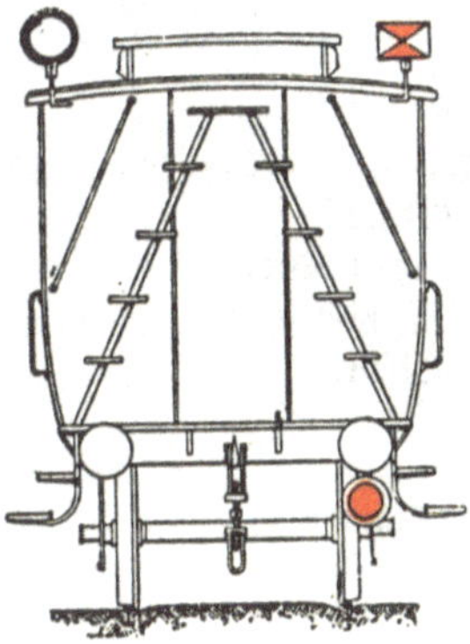

bei Dunkelheit:

Signal 16b mit der Abänderung, daß eine oder beide Oberwagenlaternen nach rückwärts weißes Licht zeigen.

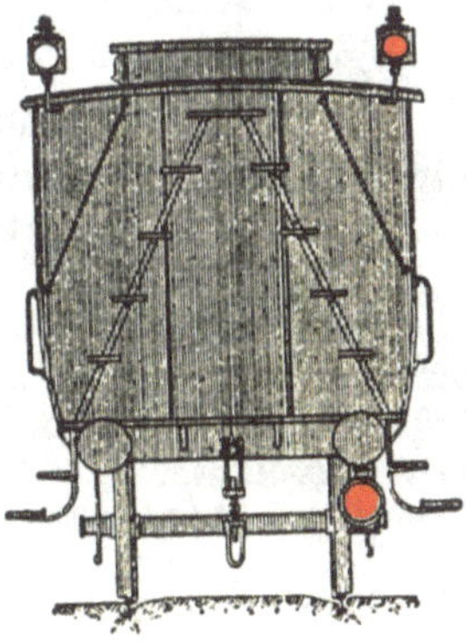

Signal 18.

Ein Sonderzug kommt in entgegengesetzter Richtung:

bei Tage:

Eine runde weiße, schwarzgeränderte Scheibe vorn am ersten Fahrzeug.

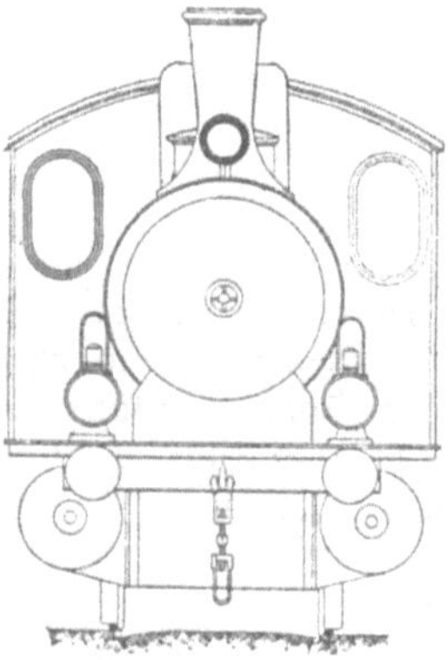

bei Dunkelheit:

Eine weiß leuchtende Laterne über den Laternen des Signals 15.

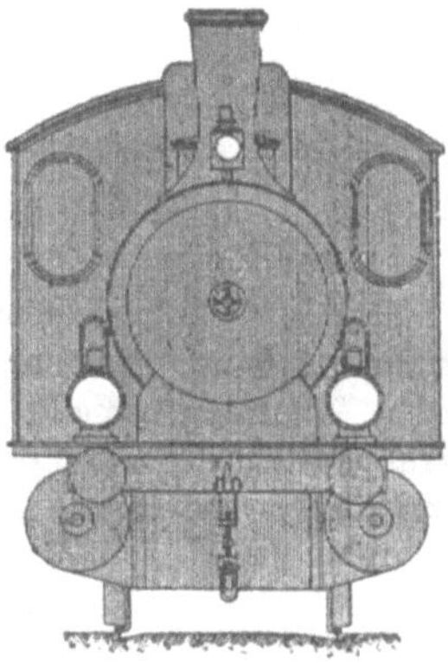

Signal 19.

Die Telegraphen- und Fernsprechleitung ist zu untersuchen:

bei Tage:

Eine runde gelbe Scheibe vorn am ersten Fahrzeug oder an jeder Seite des Zuges.

bei Dunkelheit

wird dieses Signal nicht gegeben.

(Siehe nebenstehende Abbildung.)

bei Tage:

Signal 20.

Die Strecke soll untersucht werden:

bei Tage:

Ein Zugbeamter schwingt irgend einen Gegenstand auf und ab oder winkt mit dem Arme.

bei Dunkelheit:

Ein Zugbeamter schwingt die Handlaterne auf und ab.

VIII. Signale an einzelnen Fahrzeugen.

Signal 21.

Kennzeichnung von Lokomotiven bei Rangierbewegungen:

bei Tage:

Kein besonderes Signal.

bei Dunkelheit:

Vorn und hinten eine weiß leuchtende Laterne.

	bei Dunkelheit:
	Statt der einen Laterne können auch die beiden Laternen des Signals 15a geführt werden.

Signal 22.

Kennzeichnung der mit Personen besetzten Bahnpost-, Speise- oder Schlafwagen während eines Stillagers:

bei Tage:	bei Dunkelheit:
An jeder Langseite eine grüne Flagge.	Innere Beleuchtung des Wagens.

Signal 23.

Kennzeichnung eines mit explosiven Gegenständen beladenen Wagens:

Über beiden Stirnwänden oder an beiden Langseiten viereckige schwarze Flaggen mit einem weißen P.

Signal 24.

Kennzeichnung von Kleinwagen:

bei Tage:	bei Dunkelheit:
Kein besonderes Signal.	Eine Laterne, die auf eingleisig betriebener Bahn nach beiden Richtungen rotes Licht, auf zweigleisig betriebener Bahn

bei Dunkelheit:
bei der Fahrt in der Fahrrichtung des Gleises nach vorwärts weißes, nach rückwärts rotes Licht, bei der Fahrt in der entgegengesetzten Richtung nach vorwärts rotes, nach rückwärts weißes Licht
zeigen muß.

IX. Signale des Zugpersonals.

Diese Signale werden vom Lokomotivführer mit der Dampfpfeife oder der sie ersetzenden Einrichtung (BO. § 36 (3)), vom Zugführer mit dem Horne oder der Mundpfeife gegeben.

A. Signale des Lokomotivführers.

Signal 25.

Achtung:

Ein mäßig langer Ton.

Signal 26.

Bremsen anziehen:

a) mäßig:

Ein kurzer Ton;

b) stark:

Drei kurze Töne schnell hintereinander.

◡ ◡ ◡

Signal 27.

Bremsen lösen:

Zwei mäßig lange Töne hintereinander.

— —

B. Signale des Zugführers.

Signal 28.

Das Zugpersonal soll seine Plätze einnehmen.

Ein mäßig langer Ton.

—

Signal 29.

Abfahren:

Zwei mäßig lange Töne.

— —

Mit Genehmigung der Landesaufsichtsbehörde kann von der Anwendung der Signale 28 und 29 abgesehen werden.

Signal 30.

Halt:

Drei kurze Töne.

◡ ◡ ◡

X. Rangiersignale.

Die Rangiersignale werden von dem Rangierleiter

a) mit der Mundpfeife oder dem Horne,

b) mit dem Arme

gegeben.

Signal 31.

Vorziehen:

a) mit der Mundpfeife oder dem Horne:

Ein langer Ton;

a) mit dem Arme:

bei Tage:	bei Dunkelheit:
Senkrechte Bewegung des Armes von oben nach unten.	Senkrechte Bewegung der Handlaterne von oben nach unten.

Signal 32.

Zurückdrücken:

a) mit der Mundpfeife oder dem Horne:

Zwei mäßig lange Töne;

b) mit dem Arme:

bei Tage:	bei Dunkelheit:
Langsame wagerechte Bewegung des Armes hin und her.	Langsame wagerechte Bewegung der Handlaterne hin und her.

Signal 33.

Abstoßen:

a) mit der Mundpfeife oder dem Horne:

Zwei lange Töne und ein kurzer Ton;

—— —— ◡

b) mit dem Arme:

bei Tage:

Zweimal eine wagerechte Bewegung des Armes vom Körper nach außen und eine schnelle senkrechte Bewegung.

bei Dunkelheit:

Zweimal eine wagerechte Bewegung der Handlaterne vom Körper nach außen und eine schnelle senkrechte Bewegung.

Signal 34.

Halt:

a) mit der Mundpfeife oder dem Horne:

Drei kurze Töne schnell hintereinander;

◡ ◡ ◡

b) mit dem Arme:

bei Tage:

Kreisförmige Bewegung des Armes.

bei Dunkelheit:

Kreisförmige Bewegung der Handlaterne.

10. Bestimmungen über die Befähigung von Eisenbahn-Betriebs- und Polizeibeamten. (BB.)

Vom 8. März 1906. Gültig vom 1. Mai 1906. RGBl. S. 391.

Abänderungen durch Bek. v. 3./4. 1908 (RGBl. S. 134) u. v. 10./7. 1911 (RGBl. S. 475), im Texte berücksichtigt.

Gemäß dem vom Bundesrat in der Sitzung vom 1. März 1906 auf Grund der Artikel 42 und 43 der Reichsverfassung gefaßten Beschlusse treten mit dem 1. Mai 1906 an die Stelle der Bestimmungen über die Befähigung von Eisenbahnbetriebsbeamten vom 5. Juli 1892 und der dazu ergangenen Nachträge die nachstehenden Bestimmungen über die Befähigung von Eisenbahn-Betriebs- und Polizeibeamten.

Berlin, den 8. März 1906.

Der Reichskanzler,
Fürst von Bülow.

Inhaltsübersicht.

10. Rottenführer.
11. Weichensteller.
12. Blockwärter.
13. Haltepunktwärter.
14. Fahrdienstleiter und Aufsichtsbeamte auf Bahnhöfen.
14a. Fahrdienstleiter für den Streckendienst.
15. Vorsteher oder Aufseher kleinerer Bahnhöfe.
16. Vorsteher mittlerer Bahnhöfe.
17. Vorsteher größerer Bahnhöfe.
18. Lokomotivheizer.
19. Lokomotivführer.
20. Bahnmeister.

Bestimmungen über die Befähigung von Eisenbahn-Betriebs- und Polizeibeamten.

A. Allgemeines.

1. Die nachstehenden Bestimmungen enthalten das Mindestmaß der Anforderungen, denen die im Abschnitte C aufgeführten Beamten in ihrer Eigenschaft als Betriebs- und Bahnpolizeibeamte genügen müssen. Den Landesaufsichtsbehörden bleibt überlassen, die Anforderungen, die an diese Beamten vom Standpunkte des Verkehrs zu stellen sind, festzusetzen.
2. Die selbständige Wahrnehmung der Dienstverrichtungen der in diesen „Bestimmungen" aufgeführten Beamten darf nur Personen übertragen werden, die die dabei bezeichneten Erfordernisse erfüllen.

3. Beamte, denen die Dienstverrichtungen verschiedener Klassen zugleich übertragen sind, müssen, auch wenn dieses Verhältnis durch die Amtsbezeichnung nicht besonders ausgedrückt ist, die Befähigung für sämtliche ihnen übertragenen Dienstverrichtungen besitzen.
4. Als Probezeit ist die Zeit der praktischen Ausbildung und Vorbereitung unter der Überwachung eines zur selbständigen Wahrnehmung des Dienstes befähigten Beamten anzusehen.
5. Auf die Offiziere, Beamten und Mannschaften der militärischen Formationen für Eisenbahnzwecke finden die Bestimmungen über das Alter — B 1 — und über die Dauer der vorbereitenden Beschäftigung und Probezeit — C 3 bis 7, 9 bis 18 und 20 — keine Anwendung.

   Militäranwärtern, die die Befähigung zum Eisenbahn-Betriebs- und Polizeibeamten bei der Betriebsabteilung der Militäreisenbahn erworben haben, ist beim Eintritte bei einer Eisenbahnverwaltung die vorbereitende Beschäftigung für den gleichen Dienstzweig anzurechnen, wenn nicht im Einzelfalle besondere Gründe dagegen sprechen.
6. Hinsichtlich der unter C 1 bis 18 und 20 aufgeführten Beamten bleibt den Eisenbahnverwaltungen — unbeschadet der Vorschriften über Probezeit oder praktische Beschäftigung — überlassen, wie sie sich die Überzeugung von dem Vorhandensein der Befähigung verschaffen. Die Lokomotivführer haben eine Prüfung vor einem höheren maschinentechnischen und einem betriebs-

technischen Beamten abzulegen und die Befähigung zur Führung einer Lokomotive durch Probefahrten unter Aufsicht eines höheren maschinentechnischen Beamten nachzuweisen.

7. Mit Rücksicht auf besondere Verhältnisse kann die Landesaufsichtsbehörde Beamte bei der Anstellung und beim Aufrücken von einzelnen Erfordernissen entbinden.

8. Bei einfachen Betriebs- und Verkehrsverhältnissen kann die Landesaufsichtsbehörde zulassen, daß Beamte einer Klasse den Dienst einer anderen Klasse wahrnehmen, auch wenn sie die vorgeschriebenen Erfordernisse nicht erfüllt haben, aber tatsächlich dazu befähigt und mit den in Frage kommenden örtlichen Verhältnissen vertraut sind. Ausgenommen ist der Dienst des Lokomotivführers.

9. Den die Unterhaltung und den Betrieb der Bahn leitenden und beaufsichtigenden Beamten, den Bahnkontrolleuren und Betriebskontrolleuren — BO. § 45 (1) Ziffer 1 und 2 — und den Anwärtern zu diesen Stellen kann mit Genehmigung der Landesaufsichtsbehörde die selbständige Wahrnehmung des Dienstes eines der übrigen Betriebsbeamten übertragen werden, auch wenn sie die vorgeschriebenen Erfordernisse nicht erfüllt haben.

10. Wenn bei einer Bahn die Benennung einer Beamtenklasse von der unter C 1 bis 20 gebrauchten abweicht, so ist für die Anwendung der Befähigungsvorschriften nicht die Benennung, sondern die Dienstverrichtung maßgebend.

11. Können bei einer Eisenbahnverwaltung einzelne

der nachstehenden Bestimmungen bis zum Zeitpunkt ihres Inkrafttretens nicht durchgeführt werden, so kann die Landesaufsichtsbehörde mit Zustimmung des Reichs-Eisenbahnamts Fristen bewilligen.

B. Gemeinsame Erfordernisse.

1. Bei der ersten Zulassung zur selbständigen Wahrnehmung des Dienstes müssen die Eisenbahn-Betriebs- und Polizeibeamten mindestens einundzwanzig Jahre alt sein, dürfen aber das vierzigste Lebensjahr nicht überschritten haben. Invalide dürfen auch nach vollendetem vierzigsten Lebensjahre zum Dienste als Wächter, Pförtner, Bahnsteigschaffner und Schrankenwärter zugelassen werden, ebenso Frauen nach vollendetem vierzigsten Lebensjahre zum Dienste als Schrankenwärter und Haltepunktwärter.

   Fachwissenschaftlich gebildeten Maschinentechnikern kann die Ausübung des Heizerdienstes vor vollendetem einundzwanzigsten Lebensjahre gestattet werden.

   Sonstige Ausnahmen sind nur mit Genehmigung der Landesaufsichtsbehörde zulässig.
2. Die Beamten müssen unbescholten sein; sie müssen die zur Wahrnehmung ihres Dienstes nötige körperliche Rüstigkeit und Gewandtheit und ein ausreichendes Hör-, Seh- und Farbenunterscheidungsvermögen besitzen.
3. Die Beamten müssen in deutschen und lateinischen Buchstaben Gedrucktes und Geschriebenes lesen, deutsch leserlich schreiben und in dem für ihren

Dienst erforderlichen Umfang in den vier Grundarten rechnen können.

4. Die Beamten müssen Fertigkeit im Gebrauche des Fernsprechers besitzen.
5. Jeder Beamte muß die schriftlichen oder gedruckten Anweisungen über seine dienstlichen Obliegenheiten und die seiner Untergebenen kennen.
6. Jeder Eisenbahn-Betriebs- und Polizeibeamte muß die Eisenbahn-Bau- und Betriebsordnung, die Eisenbahn-Signalordnung mit den für den Bahnbezirk erlassenen Ausführungsbestimmungen, die Eisenbahn-Verkehrsordnung mit ihren Ausführungsbestimmungen und die Militär-Eisenbahn-Ordnung kennen, soweit diese Ordnungen seinen eigenen Dienstkreis und den seiner Untergebenen berühren.

C. Besondere Erfordernisse.

1. Wächter.

Kenntnis der Vorschriften über das Verhalten bei Feuersgefahr und außergewöhnlichen Ereignissen.

2. Pförtner (Stationsdiener) und Bahnsteigschaffner.

(1) Fähigkeit, über einen dienstlichen Vorgang eine verständliche schriftliche Anzeige zu erstatten.

(2) Kenntnis der Eisenbahngeographie des eigenen Bahnbezirkes und der Nachbarbezirke, soweit sie für den Dienst des Pförtners oder Bahnsteigschaffners in Betracht kommt.

(3) Kenntnis des Fahrplans der die Station be-

rührenden Züge mit Personenbeförderung und ihrer Anschlüsse.

(4) Kenntnis der Fahrtausweise und der Ausweise für das Betreten der Bahnsteige.

3. Bremser.

(1) Kenntnis der Wagengattungen und der einzelnen Teile der Wagen, insbesondere der Kuppelungs-, Brems-, Schmier- und Türverschluß-Vorrichtungen und ihrer Behandlungsweise.

(2) Kenntnis der Eigentumsmerkmale der eigenen und der fremden Wagen.

(3) Kenntnis der Vorschriften für den Rangierdienst.

(4) Kenntnis der Vorschriften über das Verhalten bei Unfällen.

(5) Kenntnis der Vorschriften für den Fahrdienst, soweit sie den Dienstkreis des Bremsers berühren.

(6) Kenntnis der Dienstanweisungen für Schaffner, Bahnwärter und Weichensteller, soweit sie den Dienstkreis des Bremsers berühren.

(7) a) Dreimonatige Beschäftigung im Dienste eines Stations-, Rangier-, Güterboden- oder Werkstättenarbeiters oder sechsmonatige Beschäftigung bei der Bahnunterhaltung,

b) zehntägige Ausbildung in einer Werkstätte in den für den Bremserdienst in Betracht kommenden Arbeiten und vierzehntägige Probezeit im Bremserdienste.

Bem. zu (7)a. Militäranwärter sind nur im Dienste eines Rangierarbeiters zu beschäftigen.

4. Wagenwärter.

(1) Fähigkeit, über einen dienstlichen Vorgang eine verständliche schriftliche Anzeige zu erstatten.

(2) Kenntnis der Wagengattungen und der einzelnen Teile der Wagen, insbesondere der Kuppelungs-, Schmier- und Türverschluß-Vorrichtungen, der Achslager, der Heizungs- und Beleuchtungseinrichtungen, der Handbremsen und der im Bahnbezirke vorkommenden durchgehenden Bremsen und der Behandlung dieser Einrichtungen.

(3) Kenntnis der Eigentumsmerkmale der eigenen und der fremden Wagen.

(4) Fähigkeit, die an den Wagen während des Betriebs vorkommenden kleinen Schäden zu beseitigen.

(5) Kenntnis der Vorschriften über das Reinigen, Heizen und Beleuchten der Wagen.

(6) Kenntnis der Vorschriften für den Rangierdienst.

(7) Kenntnis der Vorschriften über das Verhalten bei Unfällen.

(8) Kenntnis der Vorschriften für den Fahrdienst, soweit sie den Dienstkreis des Wagenwärters berühren.

(9) Kenntnis der Dienstanweisungen für Bremser, Schaffner, Bahnwärter und Weichensteller, soweit sie den Dienstkreis des Wagenwärters berühren.

(10) Fünfmonatige Beschäftigung im Schlosser-, Schmiede-, Tischler- oder Stellmacherhandwerk in einer Wagenwerkstätte und vierzehntägige Probezeit im Bremserdienste.

5. Schaffner.

(1) bis (4) Die unter 3 Ziffer (1) bis (4) bezeichneten Erfordernisse.

(5) Fähigkeit, über einen dienstlichen Vorgang eine verständliche schriftliche Anzeige zu erstatten.

(6) Kenntnis der Eisenbahngeographie des eigenen Bahnbezirkes und der Nachbarbezirke, soweit sie für den Dienst des Schaffners in Betracht kommt.

(7) Kenntnis des Fahrplans der für die Beförderung von Personen bestimmten Züge des eigenen Bahnbezirkes und ihrer Anschlüsse.

(8) Kenntnis der Fahrtausweise und der Ausweise für das Betreten der Bahnsteige.

(9) Fertigkeit im Gebrauche der im Bahnbezirke vorhandenen Vorrichtungen zum Herbeirufen von Hilfe.

(10) Kenntnis der Heizungs- und Beleuchtungseinrichtungen in den Zügen.

(11) Kenntnis der Vorschriften für den Fahrdienst, soweit sie den Dienstkreis des Schaffners berühren.

(12) Kenntnis der Dienstanweisungen für Bremser, Wagenwärter, Zugführer, Bahnwärter, Weichensteller und Lokomotivführer, soweit sie den Dienstkreis des Schaffners berühren.

(13) Dreimonatige Probezeit im Schaffnerdienst und zehntägige Ausbildung in einer Werkstätte in den für den Schaffnerdienst in Betracht kommenden Arbeiten.

Die dreimonatige Probezeit im Schaffnerdienste kann auf eine dreiwöchige ermäßigt werden, wenn eine sechsmonatige Beschäftigung bei der Bahnunterhaltung oder eine dreimonatige im Dienste eines

Stations-, Rangier-, Güterboden- oder Werkstättenarbeiters vorausgegangen ist.

Für die zum Bremser- oder Wagenwärterdienst ausgebildeten Anwärter bleibt die Festsetzung einer weiteren Probezeit der Landesaufsichtsbehörde überlassen.

6. Zugführer.

(1) bis (10) Die unter 3 Ziffer (1) bis (4) und 5 Ziffer (5) bis (10) bezeichneten Erfordernisse.

(11) Allgemeine Kenntnis der Organisation der eigenen Eisenbahnverwaltung.

(12) Kenntnis des Zweckes und der Wirkungsweise der Sicherungseinrichtungen für den Zugverkehr.

(13) Kenntnis der Vorschriften über die Führung der Fahrberichte.

(14) Kenntnis der Vorschriften für den Fahrdienst, soweit sie den Dienstkreis des Zugführers berühren.

(15) Kenntnis der Vorschriften über die Benutzung der Wagen.

(16) Kenntnis der Dienstanweisungen für Bahnwärter, Weichensteller, Vorsteher und Aufseher der Stationen, Heizer, Lokomotivführer und Wagenmeister, soweit sie den Dienstkreis des Zugführers berühren.

(17) Neunmonatige Beschäftigung im Schaffnerdienste nach Darlegung der Befähigung zum Schaffner und dreimonatige Probezeit im Zugführerdienste, wovon mindestens zwei Monate auf den Dienst bei Personenzügen entfallen müssen.

Bem. Beamten, die die Befähigung als Vorsteher eines Bahnhofs — C 15, 16 und 17 — oder als Bahnmeister besitzen, darf der Dienst eines Zugführers, Schaffners, oder Bremsers übertragen werden, auch wenn sie die vorgeschriebenen Erfordernisse nicht erfüllt haben.

7. Rangiermeister (Schirrmeister).

(1) bis (3) Die unter 3 Ziffer (1) bis (3) bezeichneten Erfordernisse.

(4) Fähigkeit, über einen dienstlichen Vorgang eine verständliche schriftliche Anzeige zu erstatten.

(5) Fertigkeit im Zusammensetzen der Züge.

(6) Kenntnis der Vorschriften über die Beseitigung von Ansteckungsstoffen.

(7) Kenntnis der Vorschriften für den Fahrdienst, soweit sie den Dienstkreis des Rangiermeisters berühren.

(8) Kenntnis der Dienstanweisungen für Bremser, Schaffner, Zugführer, Bahnwärter, Weichensteller, Vorsteher und Aufseher der Stationen, Lokomotivführer und Wagenmeister, soweit sie den Dienstkreis des Rangiermeisters berühren.

(9) Sechsmonatige Beschäftigung im Rangierdienste.

Bem. Beamte, die die Befähigung als Fahrdienstleiter für den Bahnhofdienst, Aufsichtsbeamter, Vorsteher oder Aufseher eines Bahnhofs — C 14, 15, 16 und 17 — besitzen, können die Verrichtungen des Rangiermeisters wahrnehmen, auch wenn sie die Anforderung an die praktische Ausbildung — Ziffer (9) — nicht erfüllt haben. Bei einfachen Verhältnissen können die Verrichtungen des Rangiermeisters auch dem Zugführer übertragen werden.

8. Schrankenwärter.

(1) Kenntnis der auf unfahrbaren Gleisstrecken zu treffenden Sicherheitsvorkehrungen.

(2) Kenntnis der Vorschriften über das Verhalten bei Unfällen.

(3) Kenntnis der Handhabung der Läutewerke.

Bem. Diese Bestimmungen gelten auch für die im Schrankendienste beschäftigten Frauen.

9. Bahnwärter.

(1) Kenntnis aller bei der Unterhaltung des Oberbaues und der Weichen vorkommenden Arbeiten und der dazu erforderlichen Stoffe, Geräte und ihrer Verwendung.

(2) Kenntnis der in dem Dienstbezirke vorkommenden Arten von Schranken und ihrer Bedienung.

(3) Kenntnis des Zweckes und der Bedienung der Signaleinrichtungen und der Handhabung der Läutewerke.

(4) Fertigkeit im Gebrauche der Vorrichtungen zum Herbeirufen von Hilfe, wenn sie im Dienstbezirke vorhanden sind.

(5) Kenntnis der Vorschriften über die auf unfahrbaren Gleisstrecken zu treffenden Sicherheitsvorkehrungen.

(6) Kenntnis der Vorschriften über das Verhalten bei Unfällen.

(7) Kenntnis der Vorschriften über die Benutzung der Klein- und Arbeitswagen.

(8) Kenntnis der Vorschriften über die Beaufsichtigung und Unterhaltung der Telegraphenleitungen.

(9) Kenntnis der Dienstanweisung für Schrankenwärter.

(10) Kenntnis der Vorschriften für den Fahrdienst, soweit sie den Dienstkreis des Bahnwärters berühren.

(11) a) Dreimonatige Beschäftigung bei der Unterhaltung und Erneuerung des Oberbaues und dreimonatige Beschäftigung im Bahnbewachungs- und Signaldienst einer im Betriebe befindlichen Bahn, oder

b) neunmonatige Beschäftigung beim Eisenbahnneubau, wenn der Anwärter sich hierbei mit sämtlichen zum Legen des Oberbaues und der Weichen erforderlichen Arbeiten vertraut gemacht hat, auch während dieser Zeit etwa drei Monate bei dem für Arbeits- und andere Züge eingerichteten Bahnbewachungs- und Signaldienste tätig gewesen ist.

10. Rottenführer.

(1) bis (9) Die unter 9 Ziffer (1) bis (9) bezeichneten Erfordernisse.

(10) Fähigkeit, über einen dienstlichen Vorgang eine verständliche schriftliche Anzeige zu erstatten.

(11) Kenntnis der Vorschriften für den Fahrdienst, soweit sie den Dienstkreis des Rottenführers berühren.

(12) Einjährige Beschäftigung bei der Unterhaltung des Oberbaues einer im Betriebe befindlichen Bahn

11. Weichensteller.

(1) bis (9) Die unter 9 Ziffer (1) bis (9) bezeichneten Erfordernisse.

(10) Fähigkeit, über einen dienstlichen Vorgang eine verständliche schriftliche Anzeige zu erstatten.

(11) Kenntnis der in dem Bahnbezirke vorkommenden Weichen, Drehscheiben, Schiebebühnen, Brückenwagen, Wasserkrane und ihrer Bedienung.

(12) Kenntnis der Vorschriften für den Rangierdienst.

(13) Kenntnis der Vorschriften für den Fahrdienst, soweit sie den Dienstkreis des Weichenstellers berühren.

(14) Die unter 9 Ziffer (11) a oder b vorgeschriebene Probezeit mit der Maßgabe, daß an Stelle der drei-

monatigen Beschäftigung im Bahnbewachungs- und Signaldienst eine dreimonatige Beschäftigung im Weichensteller-, Bahnbewachungs- und Signaldienste tritt.

12. Blockwärter.

(1) Fähigkeit, über einen dienstlichen Vorgang eine verständliche schriftliche Anzeige zu erstatten.

(2) Kenntnis des Zweckes und der Bedienung der Signaleinrichtungen einschließlich der Handhabung der Läutewerke.

(3) Fertigkeit im Gebrauche der Block- und Telegrapheneinrichtungen, mit denen die Blockstelle ausgerüstet ist. Kenntnis der Behandlung dieser Einrichtungen, der zugehörigen Leitungen und des Verfahrens bei Störungen.

(4) Kenntnis der Vorschriften über die auf unfahrbaren Gleisstrecken zu treffenden Sicherheitsvorkehrungen.

(5) Kenntnis der Vorschriften über das Verhalten bei Unfällen.

(6) Kenntnis der Vorschriften für den Fahrdienst, soweit sie den Dienstkreis des Blockwärters berühren.

(7) Kenntnis der Vorschriften über die Benutzung der Klein- und Arbeitswagen.

(8) a) Die unter 9 Ziffer (11) a oder b für Bahnwärter oder unter 11 Ziffer (14) für Weichensteller vorgeschriebene Probezeit mit der Maßgabe, daß hiervon wenigstens vierzehn Tage auf den Dienst auf einer Blockstelle entfallen, oder

b) sechsmonatige Beschäftigung im Weichensteller-, Signal- oder sonstigen Bahnhofdienste mit der Maßgabe, daß hiervon wenigstens vierzehn Tage auf den Dienst auf einer Blockstelle entfallen.

13. Haltepunktwärter.

(1) Fähigkeit, über einen dienstlichen Vorgang eine verständliche schriftliche Anzeige zu erstatten.

(2) Kenntnis der auf unfahrbaren Gleisstrecken zu treffenden Sicherheitsvorkehrungen.

(3) Kenntnis der Vorschriften über das Verhalten bei Unfällen.

(4) Kenntnis der Vorschriften für den Fahrdienst, soweit sie den Dienstkreis des Haltepunktwärters berühren.

(5) Kenntnis der Dienstanweisungen für Bahnwärter, Weichensteller und Zugführer, soweit sie den Dienstkreis des Haltepunktwärters berühren.

(6) Sechsmonatige Beschäftigung im Bahnbewachungs-, Weichensteller- oder sonstigen Bahnhofdienste.

14. Fahrdienstleiter für den Bahnhofdienst und Aufsichtsbeamte auf Bahnhöfen.

(1) Fähigkeit, über einen dienstlichen Vorgang eine verständliche schriftliche Anzeige zu erstatten.

(2) Allgemeine Kenntnis des Oberbaues der in dem Dienstbezirke vorkommenden Weichen, Weichensicherungseinrichtungen, Drehscheiben, Schiebebühnen, Brückenwagen, Last- und Wasserkrane und ihrer Bedienung.

(3) Kenntnis und Fertigkeit in der Bedienung der Signaleinrichtungen und der sonstigen zur Sicherung des Betriebs im Dienstbezirke vorhandenen mechanischen und elektrischen Einrichtungen. Kenntnis der Behandlung der elektrischen Apparate, der zugehörigen Leitungen und des Verfahrens bei Störungen.

(4) Fähigkeit, dienstliche Telegramme zu geben und zu lesen.

(5) Kenntnis der Vorschriften über die auf unfahrbaren Gleisstrecken zu treffenden Sicherheitsvorkehrungen.

(6) Kenntnis der Vorschriften über das Verhalten bei Unfällen, Betriebsstörungen und außergewöhnlichen Ereignissen.

(7) Kenntnis der Vorschriften für den Rangierdienst und Fertigkeit im Zusammensetzen der Züge.

(8) Kenntnis der Vorschriften für den Fahrdienst, soweit sie den eigenen Dienstkreis berühren.

(9) Kenntnis der Dienstanweisungen für Bremser, Schaffner, Zugführer, Rangiermeister, Schrankenwärter, Bahnwärter, Weichensteller, Blockwärter, Vorsteher und Aufseher der Stationen und Lokomotivführer, soweit sie den Dienst auf Bahnhöfen berühren.

(10) a) Dreimonatige Beschäftigung im äußeren Bahnhofdienste bei der Fahrdienstleitung, nachdem die Befähigung zum Weichensteller nachgewiesen ist, oder

b) elfmonatige Beschäftigung im Bahnhofdienste, davon mindestens vier Monate im äußeren Bahnhofdienste bei der Fahrdienstleitung.

14a. Fahrdienstleiter für den Streckendienst.

(1) bis (6) Die unter 14 Ziffer (1), (3) bis (6) und (8) bezeichneten Erfordernisse.

(7) Vierwöchige Beschäftigung im äußeren Bahnhofdienste bei der Fahrdienstleitung, nachdem die Befähigung zum Weichensteller nachgewiesen ist.

15. Vorsteher oder Aufseher kleinerer Bahnhöfe.

(1) bis (9) Die unter 14 Ziffer (1) bis (9) bezeichneten Erfordernisse.

(10) Allgemeine Kenntnis der Organisation der eigenen Eisenbahnverwaltung.

(11) Kenntnis der Eisenbahngeographie des eigenen Bahnbezirkes und der Nachbarbezirke, soweit sie für den Dienst des Vorstehers eines kleineren Bahnhofs in Betracht kommt.

(12) Kenntnis der Eigentumsmerkmale der eigenen und der fremden Wagen sowie der Vorschriften über die Benutzung und Meldung der fremden Wagen.

(13) Kenntnis der Vorschriften über die Beseitigung von Ansteckungsstoffen.

(14) Sechsmonatige Beschäftigung im Bahnhofdienste nach abgelegter Prüfung zum Weichensteller, davon mindestens drei Monate im äußeren Bahnhofdienste bei der Fahrdienstleitung.

Bem. Beamte, die die Befähigung für die Stelle des Vorstehers eines mittleren oder größeren Bahnhofs — C 16 und 17 — besitzen, können den Dienst des Vorstehers oder Aufsehers eines kleineren Bahnhofs selbständig wahrnehmen, auch wenn sie die Anforderungen an die praktische Ausbildung — Ziffer (14) — nicht erfüllt haben.

16. Vorsteher mittlerer Bahnhöfe.

(1) Fähigkeit, einen dienstlichen Vorgang in angemessener Form schriftlich darzustellen.

(2) bis (9) Die unter 14 Ziffer (2) bis (9) bezeichneten Erfordernisse.

(10) Kenntnis der Eisenbahngeographie Deutschlands und der benachbarten Länder.

(11) Kenntnis der Organisation der eigenen Eisenbahnverwaltung und der allgemeinen Vorschriften für ihre Beamten.

(12) Allgemeine Kenntnis der Eisenbahnfahrzeuge. Kenntnis der Eigentumsmerkmale der eigenen und der fremden Wagen sowie der Vorschriften über die Benutzung und Meldung der fremden Wagen.

(13) Kenntnis der Vorschriften über die Beseitigung von Ansteckungsstoffen.

(14) Elfmonatige Beschäftigung im Bahnhofdienste, davon mindestens vier Monate im äußeren Bahnhofdienste bei der Fahrdienstleitung.

17. Vorsteher größerer Bahnhöfe.

(1) bis (13) Die unter 16 Ziffer (1) bis (13) bezeichneten Erfordernisse.

(14) Kenntnis der Verhältnisse der Eisenbahn zur Post-, Telegraphen- und Zollverwaltung.

(15) Zweijährige selbständige Beschäftigung im äußeren Bahnhofdienst auf einem mittleren oder größeren Bahnhofe, davon mindestens sechs Monate als Fahrdienstleiter.

18. Lokomotivheizer.

(1) Kenntnis der Einrichtungen für das Feuern,

Speisen, Schmieren und Bremsen der Lokomotiven und Tender.

(2) Fähigkeit, eine fahrende Lokomotive zum Halten zu bringen.

(3) Halbjährige Beschäftigung im Eisenbahndienste.

Bem. Auf fachwissenschaftlich gebildete Maschinentechniker findet die Vorschrift unter Ziffer (3) keine Anwendung.

19. Lokomotivführer.

(1) Fähigkeit, über einen dienstlichen Vorgang eine verständliche schriftliche Anzeige zu erstatten.

(2) Allgemeine Kenntnis der Eigenschaften und der Behandlung der beim Maschinenbau und im Lokomotivdienste zur Verwendung kommenden Stoffe.

(3) Kenntnis der Lokomotive, ihrer einzelnen Teile und ihrer Behandlung.

(4) Kenntnis der Einrichtung und Handhabung der im Dienstbezirke vorkommenden Bremsvorrichtungen.

(5) Kenntnis der zu befahrenden Strecken.

(6) Kenntnis der Vorschriften über das Verhalten bei Unfällen, Betriebsstörungen und außergewöhnlichen Ereignissen.

(7) Kenntnis der Vorschriften für den Rangierdienst.

(8) Kenntnis der Vorschriften für den Fahrdienst, soweit sie den Dienstkreis des Lokomotivführers berühren.

(9) Kenntnis der Dienstanweisungen für Bremser, Wagenwärter, Schaffner, Zugführer, Schrankenwärter, Bahnwärter, Weichensteller, Blockwärter, Vorsteher und Aufseher der Stationen, soweit sie den Dienstkreis des Lokomotivführers berühren.

(10) Einjährige Beschäftigung als Handwerker in einer Maschinen- oder Schlosserwerkstätte und einjährige Beschäftigung als Lokomotivheizer.

Bem. Diese Bestimmungen gelten für die Führer von Dampflokomotiven. Die Festsetzung der von den Führern anderer (elektrischer) Lokomotiven zu erfüllenden Erfordernisse bleibt den Landesaufsichtsbehörden überlassen.

20. Bahnmeister.

(1) Fähigkeit, einen dienstlichen Vorgang in angemessener Form schriftlich darzustellen.

(2) Kenntnis der Berechnung geradliniger ebener Figuren, des Kreises und seiner Teile, des Inhalts und der Oberfläche einfacher ebenflächiger Körper, des Zylinders, des Kegels und der Kugel — ohne Beweisführung —, der Gewölbe und Gewölbeflächen und der bei Bauausführungen vorkommenden regelmäßigen Körper nach gegebenen Maßen.

(3) Fähigkeit, Handskizzen, einfache Zeichnungen und Entwürfe mit Massen- und Kostenberechnungen anzufertigen.

(4) Fähigkeit, einfache Flächen- und Höhenmessungen auszuführen und aufzuzeichnen, und einfache Absteckungen vorzunehmen.

(5) Kenntnis der gebräuchlichsten Baustoffe für Maurer- und Zimmerarbeiten, der Mörtelbereitung und der gewöhnlichen Stein- und Holzverbände.

(6) Kenntnis der Anordnung und Unterhaltung des Eisenbahn-Unter- und Oberbaues und der dazu erforderlichen Stoffe und Geräte.

(7) Kenntnis der Einrichtung, der Bedienung und der Unterhaltung der im Dienstbezirke vorhandenen Signal- und Weichensicherungsanlagen.

(8) Kenntnis der Einrichtung des elektrischen Telegraphen und der im Bahnbezirke vorhandenen Vorrichtungen zum Herbeirufen von Hilfe.

(9) Kenntnis der Organisation der eigenen Eisenbahnverwaltung und der allgemeinen Vorschriften für ihre Beamten.

(10) Kenntnis der Vorschriften über die Beaufsichtigung und Unterhaltung der Telegraphenleitungen.

(11) Kenntnis der Vorschriften über die Führung der Arbeitszüge und über die Benutzung der Klein- und Arbeitswagen.

(12) Kenntnis der Vorschriften über das Verhalten bei Unfällen, Betriebsstörungen und außergewöhnlichen Ereignissen.

(13) Kenntnis der Vorschriften für den Fahrdienst, soweit sie den Dienstkreis des Bahnmeisters berühren.

(14) Kenntnis der Dienstanweisungen für Weichensteller, Zugführer, Vorsteher und Aufseher der Stationen.

(15) Einjährige Beschäftigung beim Bau oder bei der Unterhaltung des Oberbaues einer Bahn. Davon können drei Monate im technischen Bureaudienste zurückgelegt werden.

Sachregister.

(Die Zahlen verweisen auf die Seiten.)

C.

D.

F.

G.

H.

J.

K.

T.

G. Pätz'sche Buchdr. Lippert & Co. G. m. b. H., Naumburg a. d. S.

FSC
www.fsc.org
MIX
Papier | Fördert
gute Waldnutzung
FSC® C083411

Kolibri 360 GmbH
Ferdinand-Jühlke-Straße 7
99095 Erfurt, Deutschland
produktsicherheit@kolibri360.de